Conradin von Moor

**CODEX DIPLOMATICUS**

Sammlung der Urkunden zur Geschichte Cur-Rätiens und der Republik Graubünden

Conradin von Moor

**CODEX DIPLOMATICUS**

*Sammlung der Urkunden zur Geschichte Cur-Rätiens und der Republik Graubünden*

ISBN/EAN: 9783743369658

Hergestellt in Europa, USA, Kanada, Australien, Japan

Cover: Foto ©ninafisch / pixelio.de

Manufactured and distributed by brebook publishing software (www.brebook.com)

Conradin von Moor

**CODEX DIPLOMATICUS**

# CODEX DIPLOMATICUS.

## Sammlung der Urkunden zur Geschichte Cur-Rätiens und der Republik Graubünden.

Herausgegeben

von

### Conradin v. Moor.

**Band III.**

Cur.
Druck der Offizin von J. A. Pradella.
1861.

# Chronologisches Inhaltsverzeichniß.

(N. bedeutet die Nummer.)

                                                                                       Seite.

Zwischen 800—1100. Fragment eines Panegyrikus auf den h. Lucius. N. 1. . . . . . . . . . 1

1050. Juli 29. Bischof Thietmar bestimmt die Strafe für die Todschlag. Dat. Cur 29. Juli. N. 2. . . . 7

Sec. XIII. Verzeichniß der Aemter und Güter, welche die v. Reichenberg vom Bisthum Chur zu Lehen trugen. Dat. fehlt. N. 3. . . . . . . . . . 8

1218. Helias von Schansick vermacht dem Kloster Curwalden durch die Hand Walther's von Vaz eine Scippina. Dat. 1218. N. 4. . . . . . . . . 10

1225. März 14. Swicker von Ramüß verpfändet an O. von Castronovo und Pasq. v. Capellato ein Gut zu Algund. Dat. Tridenti XIV. intrante Martio. N. 5. 10

1226. Jan. 16. Rudolf I. Bisch. zu Cur verständigt sich mit dem Domcapitel zu Trident wegen der Pfarreien St. Johann zu Tirol u. S. Martin zu Passeir. Dat. 16 exeunto Jan. Indict XIV. N. 6. . . . 11

1251. Dez. 13. Bischof Heinr. V. zu Cur incorporirt die Kirche zu Bendern dem Kloster S. Luzius in Cur. Dat. Idus Dec. Indict. X. N. 7. . . . 14

1258. Jul. 6. Vergleich zwischen Egino von Matsch und Schwicker Vißthum zu Reichenberg wegen der Vogtei und das Vißthum daselbst. Dat. die Sabb. sexto intrante Julio Ind. I. N. 8. u. 204. . . 15 u. 301

1258. Jul. 15. Heinrich IV. Bischof von Cur kauft von Gra· Peter zu Masor die Veste Aspermont mit dem Hofe Mulinera. Dat. an der heyligen zwölfbotten schidungtag. N. 9. . . . . . . . 22

**IV**

|  |  | Seite. |
|---|---|---|
| Um 1267. | Formulæ oblationis devotorum S. Benedicti apud monasterium Disertinense. Ohne Dat. N. 10. | 23 |
| 1274. | Oft. 25. Bericht über die (an diesem Tage stattgehabte) Plünderung des Klosters Marienberg. Dat. Kal. VIII. Nov. N. 11. | 24 |
| 1282. | Aug. 16. Bisch. Conrad III. zu Cur zahlt Schulden für das Kloster S. Luzi. Dat. proximo die dom. post assumptionem S. Marie. Ind. X. N. 12. | 26 |
| 1288. | März 19. Friedrich I., Bisch. zu Cur belehnt den Andr. v. Planta mit dem See zu S. Moritz. Dat. Vespran. Freit. vor Palmtag. N. 13. | 27 |
| 1306. | Apr. 30. Otto, Herzog von Kärnten und Graf zu Tirol bestätigt der Gemeinde Fließ den Besitz des Berges Zanders. Dat. Tirol. N. 14. | 28 |
| 1311. | Aug. 5. Bischof Sifrid von Cur bestätigt den Verkauf der Alp Wanden in Schanfigg. Dat. Curie Non. Aug. Ind. IX. N. 15. | 30 |
| 1315. | März 6. Dompr. Rud. v. Montfort bestätigt den Tausch der Kapelle zu Balzers. Dat. Curie pridie non. Marcii. Ind. XIII. N. 16. | 30 |
| 1316. | März 11. Joh. v. Schauenstein stiftet sich ein Universar in der Domkirche zu Cur. Dat. Castro Cur. VI. Id. Mart. Ind. XIV. Nr. 17. | 30 |
| 1326. | Jan. 5. Bischof Joh. I. zu Cur bestätigt einen Verkauf zwischen Barth. Meli und Mart. de Jlanz um Gebäulichkeiten in Cur. Dat. Castro Cur. vigil. Epiph. Ind. IX. N. 18. | 33 |
| 1331—1333. | Das Bisthum Cur erkauft das Schloß Rietberg von dem von Landau. Ohne Dat. N. 19. | 34 |
| 1332. | Mai 23. König Heinrichs von Böhmen ꝛc. Spruch in Streitigkeiten derer v. Matsch und Reichenberg über Waldungen ꝛc. im Münsterthal. Dat. Tirol 23. Mai. N. 20. | 35 |
| 1335. | Jan. 12. Bisch. Ulrich V. von Cur gibt den Gebr. Imperialis das Lehen Lusella zu Mühlen. Dat. Trasetsch die Jovis post Epiph. Dom. proximam. Ind. III. N. 21. | 39 |
| 1336. | Apr. 29. Ulrich V., Bischof zu Cur gibt Casparin u. Jac. Scelari (Scolari?) ein Lehen zu Molina bei Vicosuprano. Dat. III. Kal. Martii. Ind. IV. N. 22. | 40 |
| 1341. | Apr. 11. Bischof Ulrich V. von Cur reversirt ein zurückgegebenes Weingartenlehen zu Zizers. Dat. Castr. Cur. feria quarta post diem paschae proxima. Ind. IX. N. 23. | 41 |

Seite.

1341. Sept. 14. Herzog Albert von Oesterreich empfiehlt den Bischof Ulrich von Cur seinen Amtleuten falls derselbe Beistandes bedürfte. Dat. Wien am h. Kreuztag zu Herbst. N. 24. . . . . 41

1347. Jan. 12. Probst und Convent zu S. Luzius urkunden, daß ihr Mitconventuale, Joh. de Rysis den Weingarten ausbezahlt habe, den das Kloster von Frau Urs. v. Plantair erkauft hatte und schließen einen Vertrag mit ihm. Dat. S. Lucii feria sexta post Epiph. dom. proxima. Ind. XII. N. 25. . . . . 42

1347. Jul. 26. Ulr. Branthoch, Eberh. u. Johann die Saxer, Gebrüder, übergeben der Aebtissin zu Lindau alle Rechte an der Vogtei Balgach. Dat. Samst. nach S. Jakobstag ze Höwet. N. 26. . . . 42

1347. Dec. 4. Henni, der Ammann, verkauft dem Domstift Cur seinen Hof und Gut zu Gisingen, zu Libschand und zu Burg. Dat. Zinstag vor St. Nic. N. 27. 43

1347. Dec. 27. Verschreibung Bischof Ulrichs von Cur gegen Markgraf Ludwig v. Brandenburg bei seiner Entlassung aus dem Gefängnisse. Dat. Tirol an St. Joh. zu Weihnachten. N. 28. . . . 44

1348. Jan. 21. Verpachtung einer Hofstatt zu Cur durch Propst und Convent zu S. Luzius. Dat. Curie in festo beate Agnetis. N. 29. . . . 47

1348. Apr. 4. Carl IV. restituirt Bischof Ulrich und der Kirche zu Cur das Schloß Montani und andere Güter im Tirol. Dat. quarta die mens. Aprilis. Ind. I. N. 30. 47

1348. Apr. 5. Carl IV. schenkt Veste u. Herrschaft Raudersberg dem Bischof Ulrich von Cur. Dat. Pragae Non. Indict. I. N. 31. . . . 50

1348. Dec. 23. Güterverkauf an die v. Fowinasca durch Joh. Mayer v. Santains. Dat. Cur Zinstag vor Weihnachten. N. 32. . . . 50

1349. Jan. 8. Stadtammann Krapf zu Feldkirch verkauft dem Domkapitel zu Cur Güter zu Rankwil. Dat. Veltkirch Donstag vor St. Hylarientag. N. 33. . 51

1349. März 16. Prior u. Convent zu St. Nicolaus verkaufen dem Kloster Curwald ein Haus und Hofstatt zu Cur. Dat. ze mitten Merzen. N. 34. . 52

1349. Apr. 15. Verkauf von 7 Mannmad Bruggerwiesen, durch Phil. Patt zu Cur. Dat. zu mitten Aprellen. N. 35. . . . . 52

1349. Mai 1. Werner, Werner's des Ammans Sohn von Maienfeld verkauft dem Kloster zu Sargans das Erblehensrecht an dem Altstätter Weingarten zu Maienfeld. Dat. ze ingendem Meien. N. 36. . . 53

| | | Seite. |
|---|---|---|
| 1349. Sept. 7. | Carl IV. fordert Ludwig, Pfalzgrafen bei Rhein ꝛc. auf, die Veste Fürstenburg ꝛc. Bischof Ulrich V. zu restituiren. Dat. an unſ. Fraw. Abent ze Herbſt. N. 37. | 54 |
| 1349. Dec. 27. | Carl IV. bestätigt dem Bischof Ulrich von Cur die Pfandschaft auf die Vogtei zu Cur, sowie die neu darauf gelegten 300 Mark. Dat. St. Joh. zu Weihnachten. N. 38. | 55 |
| 1349. Dec. 27. | Carl IV. verbietet mit Ausnahme zweier des Stifts Cur, alle übrigen Zölle von der Lanquart bis zum Luver. Dat. St. Johan zu Weihnachten. N. 39. | 56 |
| 1349. Dec. 27. | Carl IV. bestätigt dem Bischof Ulrich und der Kirche zu Cur alle Freiheiten, Rechte und Privilegien der früheren Kaiser und Könige. Dat. St. Johann zu Weihnachten. N. 40. | 57 |
| 1350. Feb. 8. | Richtung zwischen dem Stift Einsiedeln und dem Lande Schwiz. Dat. Montag nach Agatha. N. 41. | 59 |
| 1350. März 11. | Revers Graf Hugo's v. Montfort gegen das Kapitel zu Cur, daß eine Mißhelligkeit unter ihnen ausgetragen sei ꝛc. ꝛc. Dat. Mittwoch nach Mittervasten. N. 42. | 60 |
| 1350. April 27. | Erblehensbrief des Capitels zu Cur für Jäclin v. Wandelberg über Güter zu Jenins. Dat. Zinstag nach sant Georientag. Nr. 43. | 61 |
| 1350. Sept. 29. | Syfrid der Lumbe ꝛc. verkauft dem Domcapitel zu Cur Güter zu Zizers, Untervaz ꝛc. Dat. St. Michels Abend. Nr 44. | 63 |
| 1351. Jan. 26. | Graf Rud. v. Werdenberg und seine Gemahlin Urſ. v. Vaz verpfänden dem Kloster Pfävers die Vogtei daselbst um fl. 350. Dat. Mittwoch vor Lichtmeß. N. 45. | 65 |
| 1351. Jan. 26. | Graf Hartmann's v. Werdenberg Bestätigung dieser Verpfändung. Gleiches Datum. N 46. | 69 |
| 1351. Apr. 1. | Verkauf der Burg Rapfenstein durch Sim. Straiffs Erben. Dat. ze ingendem Abrellen. N. 47. | 69 |
| 1352. Jan. 28. | Bischof Ulrich von Cur gibt dem Andr. Planta diverse von den Gebr. v. Juvalt resignirte Zehnten zu Lehen. Dat. Zuz. Nr. 48. | 71 |
| 1352. Feb. 28. | Erblehenbrief des Domkapitels zu Cur zu Gunsten von Gaud. Zucg. Dat. Zinstag vor Ingendem Merzen. N. 49. | 71 |
| 1352. Jun. 30. | Verzicht Hermann's v. Landenberg auf die Vesten Rietberg u. Juvalt, zu Gunsten Bischof Ulrichs von Cur. Dat. Samst. nach Pet. u. Paul. Nr. 50. | 72 |

VII

Seite.

1352. Oct. 18. Joh. Straiff verkauft das Gut Stürfis an Graf Friedr v. Toggenburg. Dat. Donst. nach S. Gallentag. N. 51. . . . . . 75

1353. Febr. 6. Verzichtleistung Graf Rud. v. Werdenberg und Gräfin Ursula's geb. v. Vaz auf das Thal Schanfigg. Dat. Mittw. nach Lichtmeß. Nr. 52. . 77

1353. Juli 13. Frau Mechtild, Berolds v. Strasberg Wittwe, verkauft ihre Rechte und Ansprüche an Margr. v. Crösch an das Kloster Curwalden. Dat. III. Id. Julii. Nr. 53 . . . . . . . 79

1353. Oct. 28. Compromißrevers von Joh. Amman hinsichtlich eines Streites mit dem Capitel zu Cur wegen des Zehenten zum Berg. Dat. Feldk. Sim. u. Judas. N. 54. . . . . . . . 80

1353. Nov. 11. Jacob, Kilchherr zu Vaz und Alveneu sigelt einen Erblehenbrief um das Gut Campadels. Dat. Cur auf Martini. N. 55. . . . . 81

1354. Jan. 21. Ulr. V., Bischof zu Cur, gibt den Söhnen Rudolfs Fabius verschiedene Erblehen zu Andeer. Dat. Rietberg an S. Agnestag. N. 56. . . 83

1354. Jan. 31. Schenkung Jan Girards zu Gunsten des St. Luzius Altars zu Solio. Dat. ult. mensis Jan. Ind. VI. N. 57. . . . . . 84

1354. Feb. 6. Spruchbrief zwischen dem Capitel zu Cur und Joh. Ammann zu Feldkirch. Dat. Veltkilch feria secunda ante purif. beat. Marie virg. quae fuit VI. Kal. Febr. Ind. VII. N. 58. . . . 85

1354. März 10. Erblehenbrief über Güter in Schams, zu Gunsten von Mafien in Avers. Dat. Rietberg an S. Agnesentag. N. 59. . . . . 88

1354. Aug. 26. Erläuterung des (vorangehenden) Schiedsspruchs zwischen dem Domcapitel zu Cur und Joh. Ammann. Dat. Cur. VI. Kal. Sept. Ind. VII. N. 60. 90

1354. Dec. 20. Graf Rud. VI. v. Montfort-Feldkirch versetzt die Burg Welschen-Ramschwag an Albert v. Schauenstein. Dat. Feldkirch an S. Thomasabent des Zwelfbotten. N. 61. . . . . 91

1354. Dec. 31. Bischof Ulr. V. von Cur löst die Veste Aspermont von Ludwig v. Stabyon und dessen Erben aus. Dat. St. Sylvestertag N. 62. . . 93

1355. Febr. 28. Graf Heinr. v. Werdenberg-Sarg. Schenkung an das Domstift Cur zur Begehung seiner und seiner Frauen Jahrzeit. Dat. Babutz Samst. nach S. Mathias der h. zwelfbotten. N. 63. . 94

|   |   |   | Seite |
|---|---|---|---|
| 1356. Jan. 27. | Heinr. gen. v. Flanz verzichtet zu Gunsten des Klosters Churwalden, auf ein Haus in Cur. Dat. 27 Jan. Ind. VIII. N. 64. | | 97 |
| 1356. Jul. 16. | Statutum et ordinatio conventus praedic. domus Cur. circa provisionem victualium factum. Dat. XVII. Kal. Aug. Ind. IX. N. 65. | | 99 |
| 1357. Mai 31. | Die Gebr. v. Unterwegen tauschen mit Bischof Peter von Cur ihren eigenen Mann Conradin, Conrads v. Marmels Bankart, gegen Hainrigetten von Thurm zu Schanfigg. Dat. Mittwoch in der Pfingsten. N. 66. | | 100 |
| 1357. Dec. 21. | Verschreibung Bischofs Peter I. von Cur gegen Markgraf Ludw. v. Brandenburg. Dat. St. Thomastag vor Weihnacht. N. 67. | | 101 |
| 1358. Jan. 12. | Auftrag Papst Innocenz VI. an den Abt zu Disentis, Beschwerden des Bischofs zu Cur über den Propst zu St. Vittore zu untersuchen. Dat. II. Id. Jan. N. 68. | | 103 |
| 1358. Jan. 13. | Güterkauf zu Cur. Dat. S. Hylarientag. N. 69. | | 104 |
| 1358. Jan. 23. | Ludwig v. Brandenburg erstattet Bischof Peter von Cur das Schloß Fürstenburg. Dat. Mont. nach S. Agnes. N. 70. | | 105 |
| 1358. Jan. 24. | Carl IV. verordnet, daß alle Geldsorten Bischofs Peter von sämmtlichen Stiftsangehörigen anerkannt werden sollen. Dat. wie oben. N. 71. | | 106 |
| 1358. Apr. 15. | Wechselbrief zwischen Propst Conrad von Curwald und Heinr. v. Sattains. Dat. Cur ze mitten Abrellen. N. 72. | | 107 |
| 1358. Apr. 21. | Bischof Peter und das Capitel zu Cur verpfänden an Mart. Pugwiesen alle ihre und des Gotteshauses Leute auf Sayes u. Trimmis. Dat. Samst. vor Georgi. N. 73. | | 108 |
| 1358. Aug. 6. | Schlichtung von Streitigkeiten zwischen dem Bischof von Cur und den Herrn v. Marmels durch Sebald de Capitaneis. Dat. undecima die Octubris Ind. XII. N. 74. | | 109 |
| 1358. Dec. 8. | Verzichtleistung auf Güter zu Malix durch Mechtild v. Strasberg u. Lazarus v. Croch. Dat. Cur Samst. nach S. Niclaus. N. 75. | | 113 |
| 1358. Dec. 31. | Das Kloster Curwalden kauft von Bischof Peter Häuser und Leute zu Malix. Dat. Curwald Sylvestertag. N. 76. | | 114 |
| 1359. Jan. 25. | Carl IV. verbietet Graf Rud. v. Sargans neue Straßen durch das Bisth. Cur anzulegen. Dat. Breslau S. Paulstag. N. 77. | | 116 |

| | | Seite |
|---|---|---|
| 1359. Jan. 25. | Carl IV. erlaubt Bischof Peter den doppelten Zoll in der Stadt Cur zu erheben. Dat. Breslau S. Paulstag. N. 78. | 117 |
| 1359. Feb. 14. | Dietr. v. Brunnenfeld bestätigt den Verkauf etlicher Güter zu Malix an das Kloster Curwalden. Dat. Cur an S. Valentinstag. N. 79. | 118 |
| 1359. März 8. | Spruchbrief von Vogt und Rath zu Cur betreffs des Baues der Chorherrenmühle. Dat. Freit. vor der Vasenacht. N. 80. | 119 |
| 1359. März 30. | Erblehenbrief Bischof Peters für die Söhne Symon's Madogg. Dat. feria quinta post fest. annunciationis. N. 81. | 120 |
| 1359. Apr. 14. | Consecr. der S. Gaudenzkirche zu Casaccia. Dat. Palmtag. N. 82. | 121 |
| 1359. Jun. 1. | Das Kloster Cazis tauscht gegen Güter im Vinschgau von Bischof Peter zu Cur das Patronatrecht der Kirche zu Ryalt ein. Dat. Cur 1 Jun. Ind. XII. N. 83. | 122 |
| 1359. Oct. 31. | Erblehenbrief über die Wiese Scaletta sura. Dat. Cur. in vigil. festiv. omn. sanct. Ind. XIII. N. 84. | 123 |
| 1360. Jan. 16. | Carl IV. bestätigt Bischof Peter alle seine Freiheiten und Privilegien. Dat. wie oben. Ind. XIII. N. 85. | 124 |
| 1360. Feb. 19. | Die Grafen Albrecht ält. u. jgr. v. Werbenberg melden dem Bischof u. Capitel zu Cur, daß sie ihre Rechte an die Veste Greifenstein den Vögten v. Matsch übergeben haben. Dat. Mittw. vor der alten Vasnacht. N. 86. | 126 |
| 1360. Feb. 25. | Verzichtleistung der Nämlichen auf die Veste Greifenstein zu Gunsten ihrer Oheime Ulr. älter u. jgr. v. Matsch. Dat. Zinstag nach der alten Vasnacht. N. 87. | 128 |
| 1360. März 4. | Carl IV. verleiht Bischof Peter das Recht Haller zu münzen. Dat. S. Luzientag. N. 88. | 129 |
| 1360. Jun. 23. | Herzog Rud. IV. von Oesterreich nimmt den Grafen Rud. VI. v. Montfort-Feldk. ꝛc. in ewigen Schutz. Dat. Wien S. Joh. Abent ze Sunnwende. N. 89. | 131 |
| 1360. Jun. 26. | Der Nämliche gelobt den Nämlichen gegen die v. Werdenberg zu schützen. Dat. Wien. Freit. nach S. Johann zu Sunnwende. N. 80. | 137 |
| 1360. Sept. 5. | Kunigunde v. Toggenburg ꝛc. reversirt dem Bischof Peter für die Pfandschaft der Veste Fribau. Dat. Maienf. Samstag vor unsr. Frauen tag ze herbst. N. 91. | 140 |

| | | Seite |
|---|---|---|
| 1360. Sept. 28. | Erblehensbrief Anna's v. Haldenstein für Minisch von Sayes. Dat. S. Michels-Abent. N. 92. | 142 |
| 1360. Oct. 25. | Indulgenzbrief zu Gunsten der S. Florins-kapelle zu Linzen. Dat. Avignon. N. 93. | 143 |
| 1360. Dec. 17. | Carl IV. bestätigt Bischof Peter von Cur alle Privilegien und Regalien seines Hochstifts. Dat. Nürnberg XVI. Kal. Jan. Indict. XIII. N. 94. | 145 |
| 1361. Jan. 21. | Verkauf der beiden Höfe zu Sevelen an die Abtei Pfävers durch Graf Rud. v. Werdenberg-Sargans. Dat. S. Agnesentag. N. 95. | 146 |
| 1361. Mai 22. | Hrch. Michel von Cur übergibt dem Convent zu S. Luzius die Säge jenseits der Plessur, zum Heil seiner Seele. Dat. Samstag vor S. Urban. N. 96. | 147 |
| 1361. Mai 29. | Carl IV. entsetzt Barn. Visconti von Mailand seiner Würden und ächtet ihn. Dat. Prag. III. Kal. Jun. N. 97. | 149 |
| 1361. Jun. 23. | Güterverkauf von Gaud. v. Canal an das Kloster Curwalden Dat. S. Joh. Abend. N. 98. | 153 |
| 1361. Aug. 3. | Carl IV. gibt Bisch. Peter von Cur 500 Mark Silber unter Verpfändung der Reichssteuer von Lindau dafür. Dat. St. Stephanstag als er funden ward. N. 99. | 155 |
| 1361. Aug. 3. | Carl IV. gebietet allen Städten des Reichs Bischof Peter von Cur und sein Land zu schützen und zu schirmen. Dat. wie die vorige Urkunde. N. 100. | 156 |
| 1361. Oct. 14. | Revers um die Wiederlösung des verpfändeten großen Zehnten zu Razis zu Gunsten der Gebr. v. Schauenstein. Dat. Donst. vor Gallentag. N. 101. | 157 |
| 1362. Jan. 31. | Erblehensbrief des Domcapitels zu Cur zu Gunsten von Richen Laurenzen in Montafun. Dat. Montag vor Lichtmeß. N. 102 | 158 |
| 1362. Sept. 3. | Verpfändung der Burg Fridau an Kunig. v. Toggenburg, durch Bischof Peter von Cur. Dat. Maienfeld, Samst. vor Uns. Fr. Tag zu Herbst. N. 103. | 159 |
| 1362. Sept. 7. | Compromißbrief zwischen dem Capitel zu Cur und Conrad v. Remüs betreffs der S. Valentins-kapelle. Dat. wie oben. Ind. XV. N. 104. | 161 |
| 1363. Feb. 24. | Güterschenkung der Gebr. v. Juvalt an das Kloster Curwalden. Dat. S. Mathistag des Zwelf-botten. N. 105. | 164 |
| 1363. März 12. | Graf Rud. v. Montfort-Feldk. verkauft einen Weingarten dem Bruder Conrad zu Bendern. Dat. S. Gregorientag in der Vasten. N. 106. | 165 |

XI

Seite.

1363. März 22. Verzichtleistung auf das Schanfigg durch Gräfin Urs. v. Werdenberg-Sargans zu Gunsten von Graf Friedr. v. Toggenburg. Dat. Mittw. vor Palmtag. N. 107 . . . . . . 166

1363. März 22. Kaufbrief um das Schanfigg zwischen den Nämlichen. Dat. Freitag an Uns. Fr. Abent zer ern in dem Merzen. N. 108. . . . . 168

1363. Apr. 7. Vergleich des Freiherrn Ulr. Walt. v. Belmont mit dem Convent zu S. Luzius betreffs des Hauses Gretschins zu Cur. Dat. Freit: nach S. Ambrosius. N. 109. . . . . . 170

1363. Jun. 23. Bischof Peter von Cur gibt dem Amman Hans Köberlin drei Tavernen in Cur zu Lehen. Dat. St. Joh. Abent. N. 110. . . . 172

1363. Jun. 23. Der Nämliche versezt dem Nämlichen die drei Tavernen nebst Anderm. Dat. ut supra. N. 111. 174

1363. Erblehenbrief des Nämlichen an den Nämlichen um zwei Juchart Acker. Ohne Tag. Nr. 112. . 174

1363. Erblehenbrief des Nämlichen an den Nämlichen um Juchart Acker und eine Hofstatt zu Cur. Ohne Tag. N. 113. . . . . . . . 175

1363. Jul. 4. Lehenbrief vom Kapitel zu Cur, für Hans Brügel, um die Mühle oberhalb der Mezg. Dat. S. Ulrichstag. N. 114. . . . . 176

1364. März 11. Jahrzeitstiftung von Andr. Planta mittelst Schenkung eines Hauses zu Cur an den Convent zu S. Luzius. Dat. Mont. nach S. Agnes. N. 115. . 177

1364. Apr. 17. Verpfändung der Vogtei zu Pfävers an Abt u. Convent daselbst durch Graf Joh. v. Werdenberg Sargans. Dat. Mittw. vor Georgi. N. 116. 178

1364. Oct. 15. Walter der Mayer von Altstätten schenkt dem Domcapitel zu Cur eine Leibeigene zu Schlins. Dat. S. Gallenabent. N. 117. . . . 179

3165. März 3. Cessionsvertrag zwischen Anna v. Obercastel u. Conradin v. Marmels. Dat. Am 3. Tag ze ingendem Merzen. N. 118. . . . . 180

1364. Mai 29. Carl IV. bestätigt Bischof Peter alle von König Conrad II. ertheilten Privilegien, so wie auch die Schenkung des Klosters Disentis. Dat. Breslau IV. Kal. Jun. N. 119. . . . . . 181

1365. Jan. 31. Abtretung zweier Häuser zu Cur, durch Margr. Ball an ihren Sohn Johann. Dat. feria sexta ante fest. purif. Marie. N. 120. . . 184

1365. März 21. Joh. Seiler resignirt dem Capitel von Cur ein Haus in der Stadt. Dat. ut supr. N. 121. . 185

| | | Seite. |
|---|---|---|
| 1365. Apr. 26. | Schwicker v. Remüs verpflichtet sich den halben Theil seiner Veste Remüs für Tirol stets offen zu halten. Dat. Bozen Samst. nach S. Georg. N. 122. | 187 |
| 1365. Mai 18. | Pax inita inter homines de Burmio et homines de Tavate. Dat. Süs, ut supra. 123. | 188 |
| 1365. Mai 25. | Spruchbrief zwischen dem Capitel zu Cur und Gaud. v. Plantair. Dat. S. Urban. N. 124. | 191 |
| 1365. Jun. 20. | Gütertausch zwischen dem Convent zu S. Luzius u. Heinz v. Sattains. Dat. Freit. vor S. Johannes dem Täufer. N. 125. | 193 |
| 1365. Aug. 18. | Wechselbrief zwischen der Stadt Cur und Heinz v. Sattains, um die Weide unter S. Hylarien. Dat. Montag nach uns. fr. Tag ze mitten ogsten. N. 126. | 194 |
| 1366. März 23. | Papst Urban V. beauftragt den Abt zu St. Gallen die von den Aebten des Klosters Disentis bewerkstelligten Veräuserungen von Gütern zu untersuchen und dafür zu sorgen, daß alles unrechtmäßiger Weise entfremdete Eigenthum demselben erstattet werde. Dat. Amniae X. Kal. Apr. N. 127. | 195 |
| 1366. Jun. 18. | Hausverkauf zu Cur. Dat. Donst. vor St. Joh. dem Täufer. N. 128. | 196 |
| 1366. Dec. 3. | Ulr. v. Schauenstein bescheinigt die stattgehabte Einlösung des seinem Großvater Egloff verpfändeten Hofes zu Riams. Dat. ut supr. Ind. XV. N. 129. | 196 |
| 1366. Dec. 6. | Verpflichtung Bischofs Peter gegen die Herzöge von Oesterreich betreffs Offenhaltung des Schlosses Fürstenburg. Dat. Nürnberg S. Niclaustag. N. 130. | 197 |
| 1366. Dec. 7. | Vereinbarung zwischen dem Gottshaus Cur und den Herzögen von Oesterreich über Wiedererstattung des Schlosses Fürstenburg. Dat. Nürnberg Mont. nach S. Nicolaus. N. 131. | 199 |
| 1366. Dec. 8. | Die Herzöge Albr. u. Leop. von Oestreich bekennen von Bischof Peter das Schenkenamt von Cur zu Lehen empfangen zu haben. Dat. Nürnberg Dienst. nach St. Niclaus. N. 132. | 200 |
| 1367. Jan. 20. | Vogt Ulr. v. Matsch empfängt seine Lehen von Bischof Peter zu Cur. N. 133. | 201 |
| 1367. Jan. 29. | Vertrag und Einverständniß zwischen dem Domcapitel und sämmtlichen Gottshausleuten über einige das Gottshaus betreffende Punkte. Freit. vor Lichtmeß. N. 134. | 202 |
| 1367. März 12. | Verkauf einer Hofstatt zu Cur. Dat. St. Gregorientag. N. 135. | 205 |

|  |  | Seite. |
|---|---|---|
| 1367. Apr. 30. | Jahrzeitstiftung der Gebr. v. Unterwegen im Kloster Curwalden. Dat. ußgenden Abrellen. N. 136. | 206 |
| 1367. Jun. 11. | Verzichtleistung Egen's v. Straba auf das Gut zu „Valzennaù" zu Gunsten des Domcapitels in Cur. Dat. St. Barnabastag. N. 137. | 207 |
| Zwischen 1368—1376. | Stadtordnungen von Cur. N. 138. | 208 |
| 1368. Jan. 16. | Der Rector der Kirche in Zizers verzichtet zu Gunsten des Klosters St. Luzius auf das prau Gemach. Dat. XVII Kal. Jan. N. 139. | 216 |
| 1368. März 5. | Anna, Conrad Planta's Weib u. Pet. Marenbanen's Tochter wird für frei erklärt. Dat. Sonnt. Reminisc. N. 140. | 216 |
| 1368. Jun. 6. | Verzichtleistung Bischof Peter's von Cur auf die St. Valentinskapelle zu Mals. Dat. Mantowe, ut supr. N. 141. | 217 |
| 1368. Jul. 16. | Das Domcapitel zu Cur verleiht dem Flor. v. Teronaus das Gut Vallgranda. Dat. St. Hylarientag. N. 142. | 219 |
| 1368. Aug. 30. | Verkauf des Dorfes Richenburg durch Ulr. v. Aspermont. Dat. Raperswil Mittw. nach S. Johann's Tag des Täufers, da er enthoptet ward. N. 143. | 221 |
| Im Jahre 1368. | Güterverkauf zu Obercastels, Ohne Tag. N. 144. | 221 |
| 1369. Jan. 13. | Albrecht Straiff's Jahrzeitstiftung zu St. Luzius. Dat. S. Hilarientag. N. 145. | 222 |
| 1369. Feb. 14. | Hainz v. Sygberg's Anniversarstiftung zu St. Luzius. Datum auf der Veste Aspermont an St. Valentinstag. N. 146. | 223 |
| 1369. Mai 4. | Erblehenrevers von Hs. Röberlin gegen das Kloster S. Nicolaus zu Cur. Dat. Freitag ze ingendem Maien. N. 147. | 225 |
| 1369. Oct. 19. | Graf Rud. v. Montfort des Jüngern Jahrzeitstiftung bei den Chorherrn und dem Capitel zu Cur. Dat. Freit. nach St. Gallentag. (Im Text steht als Datum irrth. der 16. Oct.) N. 148. | 226 |
| Um 1370. | Lehenbrief Bischof Friedrichs von Cur zu Gunsten des Ritters Daniel Lichtenberger. Ohne Dat. N. 149. | 228 |
| 1370. Apr. 10. | Bischof Friedr. II. von Cur trägt ein Lehen über auf Margr. v. Sulg. Dat. Cur. feria III. (ante) fest. pasche. N. 150. | 229 |
| 1370. Apr. 16. | Lehensbrief Bischof Friedrichs von Cur zu Gunsten Ulr. Ferraguts. Dat. Zinstag in der Ostervirtagen. N. 151. | 230 |
| 1370. März 21. | Das Schloß Rietberg ꝛc. kommt durch Compromiß an das Hochstift Cur. Dat. Mittw. nach Mittervasten. N. 152. | 231 |

|   |   | Seite. |
|---|---|---|
| Im Jahre 1371. Lehensbestätigung. Ohne Tag. N. 153. | | 234 |
| 1371. Jan. 16. Compromiß in Streitigkeiten über den St. Stephansweingarten. Dat. feria 4 post fest. b. Hylarii. Ind. IX. N. 154. | | 234 |
| 1371. Mai 1. Carl IV. bestätigt die Schenkung der 500 Mark Silber an das Stift Cur und die Verpfändung der Reichssteuer zu Lindau dafür. Dat. Prag an St. Jac. u. Philippstag. N. 156. | | 237 |
| 1371. Jun. 8. Albr. v. Werdenberg verkauft dem Convent zu S. Luzi das Königsgut zu Trins. Dat. Sonnt. nach Frohnl. (Als Dat. steht irrthümlich 13. Apr.) N. 155. | | 235 |
| 1371. Jun. 18. Vergleich über den St. Stephansweingarten. Dat. fer. III. ante fest. b. Joh. Bapt. N. 157. | | 238 |
| 1371. Jul. 3. Lehensrevers der Gem. S. Bartholomäuskirch gegen das Domcapitel zu Cur. Dat. S. Ulr. Abent. N. 158. | | 239 |
| 1371. Jul. 4. Erblehenbrief über die Sägemühle jenseits der Plessur für Ulr. Filiol. Dat. Ulr. Tag. N. 159. | | 240 |
| 1371. Oct. 4. Carl's IV. Befehl an Lindau, die dießjährige Reichssteuer an Bischof Friedrich von Cur auszubezahlen. Dat. S. Franciscustag. N. 160. | | 240 |
| 1371. Oct. 31. Albr. Straiff verleiht als Erblehen den Hof Matlasina. Dat. All. Heil. Abend. N. 161. | | 241 |
| 1371. Nov. 29. Gartenverkauf zu Cur. Dat. S. Andr. Abend. N. 162. | | 243 |
| 1372. Mai 10. Convention zwischen Rud. v. Salis u. Joh. v. Marmels. Dat. ut supra Ind. X. N. 163. | | 243 |
| 1372. Mai 20. Kaufbrief um zwei Güter zu Valendas. Dat. Donst. nach Mitte Mai. N. 164. | | 248 |
| 1372. Mai 30. Carl IV. befiehlt der Stadt Lindau die ordentliche Reichssteuer an Bischof Friebr. II. von Cur Cur zu bezahlen. Dat. Sonntag nach des heil. leichnamtage. N. 165. | | 248 |
| 1372. Jul. 7. Schreiben Heinr. v. Muntalt an Bischof Friedrich von Cur betreffs Lehensansprachen des Gotthauses zu Cur. Dat. Burg Ems Mittw. nach St. Ulr. N. 166. | | 249 |
| 1372. Jul. 26. Verkauf eines Viertels der Alp Mabris. Dat. ut supra Ind. X. N. 167. | | 250 |
| 1372. Aug. 9. Erblehenbrief des Kloster Pfävers für Claus Kobler von Cur um einen Baumgarten zu S. Salvator. Dat. Mont. vor Unf. Frowentag in dem ärnbe. N. 168. | | 251 |

XV

Seite.

1372. Aug. 28. Friedr. II., Bischof von Cur ernennt den Grafen Rudolf VI. von Montfort-Feldkirch auf 7 Jahre zum Pfleger des Gottshauses zu Cur. Dat. Samst. nach Barthol. N. 169. . . . . . 252

1372. Sept. 6. Revers des Ritters Thom. Planta betreffs des Zolls im Bregell. Dat. Mont. vor Uns. Frow. Tag im Herbst. 170. . . . . . 254

1373. März 11. Gütertausch zu Curwalden. Dat. St. Gregorienabend. N. 171. . . . . . 255

1373. Apr. 23. Erblehenbrief Ulr. Bruns, Freih. v. Räzüns zu Gunsten seines Knechts Algos. Dat. Räzüns an S. Gerientag. N. 172. . . . . . 256

1373. Jul. 15. Schiedsspruch zwischen Conrad Metzger und Andr. Bost. Dat. ut supr. Ind. XI. N. 173. . 257

1374. Feb. 27. Papst Gregor XI. übergibt Bischof Johann von Brixen die Verwaltung von Cläven. Dat. Avignon III. Kal. Mart. N. 174. . . . . 259

1374. März 6. Graf Heinr. v. Werdenberg-Sarg. als Propst des Capitels zu Cur, verspricht demselben Schuz und Schirm ꝛc. Dat. ut. supr. Ind. XII. N. 175 . . 261

1374. Mai 13. Hans v. Reichenberg verzichtet auf das Bisthumamt im Vinschgau, wenn er ohne männl. Erben abstürbe. Dat. Fürstenburg Samst. nach Auffahrt. N. 176. . . . . . 263

1374. Mai 13. Bischof Johann von Brixen trägt dem Ritter Thom. Planta auf, Cläven dem Vogt Ulr. v. Matsch zu übergeben. Dat. ut supr. N. 177. . 267

1374. Mai 13. Derselbe gibt demselben Befehl das Schloß Cläven dem Vorgenannten zu übergeben. Dat. ut supra. N. 178. . . . . . 268

1374. Mai 13. Derselbe gebietet Rutino de Azolinis die mit dem Ritter Thom. Planta bisher verwaltete Gem. Cläven dem früher gedachten v. Matsch zu übergeben. Dat. ut supra. N. 179. . . . . . 269

1374. Mai 13. Derselbe gebietet der Gem. Plurs dem gen. v. Matsch Gehorsam zu leisten. Dat. ut supra. N. 180. 272

1374. Mai 13. Der Nämliche gebietet das Nämliche der Gem. Cläven. Dat. ut supra. N. 181. . . 273

1374. Jun. 4. Güterverkauf zu Bicosuprano. Dat. ut supra. N. 182. . . . . . 275

1374. Jun. 22. Schenkung der Frau Adelh. v. Muntalt an Frau Zützinen. Dat. Donst. vor S. Johann zur Sunnwendi. N. 183. . . . . . 276

1374. Jul. 11. Jahrzeitstiftung zu Curwalden. Dat. S. Margr. Abend. N. 184. . . . . . 276

| | Seite. |
|---|---|
| 1374. Aug. 7. Papst Gregor XI. befiehlt den Pröpsten der Kirchen zu Basel, Zürich u. Constanz, als Schirmer der Privilegien und als Richter der Kirche zu Cur, gegen diejenigen einzuschreiten, welche deren Besitzthum usurpiren. Dat. Nonis Avinon. dioc. VII. Id. Aug. N. 185. | 279 |
| 1374. Aug. 23. Jahrzeitstiftung zu S. Luzi. Dat. Veltkirch S. Bart. Abent. N. 186. | 280 |
| 1375. Apr. 20. Bischof Johann v. Cur verleiht dem Ritter Daniel v. Liechtenberg den Zehnten auf dem Berge zu Liechtenberg. Dat. Freit. vor Georgi. N. 187. | 281 |
| 1375. Mai 8. Vertrag zwischen Davos und Bregell betreffs ihrer Fehde. Dat. Dienstag nach Phil. u. Jacob. N. 188. | 282 |
| 1375. Jul. 28. Egloff v. Schauenstein gestattet einem Leibeigenen sich loszukaufen u. dann mit Weib u. Kind dem Kloster Cazis zu übergeben. Dat. Pet. u. Paul's Abend. N. 189. | 284 |
| 1375. Oct. 15. Schenkung eines Hauses zu Feldkirch an das Capitel zu Cur. Dat. Veltkirch an S. Gallen Abend. N. 190. | 286 |
| 1375. Oct. 15. Quittung über den Kaufpreis eines Hauses zu Feldkirch. Dat. Mittwoch nach S. Gallen. N. 191. | 286 |
| 1375. Nov. 29. Verleihung eines Hauses zu Cur. Dat. St. Andr. Abend. N. 192. | 287 |
| 1376. Ohne Tag. Zehntenverkauf zu Obercastels. Dat. Lugnitz 193. | 287 |
| 1376. März 1. Urs. Straiff und ihr Mann Gaud. v. Plantair verzichten auf das Guntramsgut. Dat. Samst. vor alle Manne Vasnacht. N. 194. | 289 |
| 1376. Apr. 20. Der Priester Andr. Planta verzichtet zu Gunsten des Capitels von Cur auf allfällige Rechte an der Kirche in Zuz. Dat. ut supra Ind. XIV. N. 195. | 289 |
| 1376. Apr. 23. Ein anderer Verzicht von demselben auf das Nämliche. N. 196. | 292 |
| 1376. Jul. 13. Vertrag zwischen Disentis und den Leuten im Blegnothal. Dat. ut supra. N. 197. | 294 |
| 1376. Nov. 29. Vidimus einer päpstl. Bulle des Jahres 1116 und eines von der Gräfin Offemia v. Werdenberg und ihren Söhnen ausgestellten Briefes von 1316. Dat. ut supra Ind. XV. N. 198. | 296 |
| Im Jahre 1377. Erblehenbrief von Bischof Johannes II. zu Cur. Ohne Tag. N. 199. | 297 |

|  |  | Seite. |
|---|---|---|
| 1377. | Ohne Tag. Bischof Johann bewilligt der Anna Jac. de Mützen Tochter, daß sie mit einem ihrer Kinder auf den Hof zu Zernez, genannt Wildenberg, ziehen und denselben inne haben möge. N. 200. | 298 |
| 1377. | Ohne Tag. Bischof Johannes von Cur Brief zu Gunsten Martin und Nella „der erbern Dumengen Kinder" in Betreff des Hofes Wildenberg zu Zernez. N. 201. | 298 |
| 1377. | Jan. 10. Lehenbrief Bischofs Johann von Cur über die Alp Terrana bei Conters. Dat. die sabb. post fest. Epiph. dom. N. 202. | 299 |
| 1377. | Jan. 30. Lehenbrief Bischofs Johann für Gaud. v. Castelmur gen. Schuler. Dat. ut supra. N. 203. | 300 |

# 1.

## Fragment eines Panegyrikus auf den hl. Lucius Rex Brittaniä et Confessor Christi.

### Um das Jahr 800—1100.

„Incipit vita bea | tissimi *Lucii* | confessoris Christi. | Diem festum celebran | tes beatissimi *Lucii* fratres karissimi· ad memoriam | revocemus. Qualiter locus iste[1] de tenebrarum | caligine liberatus lumen verum perceperit. Hinc ergo | psalmi resonent. concrepent lectiones. Hinc | tota simul in voce confessionis erumpat eclesia. quæ talem ac tantum meruit habere *patronum*; cujus | meritis ac supplicacionibus. omnibus malis exuta plebs | universa exultat. Omnes ergo congratulemur in Domino | et ad edificacionem populi. qualiter nobis beati viri | *adventus* illuxerit. perscrutamur. Quia sancti viri |[2] religio non peregrinis assercionibus. sed Apostolicis sur | rexit dogmatibus. Et de illo vivo fonte quem Dominus vos | electionis esse predixit. vite poculum ministravit. Item | poro enim illo quo erat beatissimus *Paulus* Apostolus post | resurrectionem Domini Nostri Jesu Christi in urbe *Roma* et per biennium | nemine prohibente disputaret cum judeis atque grecis. Videns cecatum cor eorum. et salutaribus monitis nolle adquiescere | et quia Moyses velamen est positus super cor eorum. cum vide- | licet sequamur occidentem litteram. et non vivificantem | spem. relictis judeis. ad gentium se predicacionem conversit. | Convocans itaque predictus apostolus *Timotheum* discipulum | suum dixit ei: Surge et vade in regione galliarum. „et | quocumque perveneris predica evangelium regni Domini sicut | scriptum est. Annunciate inter gentes. magnalia et mirabilia Dei. Tunc Timotheus gaudens de precepto Domini | simul eciam et de doctrina magistri sui. pervenit in par | tibus galliarum. predicans baptismum et penitenciam. in re | missione peccatorum; cumque pervenisset in portum qui | dicitur bordcalem[3] civitatem. predicans evangelium | regni Dei beatitudinem credentibus. non credentibus autem | supplicium denuncians: convertebat omnes ad fidem, | quotquot erant preordinati ad vitam eternam; Bapticatis | ergo universis qui crediderant. et traditis mandatis. | quomodo a simulacrorum contaminacione mundarentur. | et quomodo fidei regulam incorruptam servarent. et quomodo renovati per graciam baptismatis permanerent: monebat | dicens. Omnes qui in Christo baptizati estis Christum induistis: Ex | poliantes ergo vos veterem hominem; id est diabolum cum | criminibus suis; induite novum, hoc est. Christum cum virtutibus | sanctis. ut in novitate vite ambulantes liberati a peccato. | [4] servi autem facti Deo. Habeatis fructum verum in sanctificacione. finem | vero vitam æternam. Cumque per singulos dies fidelium numeros | cresceret. et signis atque virtutibus ostensis multiplicarentur | ad fidem. ordinatis sacerdotibus ac ministris qui eis divina | Mysteria celebrarent. destruentes templa idolorum | ædificabant eclesias. Peracto ergo ibi non modico tem | pore et confirmatis in fide Christi discipulus. cepit inquirere | sicubi essent adhuc idolis dediti populi. Tunc unus ex | principibus[5] ait ad eum. Innotescimus tibi regionem longinquam | que dicitur *brittania*. gentem ferocem. idolis servientem. Christum nescientem. ubi Rex *Lucius* regnare videtur: (?) Perge ergo et ibi predica. ut convertantur et vivant. Hæc audiens | beatus Timotheus magno repletus est gaudio; pergensque | festinanter pervenit in provinciam ubi rex *Lucius* regnabat | et secundum preceptum magistri sui non cessabat evangeli | zare verba vite. stupefactus vero populus propter | novitatem doctrine illius quam audiebat nunciant hæc | omnia *Lucio* regi. Qui continuo iubet eum sibimet pre | sentari et quæ esset eius doctrina per semetipsum audire. | Cumque coram eo fuisset adductus. rex *Lucius* dixit ad | eum: quis es tu. aut ex qua regione et de qua civitate? Beatus Timotheus respondit. Ergo sum servus Domini | Jesu Christi et discipulus apostolorum. et missus sum ab eis | predicare vobis verbum veritatis. ut recedentes ab ido- | -lis. Deum verum qui est in celis cognoscatis per quem omnia | facta sunt in celestibus. creaturis. et que in terris inprom- | -ptu habentur. Annunciare tibi et omnibus in quibus | est spes vitæ evangelium regni et gloriam sempiternam | resurrectionem post mortem. et vitam inmortalem. | Quia regnum huius mundi et divicie eius sicut fumus" | ... 6 ... | ... 7"et sedicione convertere. quia ipse cum malediceretur | non maledicebat. cum pateretur iniurias non comminabatur | sed tradebat iudicanti se iniuste: discat ergo scola Domini nostri Jesu Christi exemplo ipsius. lesionis vicem non rependere | sed magis maledicentes se benedire. et pro persecutoribus exorare: sedato ergo populo pace percepta divina pro- | videntia disponente. apparuerunt agresta illa anima- | -lia, que offendiculum in populo faciebant. Quod cum | vir Domini conspexisset — magno repletus est gaudio. et | flexis genibus in terra. occulis ac manibus in celum porrectis. | ut id eciam qui iam baptizati erant facerent admonebat. | Tunc clara voce audientibus cunctis hanc fudit oracionem | a Domino. Omnipotens. adorande. colende. tremende. benedico te. | quia per filium tuum unigenitum evasi manibus hominum impiorum | salvam fecisti a persequentibus animam meam. nec conclusisti me in manibus inimici. insuper et ostendisti mihi offendiculum | quod per machinacionem demonum erat in populo tuo: Ecce nunc | tempus acceptabile — ecce nunc dies salutis — in quo electi tui | de tenebris producuntur ad lucem — in quo ostensis signis et | virtutibus cognoscant filii tui quia tu es absconditus Deus | qui facis mirabilia solus. qui non despicis contritos corde et | afflictos misseriis: qui et oves ac boves et universa iumenta | camporum. hominum usibus deputasti et populo tuo de | mundis et inmundis animalibus per Moysem famulum tuum | preceptum dedisti. ut munda ederent inmunda reprobarent. | Tu hæc bruta animalia ad laudem et gloriam nominis tui de | posita ferocitate fac mansuescere et usibus servorum | tuorum tibi famulancium deservire; Cumque completa | fuisset oratio. surgentibus eis ab humo. appropinquare cœp | perunt bubali illi. qui a longe stare videbuntur. Et | [8] stupentibus cunctis atque mirantibus usque ad vestigia beati | viri pervenerunt pedes eius lambentes. Videntes autem | turbe tam inopinatum miraculum timuerunt valde et glo | rificabant Deum dicentes! Vere magnus est Deus Christianorum. | acceptis ergo vinculis et iugo vir beatissimus. et alligans | in capitibus eorum. addito eciam vehiculo. via qua venerant | revertebantur; mirantibus autem cunctis atque stupentibus | alii pro gaudio flere ceperunt. alii elevata voca clama | bant dicentes: magnus es Domine et preclarus. laudabilis in | virtute et invisibilis. qui eciam agrestia et muta animalia | manibus subdis servorum tuorum: alii dicebant. Magnus Dominus | noster Jesus Christus. et magna virtus eius. et sapienciæ eius non est | numerus. Qui cecis visum. surdis auditum. claudicantibus | gressum et mutis dignatus conferre sermonem. Qui nos per | beatissimum *Lucium* famulum suum a mortis tenebris libe | ratos perduxit ad lucem: alii in [9] ymnis et confessionibus bene | dicebant Dominum clamantes et psal[l]entes in cordibus suis. quia | fecisset cum illis misericordiam. Cumque hæc et his similia pro | clamarent. auditis signis et virtutibus hii qui in civitate reman | serant acceptis lampadibus et turibulis procedentes in occursum | illis. has voces dabant ad cœlum. Via justorum recta facta est. | sanctorum iter preparatum est. Et adjicientes dicebant. Confitemini | Domino et invocate nomen eius. laudamini in nomine sancto eius. | qui congregat dispersos israel. Ingredientibus autem civitatem. | et congaudentibus ad invicem de signis atque miraculis demonstratis. | more cervorum desiderabant pervenire ad fontem aquarum: | Cumque paucis diebus eos qui noviter venerant fidei regulam | doceret: et monitis salutaribus animaret. tradens eis aposto-

| -lica precepta baptizavit universos; Et plenius eos de divi |"... ¹⁰

Abgedr. nach dem Original in der Bibl. des Klosters Einsiedeln, kl. Folio auf Pergament geschrieben — unter den Handschriften Nr. 257, pag. 412.

¹ Welcher Ort hier gemeint, ist nicht zu verstehen, vielleicht Chur?
² Hier beginnt die zweite Seite des Orig.
³ Bordeaux?
⁴ Hier beginnt die dritte Seite des Orig.
⁵ Statt principibus.
⁶ Hier eine wesentliche, höchst zu bedauernde Lücke im Orig. da zwei Blätter vollständig aus der Mitte ausgeschnitten sind.
⁷ Hier fängt die vierte Seite des vorhandenen Orig. an.
⁸ Hier beginnt die fünfte Seite des Orig.
⁹ Statt Hymnis.
¹⁰ Die Fortsetzung und Schluß fehlen.

Sollte irgend ein Freund der Geschichte eine vollständige Copie dieses Panegyricus wissen, so wird er bestens ersucht, dem Herausgeber es anzuzeigen.

Mitgetheilt durch den Hochw. Herrn Hofkaplan Fez zu Vaduz.

## 2.

### Bischof Thietmar von Chur schreibt aus Vollmacht des Königs dem Werkmeister, Rath und Gemeinde der Stadt Chur die Strafe vor bei erfolgtem Todschlag.

#### Dat. Chur 29. Juli 1050.

Daß wer den andern zu Chur in seinen Gerichten leiblos machte, sei Mann oder Weib, soll man baar gegen baar ohne alle gnad richten, wurde der thäter aber nit ergriffen, hat er dannoch des Bischofs huld verlohren, und die große buess, das ist 60 M. (Mark) jebe 8 ß Maylisch für ein markh zu rechnen, verfallen, darvon gehört dem Bischof 20, der Stadt 20 und den Vögten 20 markh, und wo der thäter in des Bischofs Gericht in eines Jahres, 6 Wuchen und 3 Tag frist, ohne des Bischofs huld ergriffen, richt

man Paar gegen Paar, als ob er an der that, allda der Todschlag
beschehen, handgehabt were. Chur den 29. Juli 1050.

    Abgedr. nach einer Copie in dem „Chur-Tirol. Archiv. Lit. A. Fol. 19
(des Prof. Albert Jäger in Wien.)

    Mitgetheilt durch den Hochw. Herrn Hofkaplan Fetz zu Baduz.

## 3.

### Verzeichniß der Aemter und Güter, welche die v. Reichenberg vom Bisthum Chur zu Lehen trugen.

**Aus dem XIII. Jahrh. Aus dem Archiv zu Fürstenburg.**

In domino. Hec sunt feuda sive beneficii, que nos de *Reichenberch* habemus a Reverendo patre Ep. Curiensi.

Primo habemus unum officium qd. victum¹ dr.² Item omnes coloneas, que pertinent ad curtem *donegam*. Item habemus unum officium a domo *Tyrol*, et dr. Marschalchamt a *ponttalta* cit. et a *Monasterio* exterius. Item Coloneas de *Tarasp* habemus ab ipo offo,³ et etiam beneficia. Item decimam de *Malles*⁴ habemus ab ipo Marsalchampt. Item habemus in beneficio unum offum qd. dr. chuchenmaysterampt. It. omnes decimas carnium et decimam *d'Algund* habemus ab ipo offo. It. habemus I. offum qd. dr. senchampt (Schenkamt?). It. habemus ab illo offo unam decimam in *Marniga* solventem annuatim vrnas XL. vini. Item concedimus villicacionem sive curiam *d'Sanzan* et allia beneficia et coloneas. Item habemus extra illam villicacionem annuatim duo servicia cum XL. equuis. It. dns. eps. dbt habe extra ipsam duo servicia cum tot, quod vult conducere cum secum et cottidiana servicia quociensque vult. Item advocatus debet habe semel in anno extra illam vilicationem. I. servitium cum XL. equis et non pluribus. Item sine alliquo offo habemus ab epo⁵ in beneficio, qncuque est bisext. sive suguta, oves centum et lbr. XL. veron. Itm ponimus l. decanum, et ille habet a nobis in beneficio LXXX. modios grani et centum et XX. formas⁶ casey reditus et

h. similiter habemus in feudo. It. habemus in beneficio Alpem *d'Aronda*. It. ad omnia Judicia sive spchas⁷ Eccle. *Cur.* debeant esse nostri decanus et Minister et tertia pars mendante⁸ debent dari advocato et due partes nobis. It. donec oves tenentur in Alpibus Judicium in plagela debet esse nostrum sine suspendio. It. habemus Turrim in claustro sci. (Sancti) *Johannis* in *Monasterio*, sed solamen est epi. *Cur.* It. habemus in beneficio unum offor⁹ qd. dr. carpentaria, et ponimus I. Carpentarium, qui conveniat dno epo. prout et nobis. Item habemus I. Molendinum *sci Johannis* in *Mals* a predicto dno. Epo. Item pratum contiguum debemus habere qncuque dns. eps. non indigeret ipo in propria domo sua. Ita ps (?) solvamus fictum et censum consuetum. It. habemus in beneficio Angayras II. qd. dr. *Wagenwart* ex plebe de *Zengels*.¹⁰ It. habemus ex Mesenampt *d'Agunt* angaria I. Item habemus ex mesenampt *d'Suuend* Angayra I. It. habemus ex plebe *d'Males* angarias. II. Itm habemus ex claustro *sce marie montis*¹¹ angarias II. It. nos *Sweikerus* et *Johannes* fratres habemus separatim in beneficio bona, que olim pater noster emit. Primo emit a genero *Walteri* pratum I. solvit formas XXXVIII. anuatim. Item habemus a dno. epo. I. pratum, jacet in valle *avengo*.¹² solvit formas LIII. casey. Item cum episcopatus est sine episcopo, tunc castrum de *Fürstenburch* debet nobis representari cum omnibus pertinentibus intra et extra . . . .
(Die nachfolgenden vier Worte können nicht mehr gelesen werden.)

Abgedr. aus A. Jäger Engebeinerkrieg 170.
¹ Vice-dominatus, — Bizthum. Jäger.
² Dicitur.
³ Officio.
⁴ Mals.
⁵ Episcopo.
⁶ Formas, Laibe (eigentlich die Form oder das Modell, in welches die Käsemasse gedrückt wird, — daher auch das ital. formaggio)
⁷ Sprachas, — die Landsprachen. Jäger.
⁸ Geldbußen. Das französische amende ist damit verwandt.
⁹ Officiorum.
¹⁰ Tschengels im Vinstgau.
¹¹ Marienberg.
¹² Wahrscheinlich die heutige Val d'Avigna im Vinstgau.

## 4.

**Helias von Schanfick und Heinrich sein Oheim vermachen durch die Hand Walther's von Vaz dem Kloster Curwalden eine Scippina.**

Dat. Curwalden 1218.

Auszug: Ego *Helias* clericus filius *Alberti* de valle *Schanęvich* cognominatus *Jouch* et avunculus meus *Hainricus* cognominatus *Riela*, — manu advocati Domini mei *Waltheri* (alio loco *W. de Vatz*) et heredum meorum consensu tradidi quondam *scippinam*[1] ecclesie b. *Marie* in *Curwalde* pro remedio anime mee. Actum est in Monasterio *Curwaldensi*. Et facto prandio Domini S. (Schwicherio)[2] preposito ... ostendi hanc scippinam et sicut moris est galedam[3] vini ibi biberunt omnes, ut testimonium et recordationem facte rei perhiberentur. Vinum prepositus de *Partipan*[4] fecit apportari .. acta sunt hec A. D. M. CC. XVIII.

Abgedr. im Schw. Geschichtforscher, Bern, 1812. 1. Bd. 188.

S. hierüber ferner Cod. I. Nr. 237, wo eine wegen Anfechtung dieser Schenkung im Jahre 1260 stattgehabte gerichtliche Verhandlung sich abgedruckt findet.

[1] Ein Gütermaaß.
[2] Schwicker oder Schwicerus war schon im J. 1210 Propst daselbst.
[3] Galeda — ein Geschirr, das jetzt noch gebraucht wird, nicht nur zum Weine, sondern auch im Stalle, um den ganz jungen Kälbern die Milch beizubringen.
[4] Parpan — eine Stunde ob Curwalden.

Mitgetheilt durch den Hochw. Herrn Hofkapl. Fetz zu Babuz.

## 5.

**Swicker von Ramüß verpfändet dem Olurandin von Castronovo und dem Pasqual von Capellato ein Gut zu Algund.**

Dat. Trient 14. März 1225.

„Anno domini M.CC.XXV. Ind. XIII. die veneris XIV. intrante Martio *Tridenti* in domo *Olurandini de Castronovo* coram dom. *Adalperto de Mezo*. *Guilielmo de Clesio*. *Arnoldo de Mezo*.¹ *Joanne* Notario, et *Arpolino* de *Corredo*, et *Petro de Corredo* etc. ibidem **Matheus** de *Placentia* S. Palatii Notarius Instrumentum publicum fecit, quod dominus *Swickerus* de *Ramusio* promiserit solvere certam sumam pecuniæ *Oulradino* (sic) prefato *de castronovo* et *Pasquali de Capellato* ab ipsis quondam mutuatam, inpignorans interea mansum de *Algonda*, fidejubendo eis dom. *Ezillo de Cinglo*, *Hegeno de Berneggo*, et dom. gerungo de *Sludernis*² eodem anno, et die ibidem *Oluradinus de Castronovo* promisit dare dom. *Adalperto de Mezo*, et *guilielmo de clesio* vice domine *Leucardæ* filiæ quondam *Nani de Ramusio*, et pro do. *Swickero de Ramusio*.".

Abgedr. in Hormayr, Geschichte der gefürsteten Graffschaft Tirol I. Theil 2. Abthl. S. 275. Nr. 117.

Die Quelle, woraus Hormayr diese, wie andere Urkunden, geschöpft, ist nicht angegeben.

Der Name *Olurandinus* wahrscheinlich durch Schreibfehler, variirt dreimal als Oulrabino und Olurabinus.

¹ Vielleicht Matsch, wenigstens erscheinen bei diesem Geschlecht um jene Zeit die Vornamen Albrecht und Arnold.
² Schluderns.

Mitgetheilt durch den Hochw. Herrn Hofkaplan Fetz in Vaduz.

## 6.

Rudolph I. Bischof von Chur verständiget sich mit dem Domkapitel von Trient wegen der Pfarrei St. Johann zu Tirol und der Pfarrei St. Martin zu Passeyr — in Tirol.

**Dat. Trient 16. Jänner 1226.**

Anno Dni. 1226 Indict. 14. die veneris 16. exeunte Januario in *Tridento* in stupa Palatii Episcopatus presentibus Dno. *Gerardo* Dei gratia *Trident.* Ecclesiæ Episcopo Dno. *Waltherio* presbitero canonico *Curiensi*, *Enginolfo* Dno. Capellano Dni. Episcopi *Curiensis*, Dno. *Adelperto* et Dno. *Bertholdo de Wanga*, Domino *Hugone de Richimbergo*, Domino *Petro de Malusco*, Domino *Jordano de Teluo*, Dno. *Conrado Gialo de Glarmburg*, Dno. *Conrado de Ramschwack*, Domino *Ugelino de Valdinal*, Dno. *Excilino Hail*, magistro *Alberto*, Dno. *Arnoldo Flamengo de Mezo*, Dno. *Adelperto de Mezo*, Dno. *Swichkerio de Ramuzo*, Dno. *Ezillo de Zingler*, Dno. *Jacobo Blazemano*, Cont. Notar. *Mattheo Notario*, et aliis ad hoc rogatis, ibique inter Dominum *Rudolphum*, Dei gratia *Curiensis* Ecclesiæ Episcopum ex una parte, et Dominum *Henricum Tridentinæ* Ecclesiæ Decanum et Capitulum *Tridentinum*, ex altera super Ecclesiis S. *Joannis de Tyrol*, et S. *Martini de Passire* in jure Patronatus in presentando in illis Ecclesiis personam instituendam, vel personas convenerunt, quod Dominus Episcopus *Curiensis* habeat jus conferendi plane una vice dictas Ecclesias sine contradictione supradicti Dni. Decani et capituli *Tridentini*, secunda vero vice Canonici *Tridentini* et Capitulum *Tridentinum* habeant jus integrum presentandi personam idoneam in dictis Ecclesiis sine contradictione Episcopi *Curiensis*, et ipse Dominus Episcopus teneatur personam præsentatam per Capitulum *Tridentinum* recipere, et confirmare in dictis Ecclesiis, ita quod nullo modo possit contradicere, vel impedire occasione juris Patronatus, quod possit dicere se habere in illis Ecclesiis, et sic fiat de omnibus aliis successive institutionibus et in concordia fuerunt, quod collatio facta in *Henricum Tarantum* canonicum *Tridentinum* sit prima institutione, quæ pertineat ad Dominum Episcopum. Ita qui erit post remotionem *Taranti*, vel mortem, vel translationem ad majorem dignitatem pertineat ad Capitulum *Tridentinum*, ut dictum est. Promisit dictus Dominus Episcopus prædictam pactionem et conventionem pro se et suis successoribus et e converso prædictum Capitulum et sui successores prædicto Episcopo et suis successoribus attendere et observare, et nulla occasione contravenire sub pœna dupli et omnis dampni alicui parti inde accidentis, et promisit Dominus Decanus et Archipresbyter *de Secano* et *Bertholdus Rubeus* et *Henricus de Crumpach* sindicus, ut dicebatur Capituli *Tridentini* et aliis Canonici præsentes vice et nomine totius Capituli, videlicet Dnus. *Conradus* Capellanus, Dnus. *Egling* Magister *Gerardus de Ponte Carolo*, Magister *Odalricus Scholasticus*, Dnus. *Maximilianus Gistolding*, Dns. Adelpertus, Dns. *Odalricus de Porta, Omelonus, Bertholdus Liabus*, omnia sicut supra dictum est attendere, et observare, et quod *Taranti* collationem et institutionem defendant, a *Conrado* et ab omni alia persona impediente sub poena praedicta. Et Dominus Episcopus sub poena praedicta promisit, quod Capitulum *Curiense* faciet confirmare omnia praedicta, postquam redierit de expeditione ad Imperatorem, ex quo fuit requisitus. Et si aliquod instrumentum ab aliqua parte contradicens prioribus inveniretur cassum et vanum apud illum quem iuvare posset poenitus habeatur. Et haec omnia scripta sunt et statuta de voluntate utriusque partis et in uno tenore duo brevia scripta et sigillata Episcopi *Curiensis*, et capituli *Tridentini* apensa ad robur et confirmationem superioris contractus, et etiam sigillum Episcopi *Tridentini* appensum est de voluntate partium.

Ego *Pelegrinus Cosse* sacri Palatii Notarius praedicto pactioni et contractui interfui et rogatus scripsi.

Ego *Leo* sacri Palatii Notarius' praescriptum instrumentum sigillatum supradictis tribus sigillis ipsi instrumento appensis, ex authentico sumens fideliter exemplari et ut in eo continebatur authentice, ita ut in isto legitur exemplo, nihil per me addito, vel diminuto, quod sensum et sententiam mutet, preter forte punctum, litteram, vel sylabam de mandato, verbo et auctoritate, ppti. (praepositi) Domini *Calapini*, Judicis et Vicariis, in praedicta Curia *Tridentina* — Signum meum apposui et me subscripsi.

Abgedr. nach einer Copie in dem Chur-Tirol. Archiv Lit. A. Fol. 29 (des Prof. Albert Jäger in Wien.)

Diese Urkunde wurde Anno 1297 — 24. Mai — mit dem Indict. I. (falsch) zu Trient vidimirt, das Vidimus ist aber unvollständig.

Mitgetheilt durch den Hochw. Herrn Hofkaplan Fetz zu Baduz.

## 7.

**Bischof Heinrich V. von Cur, Graf von Montfort incorporirt die Kirche von Benbern dem Kloster St. Luzius, um dessen Armuth abzuhelfen.**

Dat. Cur 13. Dez. 1251. Orig. im Archiv zu St. Luzi.

Frater *Heinricus* ordinis predicatorum dei Gratia Curiensis electus. Dilectis in Christo filiis; *Joanni* preposito et conventui S. *Lucii* salutem cum paterna dilectione. Cum ex officii | nostri debito universos sollicitudini commissos teneamur benigne provisionis beneficio confovere, illis maxime qui juge ad Christi servitium, religionis vinculo sunt | astricti, volumus et debemus pro posse nostro, in suis necessitatibus subvenire misericorditer cum effectu. Ea propter filii charissimi considerata inopia domus vestre, nec non indigen- | -tia pauperum sororum vestrarum apud S. *Hilarium*, Deo in labore famis servientium et erumna, pelicionem vestram prius a predecessoribus nostris admissam, nos inheren- | do eorundem vestigiis admittentes, ecclesiam *Beneduranam* cujus jus patronatus ad vestrum monasterium pertinere dinoscitur, de capituli nostri consilio et assensu | et ob reverentiam beati *Lucii* patroni nostri cum omni jure ad eam pertinere, concedimus liberaliter retinendam. ita, ut eidem tam in spiritualibus quam tempora- | -libus debite providendo ipsi aliquem de vestro collegio vel secularem personam idoneam, pro tempore si placuerit preficiatis, assignato stipendio competenti. Et reli- | -qui ejusdem ecclesie proventus ad relevandam conventus indigentiam in usus vestri monasterii convertantur. Omni jure episcopali in jam dictam ecclesiam, nobis nostrisque successoribus reservato. |

Huius concessionis seu indulgentie nostre testes sunt hii: B.[1] prepositus et Cantor *Her.*[2] *de Sax. Sicardus de juvalt.* Magister *Vol.*[3] *de Muntfort. Jacobus et Walt.* | *de Nuwinburch Waltherus de Slauns* [4] et *Eberhart* scriba canonici *Curienses*. Datum *Curie* Anno Domini M. CC. LI. Idus Decembr. X. Indict. |

Ne .... aliquis contra istam concessionis nostræ gratiam veniendo, possit super predictam ecclesiam in posterum vos gravare presentem paginam tam nostro, quam capituli | nostri sigillo fecimus roborari. Die zwei Sigel hangen.

---

¹ Burchard, noch 1265.
² Hermann.
³ Bolrikus ober Ubalrikus.
⁴ Wahrscheinlich Schlans; erscheint auch als Slaunis (Cod. I. 213) und Sillaunes I. 258.

Mttg. durch den Hochw. Herrn Hofkaplan Tetz zu Babuz.

## 8.

### Vergleich zwischen Egino von Matsch und Schwicker bischöfl. Vizthum zu Reichenberg wegen der Vogtei und Vizthum daselbst.

Dat.¹ 6. Juli 1258.

Anno Dominicæ incarnationis Milles. ducentesimo quinquagesimo octavo, die Sabbathi Sexto intrante Julio Indictione prima. Cum discordia et guerra et lis maxima de variis et diversis occasionibus verteretur et gereretur inter Dominum *Egenonem* nobilem *advocatum* de *Amazia* ex una parte, et ex altera parte Dominum *Suicherium* vicedominum de *Richenberc* placuit eis pervenire ad pacem et concordiam et transactionem ad decisionem et cognitionem et arbitrationem Dnminorum *Beralli Nobilis de Wanga, Utonis nobilis de Montalbano, Anthoni de Cares, et Peronis de Clornes*² militum. Qui quatuor arbitri et potestates et cognitores, et amicabiles compositores, concorditer per antedictas partes electi sunt de omnibus guerris et discordiis et quæstionibus et occasionibus, et homicidiis et offensionibus et dampnis et injuriis, quæ inter eos vertebant et motæ erant tam de factis pertinentibus et spectantibus ad Advocatiam et Vicedominatum, quam de omnibus prædictis et aliis omnibus, de quibus inter eos agitur, vel lis habetur, vel haberi posset, usque in hodiernum diem a montibus *de Amorenza* et *de Juvello*, et a *Pontalla* inferius per totam vallem *Agnedinæ*[3] et *Venustæ* usque ad pontem *Passarini*[4], seu flumen de *Marano*. Qui quatuor arbitri, et potestates, et cognitores, et amicabiles compositores juraverunt corporaliter ad sancta Dei Evangelia inter eos de omnibus prædictis dicere et definire, et judicare bona fide sine fraude, ea quæ magis putaverint utilia et inutilia prætermittere. Et prædicti *Egeno* advocatus, et *Suycherius* promiserunt, et etiam juraverunt sacrosanctis Evangeliis corporaliter tactis omni tempore adtendere et observare, et ratum, et firmum habere omnia, quæ prædicti quatuor arbitri inter eos dixerint et ordinaverint, et sententiaverint per pactum, et sententiam seu iustitiam, vel aliam compositionem, vel concordiam. Et non contravenire aliquo modo, vel aliqua occasione, seu ingenio: Unde præfati quatuor arbitri unanimiter, et concorditer, ut infra legitur de omnibus infrascriptis inter eos sine remedio appellationis talem per justitiam, et per pactum, et per conventum et amicabilem compositionem perferre sententiam decreverunt. Primo super mortem Domini *Sigfridi de Malles*[5] militis et ministri dicti Domini *Egenonis*, quem dictus Dominus *Suicherius* interfecit cum suis coadiutoribus ita dicunt et ordinant, videlicet quod dictus Dominus *Suicherius* pro satisfactione et compensatione prædicti quondam Domini *Sygifridi* occisi dimittat et dimittere debeat integraliter eidem Domino *Egenoni* advocato omne jus famulatus et omnem rationem et occasionem realem et personalem, quam et quod habebat, vel ei pertinebat quocunque modo super totam hereditatem, tam super masculos, quam feminas natos et natas, et de cætero nascituras quondam *Odalrici de Zemedo*[6] fratris dicti quondam Domini *Sygifridi*, et de cætero sint famulos et famulas proprios prædicti Domini *E.*[7] advocati et ejus hæredibus. Item præcipiunt et ordinant pro bono pacis, quod prædictus Dns. *S.*[8] titulo feodi præstet et concedat et præstare, et concedere debeat et teneatur filiis masculis quondam dicti

Dni *Sigifridi* ubicumque aliquod feudum pertinens eidem Dno *S.* vacaverit marcas tres argenti annuatim redditus, seu ficti, vel tantum valens in alia facultate. Si vero feudum minoris quantitatis in aliqua parte sibi pertinens vacare contigerit, teneatur idem Dominus *S.* illud eisdem filiis dicti quondam Domini *Sygifridi* dare, et investire si eis placuerit, complendo alias semper cum facultas se obtulerit tantum quantum dicti fratres intergraliter habeant annuatim marcas tres argenti, sine aliquo defectu; in quibus tribus marchis argenti intelliguntur S d. 9. quinquaginta Jmperiales pro qualibet marca. Jtem praecipiunt, et ordinant, ut omnes illi, qui fuerunt ad mortem dicti Domini *Sygifridi* hic ad festum S. Jacobi de Julio debeant exire extra *Curiensem* Episcopatum, in eodem Episcopatu nullatenus reservari absque licentia Domini advocati, vel heredis quondam dicti Domini *Sy.* Et praedictus etiam Dominus *Suicherius* iuret similiter recedendi de dicto Episcopatu, si fuerit voluntas Domini advocati. Exceptis Domino. *S.* filio Domini *S. de Montalbano,* et aliis qui cum eo fuerunt, de sua societate, et familia tantum. Si vero alii, qui cum ipso *Suycherio de Richenberc* fuerunt ad mortem dicti Domini *Sigifridi,* extra terram ut dictum est exire recusaverint, praecipiunt eidem Domino *Suycherio,* ut non debeat illis praestare guerrae aliquod auxilium, vel juvamen. Jtem super dampnum datum et factum per istum Dominum *Suycherium* et per exercitum, quod conduxit in vallem *Venustae* gentibus Domini advocati de *Sclanders* et super *Calavenam* precipiunt, et ordinant dicti arbitri, quod praefatus Dominus *S.* se concordet cum illis hominibus de praedictis dampnis eis datis et factis. Et hoc faciat bonâ, et planâ concordiâ, restituendo eis dicta dampna, precio vel precibus, vel amore, et non minis, vel timore seu pavore illos quiescere faciat de praedictis dampnis. Si vero per aliquem eorum aliqua fieret querimonia de antedictis dampnis, praecipiunt, quod idem Dominus *S.* eis conquerentibus, et cuilibet conquerenti restituat dampnum in laude et voluntate Domini *Altoni* militis de *Tarres,* et *Peronis de*

*Clorne* ministri ejusdem Domini advocati. Et in eorum dictis de prædictis dampnis, de quibus fuerit querimonia, conquiescant. Super facto vero *Bertholdi de Clornes* hominis dicti Domini advocati, quem vulneraverit *Fridericus de Ramuscia*, tunc scutifer prædicti Domini S. committunt suam arbitrationem in istis Dominis *E.* advocato, et *S. de Richenberc*, qui inde secundum eis placuerit ordinent, atque dicant. Super facto filii *Heynzonis de Manxione Vberti* servi dicti Domini S.; qui vulneravit *Egenonem* fratrem naturalem isti Domini advocati et *Egenonis de Scolles* [10] ministri Dni advocati, qui vulneravit *Rangerum de Sala* deponunt suam arbitrationem in Dominos *E.* advocatum et *Nanonem de Remuscia*, qui inde dicant et ordinent quidquid eis super hoc placuerit ordinare. Item prænominati arbitri habito consilio cum veteranis hominibus *venustæ* vallis, et sapientibus, consuetudine antiquâ servatâ dicunt, quod Dominus *Suycherius* prælibatus non potest, nec debet ponere aliquem villicum in curte *Bonica de Malles*, nisi fuerit de domo Dei, salvo si dictus Dominus S. non invenerit aliquem de Domo Dei, qui vellet illam curtim tenere, quod possit sibimet illam tenere, vel alteri locare, cui voluerit. Ita tamen quod dictus Dns advocatus nihilominus de prædicta curti suam reccitudinem (sic) habeat annuatim, dum tamen aliquod fraus, vel dolus super hoc minime cognoscatur. Item dicunt, et pronuntiant quod Dominus advocatus non habet aliquid facere cum hominibus habitantibus in *Plagnola*, nec illos in aliqua re cogere potest, in illis tribus mensibus, quibus alpegatus [11] S. clapsis ipsis tribus mensibus habet dictus Dominus advocatus super eos omne illud idem jus et dominium, quod habet super alios homines de Domo Dei. Item dicunt et pronuntiant, quod omnes venationes de valle *Plagnol* tam volucrum, quam damularum [12] et aliorum animalium omnium ipsius vallis sunt Domini Espiscopi et isti Domini *S.* et præfatus Dominus advocatus nihil habet facere in prædictis venationibus, nisi fuerit de voluntate Domini Episcopi *Curiensis* et prædicti Domini S. vicedomini. Item dicunt et pronunciant, quod officiales isti Domini *S.* scilicet Decanus, *Carpentarius*, et missus, qui portat pisces et litteras dicti Domini *S.* quamvis sint de Domo Dei non debent ospitari cum equis Domini advocati memorati et non debent dare oves seu pecora rogationis seu peci (sic) nec dare taxam, quæ dicitur blava bociis, similiter dicitur de molinario molandini *Sti Joannis*, quod pertinet ad curtim *Bonigam*. Sed omnia alia onera et omnes conditiones, debent sustinere et facere ipsi Domino quæ faciunt et sustinent alii homines de Domo Dei. Item pronuntiant prædicti quatuor arbitri omnes in concordia de mendaciis, quæ fiunt per omnes homines Domi Dei bis in anno, quando prædicti Dominus advocatus, et dominus *S.* vicedominus simul cognoscunt causas, seu ministri corum, quod si aliquis eorum pro aliqua offensione contingerit mendare, in manu Domini advocati vel ministri eius bene potest ipse advocatus, vel minister eius illam mendaziam, et offensam dimittere et parcere illi emendanti si ei placet sine parabola prædicti Domini *S.* vel ejus ministri. Et hoc antequam dicta mendazia deponatur in manu prædicti Domini *S.* per ipsum Dominum advocatum, uel ejus ministrum. Sed ex quo dicta mendazia seu offensa posita fuerit per ipsum Dominum advocatum vel ejus ministrum in manu isti Domini *S.* vel ejus ministri, non potest illam dimittere nec parcere, nisi cum voluntate prædicti Domini *S.* vel ejus ministri, de quibus mendaciis si accipiuntur, sunt duæ partes prædicti Domini *S.* et tertia pars prædicti Domini advocati. Item dicunt et pronuntiant quod prædictus Dominus *S.* vicedominus non potest ponere aliquam colonarium super aliquam coloniam, seu super possessiones, quæ colona nuncupantur, nisi fuerit de hominibus Domus Dei, salvo quod si de hominibus Domus Dei vellent illas colonias recipere, quod possit alium ponere quem voluerit et hoc sine fraude, dum tamen ipse Dominus advocatus in omnibus suam rectitudinem et consuetam integram habeat de ipsis coloniis, seu ab ipsis coloniariis et dicunt et pronuntiant prædicti arbitri quod sæpedictus Dominus *S.* vicedominus non debet nec potest aliquem colonarium ospitari cum equis nisi ter in anno cum duobus equis tantum pro quolibet ospitio, seu colonario, videlicet bis ad fenum, in hyeme, seu in vere et semel ad herbam in æstate et non plus, nisi fuerit per voluntatem prædicti Domini advocati. super facto pedagii vini, quod dictus Dominus S. dicit se debere de jure habere a cunctis deferentibus illud, ita dicunt et pronuntiant, quod prædictus Dominus S. vicedominus non debet accipere aliquod pedagium, vel teloneum de aliquo vino, quod ducitur in valle *Venustæ* per homines habitantes a cruce longa infra, et a ponte de *Spandinigo* supra si voluerint illud tenere suo usu tantum. Et si illud vinum ducitur per aliquem habitantem infra dicta confinia causa vendendi, dicunt, quod bene potest de illo, quod vult vendi, accipere pedagium consuetum. Salvo quod non debet accipere hominibus Domini advocati habitantibus ultra dicta confinia aliquod pedagium pro vino, quod duxerint suo usu tantum. Neque *Burminis*, seu hominibus de *Bur* (mio) non debet accipere aliquod pedagium, aliter quam est consuetum. Super illos sol [13] XX. Imperiales quos dictus Dominus S. dicit se debere pro mendazia habere a qualibet persona Domus Dei, quæ uxoratur extra societatem quos dicit in feudum cognoscere a prædictis *de Amazia*, quod idem advocatus difitetur, ita et taliter pronuntiant, quod medietas prædictæ mendaciæ quanta sit vel esse debeat, am (etiam?) sit Domini advocati isti, et de alia medietate investiat eundem Dominum S. vicedomium titulo feudi, et pro medietate de cætero recipiant mendaciam memoratam. Super facto mortis Decani *de Malles*, de qua dictus Dominus S. petit emdam (emendationem? [14]) à dicto Domino advocato, dicunt et pronuntiant, quod expectent adventum Domini Episcopi *Curiensis*, et coram eo cognoscant, et fiat emda (emendatio) cui de jure fieri debet. Super facto cujusdam hominis Domus Dei, quem dictus Dominus S. dicit se neyt (nequeat?) occultare quandam coloniam, et de quodam alio, qui sibi quandam decimam tenere dicit sine jure, ita dicunt, quod idem Dominus S. requirat

rationem sub *Gastaldo* Domini advocati et idem *Gastaldus* ei faciat rationem plenariam secundum quod judicatum fuerit per vicinos et homines, qui cognoscant veritatem illius facti. Super facto *Michaelis de Malles*, quem dictus Dominus S. suis carceribus tenuit et cui quædam bona abstulit, nihil ad præsens ordinant sed causa cognoscendi melius rei certitudinem et culpas et occasiones in se potestatem et arbitrium usque ad eorum voluntatem perferendi et dicendi quicquid eisdem quatuor arbitribus placuerit penitus servaverunt. Insuper præcipiunt prædicti arbitri omnes concorditer, quod sæpedicti Domini *E.* advocatus et *S. de Richenberc* vicedominus sibi invicem et omnibus suis hominibus districcabilibus, scutiferis, servis, familiaribus et famulis de quibuscunque locis et partibus dicti confinis pacem faciant et finem et transactionem bonam et in reuscabilem de omnibus injuriis, et werris et homicidiis et offensionibus publicis et occultis, et dampnis et discordiis et litibus, et controversiis, et occasionibus de quibus inter se aliquid erroris vel discordiæ aliquomodo, vel ingenio dicere possent. Tamen prædictis omnibus capitulis et infrascriptis nominatim prælatis nihilominus valituris."
Hier abgebrochen.

---

Abgedr. nach einer Copie in dem Chur=Tirol=Archiv Lit. A Fol. 48 (des Prof. Albert Jäger in Wien.)

1 Der Ort der Verhandlung und Vergleichs lag wahrscheinlich im Tirol.
2 Clornes und Clorne ist Glurns.
3 Engadinae.
4 Passair das Landwasser bei Meran.
5 Malles ist Mals.
6 Zemedo ist Samaden.
7 Egenon.
8 S. bald Sigfrid, bald Suicher.
9 *Solidi*.
10 Schuls.
11 Warscheinlich Alpgang, Aufenthalt in den Alpen.
12 Wahrscheinlich Hirsche und Rehe.
13 *Solidos*.
14 Emendatio — Genugthuung oder Entschädigung; vielleicht aber auch mendacia — Geldbuße.

---

Mitgetheilt durch den hochw. Herrn Hofkaplan Fetz zu Vaduz.

### 9.

**Heinrich IV. Bischof von Chur kauft von Graf Peter zu
Masor die Veste Aspermont mit dem Hofe Mulinera.**

Dat. 15. Juli 1258

Wir Johann Peter Graf zu Mesar ꝛc. bekennen offentlich vnd thuen kundt allermeniglichen mit disem briefe, daß Wir mit zeitigem Rath vnd vorbetrachtung, gesundts Leibs, vnd vernunft der sinnen, für vns vnd allen vnsern nachkommen vnd Erben, dem Hochwürdigen Fürsten vnd Herrn, Herrn Heinrich von Montfort bischouen zu Chur vnserm Oehem, vnd gnädigen Herrn sinen Gnoden Stift vnd Nachkommen, eines rechten, vesten enblichen, ewigen Kaufs verkauft haben vnser Schloß vnd Veste Aspermont mit dem Hof Mulinera, sambt acker vnd wisen, darzu gehörend eine Alp genannt Ranütsch¹ vnd etlich viel lüth zu Trimis vnd auf Seyes geseßen, alles inhalt eines zugestellten Robels, welches aller vnser fordern von den von Belmont ererbt hand, mit wuhn vnd waidt, Holz vnd Feldzihl vnd marken, wie nachuolgt.

Erstlich stoßen die Marken Chur wärts an den großen Stein genannt Grappus enthalb des Tobels gegen Trimis gelegen, vnd demselben Stein der grädi hinab bis an Rhein, Zizers wärts an ihr Gemeindtweibt, vnd dem zun nach vßi biß zu obrist in berggrab alß die Malkstein ausweisend, vnd in obgedachten stucken vnd wisen, auch in dem grünen Hag vnd Eychwaldt soll Niemand weiden auch kein Holz hauen, noch fellen, bei eines Herren Huld vnd ungnad, wer das überfüehr alß mengen stock er felt, als mengen Pfund Pfenning ist er einem Herrn zur peen verfallen, wie vor alten herkommen ist. Vnd ist der ewig reblich kauf vmb obbenandt Vesti sambt seiner Zugehörung, wie obstath beschehen vmb dreytausent, dreyhundert vnd fünfzig gueter, vnd genehmer Rihnischen Gulden in Gold — deren Wir also par von dem genandten vnsern gnädigen Herrn nach vnsern willen vnd beniegen aufgericht vnd bezalt sindt, darumb mag der obgenannt vnser gnädiger Herr von Chur vnd seine nachkommen, die genannte Veste Aspermont mit allen stucken, rechten vnd zugehörden, wie obstath fürohin ewiglich inhaben, nutzen, besetzen, handlen, als mit andernn des Stifts güeteren von Vns, vnsern Erben vngesaumbt, vnd vngehindert. Wir wöllen auch all vnser Erben def obgedachten verkaufs guet wehrer sein, daßelbig in allweg vertretten, verstohen, vnd versprechen gegen menigklich nach allen notturst getreulich vnd ohn geferde. Vnd des zu waren Vrkundt so haben Wir vnser aigen Insigel für Vns vnd all vnser Erben offentlich thuen henkhen an disen brieff, der geben ist an der heyligen zwölfbotten schidungtag, im Jahr als man zalt tausent zweyhundert vnd im acht vnd fünfzigisten Jahre."

Abgedr. nach einer Copie in dem oberwähnten Chur=Tirol. Archiv Lit. A. Fol. 47 und mitgetheilt durch den Hochw. Herrn Hoffkaplan Fetz zu Vaduz.
[1] Wahrscheinlich die nämliche Alp, welche später unter dem Namen Ramutz vorkömmt.

## 10.

**Formulæ**
oblationis Devotorum S. Benedicti apud monasterium Disertinense [1]

Anno circiter 1267.
Nach einer alten Perg. Handschr. im Archiv zu Disentis.

I. Notum sit omnibus tam præsentibus quam futuris, quod ego *Volricus de Fopa* tradidi filiam meam *Iudentam* S. Benedicto cum duobus solidis mercedis in *Aquila*, qui dicitur *Aldenga* pro remedio animæ suæ, ac omnium parentum suorum, et ipsa *Iudenta* serviat ibi Deo et S. Benedicto omnibus diebus vitæ suæ, et post obitum suum possideat Capella [2], et omnes ibi Deo famulantes supradictam *Aquilam* pacifice et quiete.

II. Notum sit omnibus præsentibus et futuris, quod ego *Menricus Druncal* contuli meipsum et uxorem meam *Bertam* et filium meum *Wilhelmum* super aram S. Benedicti cum omnibus pertinencijs meis, domum pratos et agros, quæ siti sunt in *Runcal*, et in *Gravinus*; et omnia mobilia et immobilia, quæ illa die possidebam, sana mente et bona voluntate, ita ut nos habeamus necessaria de supradicta Capella.

Et hacc acta sunt in capella *S. Benedicti* in praesencia *Mauricii* plebani de *Summovico* et fratris sui *Alberti* et *Munic super castello*³, et filius suus *Iohannes*, et *Bertoldus* filius, *Pascual* et alii quam plures. \*

---

Samml ben Noten 1 und 2 aus Eichhorn Cob. prob. S. 90 entnommen.

¹ Ueber dieses Institut der Devoti gibt Eichhorn Episc. Cur. S. 232 das Nähere an.

² Die Capelle S. Benedikt zu Sumwig (Summovico), wo diese Devoti zusammenlebten.

³ Zweifelsohne des Geschlechts Ueberkastel ob. Oberkastel.

## 11.

### Bericht
über die Plünderung des Klosters Marienberg am 25. Oktob. 1274.

#### Aus Goswin's Chronik von Marienberg.

Anno gratiæ MCCLXXIV Kal. VHI Novembris, in festo Crispini et Crispiani dominus *Swikerus de Reichenberg*¹ cum associatis sibi iniquitatis filiis mililibus laicis *Tridentinae, Brixiensis*, et *Curiensis* dioecesis damnificavit ecclesiam *montis S. Mariæ* in spoliatione sibi facta. Imprimis 13 boves, 5 tauros, 16 vaccas, juniores vaccas octo, alia armenta undecim, equos tredecim, asinos tres, porcos 37, septem trezas¹, vomeres duos, lectos novem, pulvinaria septem, carratas integras vini — et dimidium, 14 modios, 130 siliquas² donegas³ 676. Magnum caldarium, tres ollas absque alia utensilia domus; scoriatas oves 12 duo armenta scorticata (sic), linteamina duo nova, coria duo, vasa quoque, et alia utensilia minora, quorum mentionem vix facere possumus.

Insuper in secunda spoliatione, quae primitus facta fuit, cum qua interfuit *Henricus de Slus*, oves 170, armenta 37 et duos homines captivaverunt, quos oportebat omnia bona ipsorum totaliter vendere et obligare, scilicet propter bona famulorum ecclesiae, quae abstulerunt, de quorum mentionem fecimus in duplo plus, quam ecclesiae.

Super hac spoliatione expendimus tam in Romana curia quam alibi in terminis datis, et cum executoribus nostris, ad minus 50 marcas absque damno, quod adhuc habemus et habebimus. Insuper detinet nobis (Swikerus vel Heinricus) libras 23. et siliquas 23. apud *Türtsch*. 4 Insuper despoliatio amborum fratrum damnificata est ecclesia in 700 siliquis, in 300 modiis et ultra, in 180 ovibus, in 200 ulnis grisei panni et ultra, absque damno famulorum ecclesiae.

Abgedruckt aus Eichh. Episc. Cur. Codex prob. LXXXIII.
1 Scheint hier Wagen zu bedeuten. Eichh.
2 Eine Münze, deren 24 auf einen Solidus gingen.
3 Eichhorn vermuthet darunter eine Tunika oder Unterkleid, — vielleicht waren es Hemden.
4 Tartsch.


## 12.

### Bischof Conrad III. zu Chur, zahlt für das arme Kloster zu St. Luzi einige Schulden.

Dat. Cur 16. August. 1282.

Orig. im Archiv des Klosters St. Luzi.

C | onradus 1 | Dei gratia Episcopus *Curiensis*. Omnibus hoc scriptum intuentibus salutem cum notitia scriptorum. Ne | ea que aguntur cadant et recedant a memoria que res fragilis est cautum est ea scriptis aut- | -tenticis roborare. Volumus igitur quod ad notitiam deveniat singulorum, quod nos pro utilitate nostre Ecclesie *Curiensis,* cum consilio et consensu totius Capituli nostri, obligamus nos in solidum dilectis in Christo | preposito et conventui *Sti. Lucii* et promittimus per stipulationem sollemnem solvere pro ipsis et eorum monasterio. *Ortolfo dicto Rabiuse* militi CC libras mezanorum et subditis ecclesie in *pradis* ² libras quinquaginta in quibus predicti fratres ipsis creditoribus sunt et fuerant obligati dantes . . . . ante | dictis fratribus *Sti· Lucii* in obsides seu fide jussores *C.* ³ decanum ecclesie Curiensis et *H.* ⁴ de *Ma-* | *-tzingin* nostrorum canonicorum, ad refundendum et resartiendum eisdem fratribus integraliter | omne damnum interesse et expensas que aut quas ipsis per se vel per alios . . . . in antea | incurrere contingerit seu sustinere occasione debitorum predictorum. In cuius rei evidentiam et testimonium in- | -dubitatum presentes ipsis tradidimus cedulam nostri sigilli munimine roboratam. Testes autem | qui interfuerunt sunt hii *Manegd* ⁵ et *Wolfrad* comites *de Veringin* ac supradicti fide jussores | nostri, *H.* ⁶ de *Greczines* et alii quam plures. Datum et actum *Curie* anno Domini M. CC· | LXXXII, proximo die dom. ⁷ post assumptionem S. Marie Indict. X. Das Sigel des Bischofs hängt, dasjenige des Capitels ist abgerissen.

---

Abgebr. nach dem Original, und mitg. durch den hochw. Herrn Hofkaplan Fey zu-Vabuz.

¹ Conrad III. Freiherr v. Belmont. Das Aniverfarbuch der Domkirche v. Chur nennt schon 1142 und 1150 zwei Bischöfe: Conrad I. Graf v. Bibereg und einen andern Conrad II. Conrad III. † 25 Sept. 1282.
² Praben, ein Hof bei Mistell. (v. Mohr Cod. dipl. II. S. 14. Not. 3.)
³ Conrad s. Urk. vom 20. Feb. 1283.
⁴ Heinrich.
⁵ Manegolbus.
⁶ Heinrich de Rezins (Gretschins bei Wartau. ?)
⁷ Die dominica.

---

Anm. des Herausgebers. Eichorn (S. 76.) kennt keinen Bischof Conrad III. und ihm nach war Freiherr v. Belmont Conrad II. —

### 13.

Fridrich I. Bischof zu Chur belehnt den Andreas
v. Planta mit dem See zu St. Moriz im obern
Engadin. [1]

Dat. Vespran 19. März 1288.

„Wir Fridrich von Gottes vnd des Stuls zu Rom gnaden Bischof zu Chur thundin allen denen, die diesen Brief lesen oder hören lesen daß wir mit guetem Rath, gunst, willen vnd wissen vnsers Capitels vnd Vorbetrachtung vnd durch vnsers Gotshus lautrer vnd offner nutz vnd frommen vnd zuefürkommen khünftigen scheben die vns vnd vnsern gotshaus vfgen möchte vnd darum sowellen wir vnd haben angesehen des nachbenanten Plant dienst vnd Threuen vnd auch von wegen dreihundert March mailasch acht pfund mailasch für ein march zu reiten die wür schuldig warend, die tod vnd ab sind vnd von der obgenannten Summen gelts der wir Jm schuldig wahrendt vnd gelten sollendt vnd sins dienst willen, solichen wür vnd gelichen haben dem Ehrsamen vnd getreuen Andreas Plant Richter zu Zuz vnd allen sinen Erben ehlich geboren, zue einen waren freyen vfrichtigen vnd redlichen ewigen Lehen namlich vnsern See zu S. Morizien vnd zue Stats in dem Wald zu statts gelegen. Item das Waßer genannt Lasala das da rint aus Salvaplana understen See vnd in St. Morizen See. Item das Wasser genannt Lagazöll das da rint von dem obristen Silser See vnd in das ander See mit allen ihren Rechten vnd Zuegeherenden nichts ausgenommen noch hinden gesezt vnd daß niemant soll noch möge garn sezen noch fischen in keinerley weis noch form das man erdenken mög, denn mit der Schnur auf das Erdrich ständig vnd nit witter, wo aber das nit geschehe, so haben wir obgemelt Herr von Chur dem obgenannten Planta vnd allen seinen Erben gelobt sie zu beschirmen als dick vnd als oft sie not thuet für vns vnd vnseren Nachkommenden. Item der obgenant Plant für ihn vnd allen seinen Erben gelobt vnd verheißen hat mit seiner threue an aides statt den obgenanten Lehen nit zue entfremden, vs der Planten geschlecht wenig noch viel, wo aber das nit geschehe so soll widerum fallen in vnsern Handen oder vnsern Nachkommenden zue gueten threuen ohn gefehrt. Zügen aller obgeschriben Dingen seind die nachgeschriben Ulrich de Flumins, Andreas de Marmorea, Otto de Lovino ritter, Albertus de Castromuro priester, Wolfinus Thomasius de Samadenz B¹ de Mams und andere mehr. Vnd zur Vrkhundt aller obgen. dingen so haben wir obgenante Herren vnser Insigell mit vnsers Capitels Insigell gehenkt an disen Brief, der geben vnd beschehen ist zue Vespran da man zalt nach Christi geburt 1288 am Fritag nechst vor dem Palmtag". —

Mitgeth. durch den hochw. Herrn Hofkapl. Fetz in Vaduz, nach einer Abschrift in dem Chur — Tyrol. Archiv. Lit. A. Fol. 70.

Dieser Urk. geschah l. 71. des Codex bipl. Erwähnung.
Da das Original sich noch nicht vorgefunden hat, mag einstweilen der Text, wie ihn diese glaubwürdige Quelle gibt, hier folgen.
¹ Die nämlichen Zeugen wie in Urk. 41 Band I des Codex bipl. Doch heißt es statt Flumins dort Flummes und Samaba statt Samadenz.

## 14.

Otto, Herzog v. Kärnten und Graf zu Tirol bestätigt der Gem. Fließ im Oberinnthal den Besiz des Berges und der Alp Zanders.

Dat. Tirol 30. April 1306.

Die Bestätigung geschieht auch Namens seines Bruders Heinrich und bezieht sich auf eine Handveste, welche ein anderer verstorbener Bruder, Herzog Ludwig, denen zu Fließ ertheilt hatte. Die Vergabung selbst umfaßt alles was zu dem „perg und Alm gehört, gesuechts und ungesuechts, bauens und unbauens 2c." und verspricht die Fließer dabei zu schirmen.

Abschrift aus Burglehner's Rät. austr. 455. Der Herausgeber glaubte im Hinblicke auf die Streitigkeiten, welche später um Zanders sich erhoben, indem besonders Samnaum Ansprüche darauf machte, diesen Auszug geben zu sollen.

## 15.

### Bischof Sifrid von Cur bestätigt den Verkauf der Alp Wanden in Schanfigg.

Dat. Cur 5. Aug. 1311.

Orig. im Archive des Domkapit. zu Cur.

*Sifridus*[1] dei gratia Ep. Cur. nec non *R. de Monteforti*[2] prepositus et ipsius episcopi vicarius in prefata ecclesia | *Curiensi* in spiritualibus et temporalibus generalis. Vniuersis presentium inspectoribus subscriptorum noticiam cum salute. Re- | cognoscimus et tenore presentium publice protestamur, quod nos habitis diligenti deliberatione et tractatu | de alienatione seu venditione aliquarum possessionum, propter immensa onera debitorum quibus *Curiensis* ecclesia non | modicum pergrauatur, ac pensata vtilitate eiusdem, honorabilibus in Christo—preposito-decano totique capitulo | ecclesie *Curiensis*, alpem in *Schanevigge* dictam in *Vanden*, singulis annis in festo beati martini | soluentem quinquaginta et vnam libr. mezanorum prefate ecclesie *Curiensi*, seu ipsius ecclesie episcopo iure proprietatis | pertinentem, pro septuaginta tribus marchis iusto venditionis titulo tradidimus cum suis iuribus et pertinentiis | perpetuo possidendam. Quam etiam pecuniam in vtilitatem sepedicte ecclesie *Curiensis* conuersam fore, et in exoner- | ationem debitorum eiusdem deuenisse presentibus plublice protestamur. Ipsi quoque domini canonici seu capitulum prelibatum | talem nobis facient gratiam, quod quandocunque nos seu alter nostrum, aut episcopus qui pro tempore fuerit, dictam alpem | reemere uoluerimus seu uoluerint, ipsi nobis eandem restituent, et ad emendum dabunt, pro eadem summa | pecunie qua eis alpem vendidimus supradictam, fraude et dolo in omnibus et singulis supradictis penitus circum- | septis. In cuius rei testimonium supradicto capitulo presentes tradidimus sigillorum nostrorum muniminibus roboratas | . Dat. et act. *Curie,* anno Dni. M. CCC. vndecimo. Non. Augusti. Indict. nona.

---

Das Sigel des Dompropsts hängt; das des Bischofs fehlt.

[1] Nach Einigen Siegfried von Geilhausen, nach Tschudi, ein Freiherr von Flums. Er saß auf dem bischöflichen Stuhle zu Cur von 1298—1321.

[2] Wurde später Bischof zu Constanz und starb zu Arbon 1333.

## 16.

### Rudolf v. Montfort, Domprobst der Kirche zu Cur, bestätigt den Tausch der Capelle zu Balzers.

Dat. Cur 6. März 1315.

**Auszug.** Rudolf von Montfort, Domprobst und Vicarius generalis in spiritualibus et temporalibus des Bischofs Siegfried, urkundet und bestätigt den Tausch zwischen dem Convent von Curwalden und Heinr. v. Frauenberg um die Capelle zu Balzers und das Patronatrecht von Felsberg.[1] Dat. *Curie* MCCCXV pridie Non. Marcii. Indict. XIII.

---

Legalis. Abschrift im Chartul. des Klosters Curwalden Fol. XI.

---

1. S. Cod. II. N. 119., wo die Tauschurk. abgedruckt ist.

## 17.

### Der Domherr Joh. v. Schauenstein stiftet sich ein Anniversar in der Kathedralkirche Cur.

Dat. Hof Cur 11. März 1316.

Orig. im Archiv des Dom Capitels zu Cur.

In nomine domini amen. Universis presentes litteras inspecturis. *Johannes de Schowenstein*[1]. cum subscripte veritatis

noticia, orationibus cunctorum Christi fidelium se commissum. |
Quoniam ut ait sapiens, qui de futuris non cogitat incautus pericula vix evitat, hinc est, quod ego *Johannes de Schowenstain*, sapientis consilium, quo dicitur | omne quod potest manus tua instanter operare, quoniam nec opus nec ratio est quo per singula temporum momenta festinas, in animo versans remedium | ob anime mee salutem, cum honor. dominis decano et capitulo ecclesie *Curiensis* ordinavi, et presentibus me ordinasse fateor in hunc modum. Ego namque *Johannes* | predictus, pro anniuersario meo, in ecclessia *Curiensi*, ante altare S. Crucis, singulis annis, post meum obitum celebrando, duodecim libras mezanorum, ex redditibus bonorum | meorum in *Tartaris*[2] sitorum, ad quatuordecim solidos mercedis ibidem consuete, ad decem videlicet in grano, unum in porcis, tres in caseis se extendentibus singulis | annis circa festum beati Martini capiendas, eisdem dominis, pro triginta marcis ponderis curiensis, octo libr. mezanorum pro marca singula computandis, ipsis per me nomine | anniversarii predicti legatas, ad emendum ex eisdem redditus 12. librarum predictarum, accedente consensu domini *Ulrici* fratris mei ibidem presentis deputavi | et presentibus me fateor deputasse propter Deum libere et expresse, ita scilicet ut iidem domini prebend- | -ariis altaris sancte Crucis, in simul decem solidos utrique | videlicet quinque mezanorum, item decem et octo sacerdotibus pro defunctis, in ecclesia *Curiensi* eadem die si tot haberi poterunt, si autem sequentibus proximis diebus | missas decem et octo supplentibus, unicuique tres solidos mez. sacerdoti in altari chori missam publicam celebranti, duos sol. mez. ministranti ad evangelium unus solidus mez. ad epistolam quatuor imperiales, scolaribus unicuique presenti duo imperiales, doctori puerorum decem et octo imperiales, edituis in simul | decem et octo imperiales, in die anniuersarii mei distribuant, suum qui pro tempore fuerit per ministrum, residuum vero de duodecim libris predictis inter canonicos | in utrisque tantum presentes exequiis distribuatur. Si quis vero tam dominorum

canonicorum quam ceterorum forent absentes, eisdem iuxta suam absentiam, si in altera | exequiarum abfuerint medietas, si vero in ambabus totalitas defalcetur. Nos quoque decanus et capitulum ecclesie *Curiensis* predicte promisimus eundem *Johannem de Schowenstain* | si tamen intra metas *Curiensis* dyocesis expiraverit, aut foret deductus, nostris expensis ad ecclesiam beate virginis in qua ipse sibi sepulturam sibi elegit, defunctum transferre. | Preterea ego *Uolricus de Schowenstain* miles presens et consentiens ordinationi predicte pro me meisque heredibus, ad preces fratris mei *Johannis* ante dicti promisi et promitto, | me ipsam gratam et ratam habiturus et efficaciter exsecuturus, dominosque predictos in bonis predictis dum eis satisfactum fuerit, fideliter defensurus. Et in evidentiam | premissorum ego *Volricus* vna cum *Johanne de Schowenstain* predicto, meum sigillum duxi presentibus appendendum. Acta sunt hec in *castro Curiensi* anno dom. | M. CCC XVI. VI. Idus Martii. Ind. quatuordecima. — Beide Sigel hängen.

---

[1] Er war Domherr zu Cur, wie aus der gleichzeitigen Ueberschrift des Dokuments ersichtlich ist. Vgl. auch die Urk. Cod. II. 163.
[2] Tartar. Nachbarschaft ob Zusis.

## 18.

**Bischof Johann I. zu Cur bestätiget einen Verkauf zwischen Barthol. Meli und Martin de Jllanz um Gebäulichkeiten in Cur.**

Dat. 5. Januar 1326.

Orig. im Archiv des Klost. St. Luzi.

„*Joannes* Dei et apostolice sedis gratia electus et confirmatus in episcopum ecclesie *Curiensis*. Universis presentes literas inspecturis subscrip- | -torum notitia cum salute. Ne futuris vicientur dispendiis, expedit ut que geruntur in tempore literarum beneficio confirmentur, pateat igitur tenor presentium universis quod constitutus in nostra presentia *Bartholomeus* dictus *Meli* civis et vicedominus *Curiensis*, | noster dilectus recognovit publice profitendo, de unanimi. *Fezie.* uxoris sue suique advocati *J. . . de Turri* et | ad hoc electi e *Agnese* nurus sue filie *H.* quondam ministri in *Veltkilch* ac sui advoca(ti) (*An*)-*tonii Burde-* | *-nanza* et ad hoc similiter electi, suorumque infantium omnium et heredum voluntate et expresso consensu | . . (u)rgentem debitorum | suorum. . . . . . . . animo deliberato se justo venditionis titulo legitime vendidisse . . . . . ididisse et donasse | possessiones seu bona sua infrascripta sita in civitate *Curiensi,* videlicet domum lapideam cum . . . . . . subjacente, sitam | in dicta civitate, in foro superiori ex opposito domo *Joannis Caupont* contigua apertinentibus aut . . (stra)te publice a lateribus | domibus *Her. de Clarüna* et *H.* et *Joannis de Volta.* Item horreum cum solamine similiter subjacenti sito in eadem civitate | in loco dicto *ad hortos* contiguo aptibus (apertibus?) superiori horreo dominorum de *S. Lucio.* Inferiori horreo *Gaudentii de Saleria* | anteriori vero vico communi, famulo ac fideli, spectabilis viri Domini *Hugonis Comitis de Werdenberch* videlicet | *Martino Institori de Yllans* et *Agnese* uxori sue presentibus ementibus et recipientibus pro se suisque heredibus qui- | -buscunque dicta bona jure proprietario et in perpetuum habendo, possidendo et quidquid placuerit faciendo . . pro precio | quinquaginta duorum marcharum[1] ponderis Curiensis vito vz ẞ mez. (sic.)[2] pro marchis qualibet computatis, quas quidem 52 | marchas confessus fuerat idem *Bartholomeus* a dictis emtoribus habuisse et recepisse totaliter numeratas, et quod dicta bona dino- | -scuntur nostro dominio subjacere. Nos dictorum *Bartholomei* et *Martini* justis et continuis precibus inclinatus dictam venditio- | -nem approbantes confirmavimus et spresentibus confirmamus. Ratum et gratum habentes quidquid per eundem *Barthol.* actum | fuerit in premissis . . . . . prefatos homines videlicet *Martinum* et *Agnesam* ac ipsorum heredes de possessione | sepedictorum bonorum investivimus et presentibus investimus dantes ipsis et ipsorum heredibus presens instrumentum | sigillo nostro consignatum, in signum nostri consensus ratificationis confirmationis et evidentis testimonii omnium | premissorum. Datum et actum in castro nostro *Curiensi* anno Domini M. CCC. vigesimo sexto | Indict. IX. vigil. Epiph."

Das bischöfl. Sigel abgerissen.

[1] Mark.
[2] Bit. Vz libr. mez. stimmt mit der deutschen Bestimmung überein, je ein Mark hat 8 Pfund Mailisch.

Mitgeth. durch den hochw. Herrn Hofkaplan Fetz zu Vaduz.

## 19.

### Das Bisthum Cur erkauft das Schloß Rietberg von dem von Landau.

Ohne Datum, doch zwischen 1331 und 1333.

„Item Rietberg die Vesti mit Leut und Gut von dem Landew bi Bischof Ulrich's[1] Zeiten um fl. 2500 ane der Zarung und Arbeit, die daraf gieng. Und zu dem Kauf half größlich Graf Rud. v. Montfort, Herr zu Veldkirch, der alt, der zu den Ziten des Gottshus Pfleger was. Darnach sprachend über lange Zeit die v. Lumerius[2], sie hetent ein Ansprach an dieselbe Vesti Rietberg und fielen in die hochen Juvalt darum und sie wurdent abgewist; das dan gab Beyschof Johans, weiland Kanzler zu Osterich, brithalbhundert Gulden und damit ward die Ansprach usgericht: und also sollen dieselben Leut einem H. Bischof dienen mit Steuer, Gütern, fastnachthüneren und anderen Sachen, als ander eigen Leut."

Aus Eichh. Episc. Cur. Cod. prob. CXXVIII., der sie einer Marschlinser Copie entnahm.

[1] Ulrich (v. Lenzburg) saß von 1331 bis 1355 auf dem bischöflichen Stuhle. Da nun der gleich hernach erwähnte Rud. v. Montfort, Pfleger des Gotteshauses Cur, schon 1333 starb, wäre die Erwerbung Rietbergs in die Jahre 1331—1333 zu setzen.
[2] Lombrins oder Lumbrins, Lombriser und Lumbareno.

## 20.

König Heinrich's von Böhmen und Polen und Grafen von Tirol Rechtsspruch in den Streitigkeiten Vogt Egen's und Ulrich's v. Matsch mit Uriel und Schwicker von Reichenberg wegen Waldungen ꝛc. im Münsterthale.

Dat. — 23. Mai 1332.

Wir Heinrich von Gottes Gnaden König zu Beheimb und Polen ꝛc. Graf zu Tyrol und Görtz verjehen mit disem Brief, daß für uns kommen unser getreue Vogt Egen und Vogt Ulrich v. Mätsch für sich selber und an der gepaurschaft statt des Gottshaus zu Münster an ein Theill und vnser threu Uriel[1] und Schwicker v. Reichenberg für sich und für ihr Bruder an dem andern theill umb alle ihre Krieg und Widerwärtigkeiten und umb alle sachen die sich unterzwischen Jhnen gewandlet hat unt auf diesen heutigen tag und haben uns und unsere Rätte beidenthalb gwaltig gemacht über alle ihre sachen ein neue oder ain Recht zu sprächen nach ihrer Beiden Recht und Fürlegung; als wür ihr baiden Recht und Fürlegung gehört eingenommen und verstanden haben mit verdachtem muthe und mit Ratte, haben wür ein samliche neue und in müdliche (sic) berichtung zwischen ihn erfunden und gesprochen daß hernach geschriben statt.

Deß Ersten über Mart. Haußerberg spröchen wür umb die Höffe, die Reichenberger da habend und die in Paurschaft ausgemarkstain hetten, dabei sollent sye bleiben in aller der weise als des tags, da mann Jhns theilt, und sollent auch fürbas nicht reuten on der Rat, dem derselbe Burg zuegehört.

Darnach umb das Holzen tauferzen und ihr gemainschaft auf den Wäldern auf Sulkätsch und Frauengätsch hinwerts spröchen wir, daß ein jecklich Baumann der Haus und Hof da hat, alle tage ein Fuder Holz da nemmen solle, ohne gefährde, wann er sein bedarf, doch an welchem tag ihr ainer Fuder Holz nicht nämb, der soll es am andern tag nit zweifach nehmen.

Das dritt, umb die Malva, da die Reichenberger jechent, die sye zu Münster haben sollent und jechent daß ihr Vordern ihr Urbar dar habend geben, dasselbe soll man suechen ohn Gefährte in den Büchern des Klosters zu Münster und in welcher Weise man dasselbe fünde, wann es aber dasselbe nit geschrieben, so sollen es die Reichenberger beweisen, vor dem Richter, da mann es zu Recht vorthun soll, als Recht ist.

Das 4te um die freuen Leute, die unterhalben des Creuzes[1] gesessen seynt, darum ihr Krieg gewesen ist, da sollen die Reichenberger bey bleiben, doch mit solcher beschaidenheit wann die Vögt von Mätsch in der freuen Leut nit gunnen woltent so sollen wür und unser Rat das Recht darüber sprechen.

Das 5te um das Gericht umb das Paißen um das Gejagte und um das Böderspihl, daß in Krieg gewessen ist, dasslb alles samt, sollen die Vögte und auch die Reichenberger mit ainander haben ohn gefährte, doch jedwedern theil deß Verdruß, so sollen wir auch das Recht sprôchen als umb die freuen Leute.

Das 6te vmb daß sichlinge, die zu dem Bitzthumbamt gehörend, als sye jechent, die soll einer von Reichenberg haben auf des Gottshauses Leuten von Chur, da sye es durch Recht nemmen sollen und wem das Bitzthumbamt angefallet, der soll dabey bleiben.

Das 7te um die drei See zu Kraun[2] dasselb sollend sye mit ainander fischen, an alles gefährte, doch ander leut recht unverzigen.

Das 8te umb den Dienst den die Wurmser den Vögten in disem Krieg gethan habend, daß soll gänzlich abseyn und sollend den Reichenberger darum keiner Peene[3] nit gefallen seyn, habend aber die Reichenberger umb andere Sachen mit den Rechten hängen den Wurmser Joch zu sprôchen, darum sollen sye die Vögt nit irren noch angehen mit kainerlei sache.

Das 9te daß der Vogt jechet, ihm sye der Reichenberger 500 Mark gefallen, umb ein Peene von den Wurmsern, ob dem also wär, das soll. auch ab seyn und um die Leute die der Reichenberger gefangen hett, damit Er das Gotshaus gepfendet hett, was daran den Vögten schaden widerfahren ist, der soll auch gänzlich ab seyn, wär auch daß die Wurmser von demselben Krieg wegen, als in dem nächsten Artikel geschrieben stehet 1000 Mark jehent, die sollent auch ab seyn.

Das 10te ist, daß die Reichenberger jechend, daß in ir Lechen seyen ledig worden von den Leuten, so wider sye in dem Kriege den Vögten gedienet haben, daß soll auch ab seyn und denselben Leuten on allen schaden.

Das 11te das Vogt Ulrich spricht, daß sein Vater gekauft hab, von unserm getreuen Heinrich, dem alten v. Reichenberg 4 Höf im Mätschertbal, als sein Voder Brief seyt, darwider sprechen die Reichenberger derselb Kauff sey ain saz und sey auch gelößet, darüber spröchen wür, mögent die Reichenberger das wahr gemachen, mit Briefen und ob sye es ziehend auf lembdige Leut, so soll es ihr ainer und zween zu ihm die weder theil noch gmain daran haben oder mit dreyen an sie in derselben Weise wahr machen, ziechen sye es aber auf moltigen mund, so sollent sye es auch in derselben weiß mit Siben wahr machen und soll die Beweisung geschehen von dem heutigen tag unz auf St. Bartholomeus tag.

Das 12te war in diesem Krieg jedweder theil oder ihr ain kain Leute gefangen oder ob sich jemand aus verbürgt oder vergewissert hett, das soll auch beiden thaillen abseyn zwischen ihnen. Darüber sprächen wür daß alle und jegliche schaden und zöhrung die jedwerer thail an Leuten und an guete in dem Krieg und außerthalb des Kriegs genommen habend, baidenthalben gegeneinander gar und gänzlichen ab seyn und alle Krieg, Hasse und alle sachen, die zwischen ihn seynd geweßen unz auf den heutigen tag die sollent auch gänzlichen abseyn und fürbas zwüschen ihn ein ewige Sün zu seyn, für sich selber und für alle ihre Freunde und für alle ihre Helfer, umb die vorgenannten alle Sachen. Wür haben auch gesprochen daß sye beydenthalben vesten und stätt sollen haben, alles daß, daß in dem Brief geschrieben stett, nit gefährde breche, daß sich mit der Wahrheit befünde, derselbe soll uns gefallen seyn 100 Mark zu geben und dem andern theill dem es gebrochen wird auch 100 Mark und ob darüber Icht genommen wurde, daß soll man widergeben, dem es genommen wird, bei der vorgenannten Peene, auf der Statt, so man es fordert, ohn gefährte.

Beschäch auch nochmals zwüschen ihn oder den ihren kain neuerunge mit Krieg an gevärbe, daryber sollen wür oder unser Erben, sye und ihre Erben beffern an Leib und Guette, darnach und die sach ist und diese männigliche Berichtigungen haben wür gesprochen, doch uns unverzogen und zu behalten aller unser Recht hunz (sic) in baide daß bise Minne also statt und unzerbrochen bleib, geben wür ihn diesen brief, zu ain Urkhundt der Wahrheit versiglt mit unsern Insigl, die geschehen ist auf Tyrol da zugegen waren unser getreue Ritter Gottschalbe Richter zu Enne, Johan der Alte v. Remüs und Hans sein Sohn, Valckmar v. Purckstall, Heinr. v. Anneberg Englmann v. Villanders, Berchtold der freuwe v. Tschengels, Altum v. Baymundt, Conrad v. Schennam, Conr. und Sichart von Bozen, Laur. unser Kuchenmaister, Friedr. v. Triebenstain, Jac. von Florenz, Hainr. der Raspe, Hainr. v. Rattenburg, unser Hofmaister Georin v. Ungerheimb, Graf v. Villanders, Phil. v. Praunsperg, Andrea der Rorrupach, und ander Ehrbar Ritter und Knechte genuge, das ist geschehen n. Chr. Geb. 1332, des 23 Tags Mayen.

Abschrift aus Burglehner's Rätia austr. Mec. fol. 573.

[1] Wahrscheinlich Ulrich.
[2] Die Grenze, wo das nachherige Gericht Untercalven beginnt; unter den „Freien Leuten" sind die Gottshausleute im Vintsgau verstanden. Vergl. Campell I. 133 und fflg.
[3] Graun, noch heute so genannt.

## 21.

Bischof Ulrich V. von Chur gibt den Gebrüdern Andreas, Peter und Johann Imperialis das Lehen Lusella zu Mühlen.

Dat. Trasersch 12. Jan. 1335.

„Frater *Ulricus* Dei et Apostolicae sedis gracia Episcopus *Curiensis* Universis et singulis præsentes literas inspecturis salutem cum notitia subscriptorum. Noveritis quos nosce fuerit opportunum quod nos *Andreæ*, *Petro* et *Joanni* fratribus, filiis quondam *Jacobi Imperialis* nomine feudi contulimus et suis hæredibus masculini sexus per directam lineam descendentibus feudum dictum *Lusella* situm in *Mulina* contiguum seu confinans a mane bonis dictorum fratrum in *Mulina*, a meridie *Udalrici* bonis de *Soler*, a sero rivo seu aquæ de *Castello*, a septemtrione bonis *Dominici Petuli* et conferimus per præsentes, salvis nobis et nostris successoribus juribus et consuetudinibus hactenus Ecclesiæ nostræ Curiensi observatis. Datum *Trasetsch* Anno Domini Mill$^{mo}$ trecent$^{mo}$ trigesimo quinto, die jovis post Epiphaniam Domini proximam, Indictione III."

Die Indict. III. stimmt mit 1335 überein, und damals war Ulrich V. Graf v. Lenzburg Bischof zu Chur; er konnte „Frater" schreiben, weil er zuvor Mönch des Augustin. Ordens zu Freiburg im Uechtland gewesen.

Abgedr. nach einer Copie in dem Urkunden Protokoll G. Fol. 267 im bischöfl. Archiv zu Chur, und mitgetheilt durch den hochw. Herrn Hofkapl. Fetz zu Vaduz.

Anm. des Herausg. Aqua de Castello, das an den Castieler Bach erinnert, läßt schließen, daß unter Mulina nicht Mühlen im Oberhalbstein, sondern Molinis im Schanfigg zu verstehen sei und in der That fließt hier der Castieler Bach auf der Abendseite vorbei.

## 22.

**Bischof Ulrich V. von Chur gibt dem Casparin und Jacob Scelari Lehen zu Molina bei Vicosuprano.**

Dat. Vicosuprano 29. April 1336.

„Nos Frater *Ulricus* Dei et apostolicæ sedis gracia Episcopus Curiensis notum facimus praesentium inspectoribus universis, Quod nos *Casparino* et *Jacobino* dicto *Scelari* ac ipsorum heredibus masculini sexus, nobis et Ecclesiae nostrae Curiensi nostrae proprietatis pertinentibus feudum scilicet peciam unam prati et campi cum agro uno supra jacente ubi dicitur in *Molina* de meridie cum cohaerentibus, a mane haeredum quondam *Alberti Praepositi* et in parte bona quondam *Symoni de Castromio* a meridie flumine *Mayre*, a sero bona, quae laborat *Petrus Faber* a *Molina* via comunis. Item una alia pecia iacente ibi propo cum cohaerentibus a mane dicta pecia, quam laborat praedictus *Petrus Faber* a meridie haeredum quondam *Dominici Becegii* et *Ulrici Mensestæ*, a sero haeredum quondam *Menustæ* a *Molina* praedictam viam comunem, quae de jure conferre possumus, contulimus et conferimus per praesentes ac ipsos de praedictis feudis investivimus et praesentibus investimus, salvis nobis semper juribus et consuetudinibus hactenus de praedictis feudis Ecclesiae nostrae Curiensis observatis. Et in evidentiam praemissorum praesentes literas sigillo nostro fecimus communiri. Datum et actum in *Vicosuprano*, Anno Dni Mill<sup>mo</sup> trecent<sup>mo</sup> trigesimo sexto III. Kal. Marcii Indictione IV.

---

Abgedr. nach einer Copie in dem Urkund. Protocol G Fol. 268 im bischöfl. Archiv zu Chur, und mitgetheilt durch den hochw. Herrn Hofkapl. Fetz zu Vaduz.

Anm. des Herausg. Scolaris und Castromio sind höchst wahrscheinlich Schreibfehler im erwähnten Urkundenprotokoll und dafür die bekannten Geschlechtsnamen Scolaris (Schuler) und Castromuro (Castelmur) zu lesen.

### 23.

**Bischof Ulrich V. von Chur reversirt ein zurückgegebenes Weingartenlehen zu Zizers.**

Dat. in castro Curiensi 11. April 1341.

Ausz. Bischof Ulrich V. von Chur reversirt, daß Mabalina Kalcam des Heinrich v. Halbenstein ein Weingartenlehen bei Zizers, das sie von Bischof Berthold empfangen, wieder frei resignirt habe, und gibt dasselbe Lehen einem Sohne des Bernard v. Halbenstein und dessen Schwestern Lunette und Elsine. Datum et act. in *castro Curiensi* Anno Dni 1341 feria quarta post diem paschae proxima Indict. nona.

Aus dem Chur=Tirol. Archiv=Protocol A. Fol. 84. und mitgetheilt durch den hochw. Herrn Hofkapl. Fetz zu Vaduz.

### 24.

**Herzog Albert von Oesterreich empfiehlt den Bischof Ulrich von Cur seinen Amtleuten falls derselbe Beistandes bedürfte.**

Dat. Wien 14. Sept. 1341.

Ausz. Die Amtleute sind Heinrich von Eisen, Hauptmann und Landvogt zu Schwaben und Elsaß und der Pfleger zu Glurns, denen Bischof Ulrich von Chur sammt Gotteshaus, Leuten und Gütern empfohlen wird, mit Auftrag demselben beizustehen in jeglicher Noth. Geben zu Wien an dem hl. Kreuztag zu Herbst 1341.

Aus dem Chur=Tirol. Archiv=Protoc. A. Fol. 84. und mitgetheilt durch den hochw. Herrn Hofkapl. Fetz zu Vaduz.

### 25.

Propst und Convent zu S. Luzius urkunden, daß ihr Mitconventuale, Joh. de Rysis, den Weingarten ausbezahlt habe, den das Kloster von Frau Urs. v. Plantair erkauft hatte und schließen einen Vertrag mit ihm.

Dat. im Kloster zu S. Luzius 12. Jan. 1347.<br>
Original ebendaselbst.

Nicolaus Propst und Convent von St. Luzius bekennen, daß ihr Mitconventual Johan de Rysis den Weingarten mit 14 Marken ausbezahlt habe, den das Kloster von Ursula der Witwe des Gaudenz v. Plantair und von Andreas ihrem Sohn erkauft hatte. Hiefür gibt das Kloster Johan de Rysis jährlich ein Fuder Landwein (unum plaustrum vini terre) und hält nach seinem Tode dessen Jahrestag, wogegen dann der Weingarten dem Kloster als eigen, ledig und los, anheimfällt.

Dat. in Monasterio S. Lucii A⁰ dom. M. CCC. XLVII. feria sexta post Epiph. dom. proxima. Indict. XII.

Sigler der Probst des Klosters von Roggenburg als Pater Abbas und der Propst von S. Luzius. Des Erstern Sigill hängt, das des Andern fehlt.

Mitg. durch den hochw. Herrn Hofkaplan Fez in Vaduz.

### 26.

Ulr. Branthoch, Eberhard und Johann die Sarer, Gebrüder, übergeben der Aebtissin zu Lindau alle Rechte an der Vogtei Balgach.

Dat. Lindau 26. Juli 1347.

Ausz. Obige drei Brüder „gen. die Sarer¹" geben für sich selbst, für alle ihre Vettern und ihre Erben der gedachten Aebtissin gegenüber auf „alle die aigenschaft, alle die lehenschaft, alle die ansprach und allü dü recht" die sie und ihre Vordern an der Vogtei zu Balgach im Rheinthal über Leute und Güter hatten. Die drei Brüder sigeln. Dat. Lindau Samstag nach St. Jacob'stag ze Höwet 1347.

Abgedr. im Cod. traditionum monasterii S. Galli Fol. 138 auf der Stadtbibl. in Zürich.

[1] v. Sax. auf Hohensax.

## 27.

Henni, der Amman, verkauft dem Domstifte Cur seinen Hof und Gut zu Gisingen, zu Lidschans und zu Berg um 38 Pfd. Pfenning.

Dat. Feldkirch 4. Dec. 1347.

Ausz. Ich Henni genant der Amman, Rudolf des alten Ammans säliger sun burger zu Veltkirch tun kunt — das ich ec. han geben zu kofen ec. den Corherren ec. zu Cur ec. „den Hof vnd das gut zu Gisingen, das der Höster buwet, giltet jährlich 5 Schöffel waißen und 6 Hünr; darnach das gut in Lidschans, das Hainz der Lochmann buwet giltet jährlich 10 Virtel waißen vnd dar gut ze Berge das Gurki koufmann buwet, giltet jährlich nünthalb viertal waißen". Diese seine eigenen Güter verkauft Henni Amman um 38 Pfd. Pfenning Const. Münz. Derselbe giebt als Mitwähren des Kaufs seinen „lieben bruder Rübin genannt der Amman burger zu Veltkirch" ec. Auf Bitten Henni's sigelt Rudolf Krapf „der Amman zu Veltkirch mit der Statt Insigel" und sein obgenannter Bruder Rubin Amman; endlich er selbst mit seinem eigenen Sigel. Dat. Feldkirch Zinstag vor St. Nicol. Tag 1347.

Abschrift aus dem Chartularium Fol. 278 in dem bischöfl. Archive zu Cur.

## 28.

Verschreibung Bischof Ulrichs von Cur gegen Markgraf Ludwig von Brandenburg bei seiner Entlassung aus dem Gefängnisse.

Dat. Schloß Tirol 27. Dec. 1347.

Wür Ulrich[1] von Gotts und des Stuels gnad von Rom, Bischof zu Chur verjechen mit disem, und thuen kundt allen denen, die ihn ansehent, hören oder lesen, daz wür unß aus beß Hochgeb. fürsten Marggraf Ludwig zu Brandenburg 2c. Graf zu Tyrol und Görz, vogt der gottshäuser zu Aglai, zu Trient und zu Prixen, Fänknuße, da wür innen gelegen seyn, ausgetädingt haben auf den nächsten St. Georigen Tag, der schierist konftig ist, also und mit dem Gebingen, daz wür auf St. Pancrazien Altar auf Tyrol auf das Evangelium und zu dem heiligen ainen gelehrten Aydt geschworen haben, daz wür uns auf den vorgeschrieben St. Georgen Tag wieder in die Pfandt und Fänknuß antworten sollen, da wür uns jezo ausgetädingt haben, ohne gefährde, ob wür leben, wür sollen auch bey demselben aybe, des vorgenannt Ludwig marggraf zu Brandenburg und seiner brüdern noch ihr land noch ihr leut schaden, nicht werben mit kainer schlecht sach, dieweil und wür nicht gänzlich von der fänknuß ledig seyn; es ist auch geredt, wann wür unsers recht insigl entwehrt seyn, weme uns daß erst aus geverd wieder werden mag, so sollen wür es bey demselben aybe, als wür geschworen haben, unverzogenlichen brochen, und für das nit brauchen noch nutzen zu kainen sachen, und sollen diß insigl, daz wür uns neues gemacht haben, und damit diser brief versigelt ist, und kein anders brauchen noch nuzen, und haben, allbieweil und wür nicht gänzlich von der vorgeschrieben fänknuß ledig seyn, und wär auch daz wür uns nicht antworten, auf den vorgenannt St. Georgien Tag, als wür geschworen haben und als hievor geschrieben stehet an diesen brief, so haben wür zu beßerer sicherheit gebeten, die

ehrf. leut, nämlich her Rudolphen v. Beldtkyrch, her
Hansen, den schanchmeister, her Leonz v. Sigwerch, ³
her Herman v. Matzingen, her Johansen v. Sengen,
und her Joh. v. Marmels, unser chorher zu Chur, und
den vesten ritter unsern getreuen Ulr. Planta von Zutz,
und unsern getreuen Albrecht Schreder, Rudolphen
Procken, Andreas, Simons Sohn von Marmels,
Eglhoff von Schauensten, Gottfried von Phiefels,
amman zu Chur, Seyfried den Tumma, Ruedel
v. Schauenstein, Ruebl. v. Haldenstein und Conrad
v. Luzin, daz sich die an unser statt ungemahnt und ungefordert,
als recht pürgen antwort sollen, in das vorgenannt marggraf
Ludv. v. Brandenburg gwald ohngefehrd, an Meran,
und dannen sie nimmer zu schaiden noch zu warnen, an willen und
wort und haißen, des vorgenant marggraf Ludv. zu Branden-
burg, und nach dem vorgeschriben St. Georigen tag in dem
nächsten monat, und haben diese alle geschworen gelehrte aybe zu
den heiligen mit aufgebotnen händen und wür auch, daz uns furbas
tag wurde geben ainist, oder mehr, daz soll der vorgeschrieben
pürgen guet wille seyn, und sollen allweeg nach dem tag als uns
geben wird ainen monath haben sich zu antworten als vorgeschrieben
stehet an diesen briefe, wür söllen auch noch unser pürgen bey den
aybt, als wür geschworen haben, darnach nit werben, daz uns
die Aybe abgenommen werden, von dem pabst noch von kainem
dem des gewalt geben wurd, oder gewalt hette von dem pabst und
sollen auch der ayden nit ledig sein noch werden, untz daz wür
vollführen, als vorgeschrieben stehet, an diesem brief, sterben aber
wür in der früste, die uns geben ist oder würd, des gott nicht
entwelle, als wür getrauen, so sollen alle unser pürgen lebig und
los sein, und sollen alle aybe und sicherheit abseyn, die vor unser
fänknuß geschehen seynd, wenn auch wider geantwort haben ohne
gefehrde, als vorgeschrieben stehet, so sollen unsere vorgenannt
pürgen lebig und los seyn und alle aybe und sicherheit abseyn, die
für unß und umb unser fänknuß geschehen seynt, und darum zu

ainer vesten bestätigung aller vorgeschrieben sachen, die in diesem brief begriffen seynt, hängen wür unser insigel an diesem brief dar zue versechen wür vorgenannt pürgen, ich Rudolph. v. Veldkirchen, her Hansen, der schanchmeister, her Leonz von Sigwerch, her Herman von Mazingen her Johannsen von Sengen, her Johann Marmels, chorher zu Chur, Ulrich Planta von Zuz, Albrecht Schreder, Rudolphen Procken, Andreas, Simons Sohn, von Marmels, Eglhoff von Schauenstein, Gottfried von Phiesels, amman zu Chur, Seyfried der Tumma, Ruedel von Schauenstein, Ruedl von Haldenstein und Conrad Luzin mit diesem obgeschrieben briefe, und bey den gelehrten ayden, die wür geschworen haben gegen den heiligen, alle die vorgeschriebenen sachen und alle die puncten und articl, die in diesem brief mit schrüfft verfangen seynd, darzue wir uns willliglich und durch bett willen des vorgenannt bischof Ulr. von Chur unsern gnädigen Herrn geben und verbunden haben, vest und statt zu haben, und unüberbarmlich zu laisten als recht pürgen, an aller gefährt, als vorgeschrieben stehet.

Und darüber zu einer sicheren vestung und bestätigung, hangen wür vorgenannte pürgen, die ihr insigl bey ihn haben, zu des vorgenannten bischofs Ulrichs von Chur unsers herrn insigl an diesem brief, und wür vorgenannte pürgen, Rub. v. Veldfürch und Herman v. Manzingen, chorher zu Chur, Andre, Simons sohn, v. Marmels, und Rudolph v. Schauenstein, verbünden uns aller der vorgeschriebenen sachen unter aller insigl, die an diesem brief gehänkt seynt, wann wür nit insigl zu disen zeiten bei uns hetten, geschach auch, daß sye der vorgenannt bischof Ulrich von Chur, unser herr, nit antwortet auf den vorgenannten S. Georgentag, als vorgeschrieben stehet, so sollen wür vorgenannten pürgen allesamt bei dem aybe als wür geschworen haben, uns an sein statt widerantworten, ohngefährde, an Meran, in die Gewalt des vorgenannten marggraf Ludwig zu Brandenburg rc. rc. und sollen dannen nicht kommen an allen willen und erlaubniß und haißen des vorgenannten marggraffen Ludwigen und bezaignus seiner offnenbrief, die vorgeschrieben täding seynd geschehen und der brief ist geben auf Tyrol, da man zehlt nach Christi geburt 1347 an St. Johanns tag des 12 potten und evangelisten in den weinacht feyertagen.

Abschrift aus Burglehner's Rät. austr. p. 844.

[1] Ulrich V. (von den Schultheiß von Lenzburg.)
[2] S. hierüber Eichhorn Episc. Cur. 109. Seine Haft dauerte 13 Monate.
[3] Von Siegberg.

## 29.

Verpachtung einer Hofstatt in der Stadt Cur durch Probst und Convent zu S. Luzius.

Dat. Cur. 21. Jan. 1348.

Ausz. Der Probst heißt Nicolaus. Die Hofstatt: „solamen et cellarium dictum ad *grava*,[1] Erblehenzins 2 Pfd. mezz. Lehenleute: Luzius dictus *Piscator*[2] et uxor ejus *Menga*. Dat. Curie A° Dni 1348 in festo beate Agnetis.

Aus der Urk. Samml. im Pfarrarchiv zu Bendern Msc. Fol. 32.

[1] Ohne Zweifel die Gegend, welche jetzt das „Sand" (grava) bildet.
[2] Fischer.

## 30.

Carl IV. röm. König, restituirt dem Bischof Ulrich und der Kirche von Chur das Schloß Montani und andere Güter im Tirol.

Dat. Prag 4. April 1348.

*Carolus* Dei gratia Romanorum rex semper Augustus, et Boemiae rex — Notum facimus universis, quod insinuatione venerabilis *Ulrici* episcopi *Curiensis*, principis devoti nostri dilecti percepimus, quod castrum dictum *Montani* in fundo et proprietate *Curiensis* ecclesiæ constructum extitit contra voluntatem illius, qui pro tunc erat episcopus ecclesiæ memoratae, et capella sancti *Medardi* sita prope dictum castrum eidem ecclesiæ est abstracta de facto potius, quam de jure.

Nos igitur volentes supradictum *Ulricum* episcopum *Curiensem* principem nostrum, et ejus ecclesiam indemnes reddere et in suis juribus per omnia, prout expedit, gratiosius conservare, sibi et omnibus successoribus suis prædictum castrum, capellam S. *Medardi* præfatam cum eorum pertinentiis, nec non curias villicales *Morter* et *Latsch* quæ ab antiquo ad dictam ecclesiam pertinuisse noscuntur, eo jure, quo prædicta bona, sicut et totus comitatus *Tyrolis*, certis rationabilibus de causis sunt ad nostram celsitudinem legitime devoluta, de regia potestatis plenitudine reddimus, restituimus, et ipsum ac successores ipsius ad possidendum prædicta, et eorum quaelibet de regiae benignitatis gratia præsentibus investimus: inhibentes districte omnibus et singulis principibus, ducibus, comitibus, baronibus, militibus, clientibus, civibus, officialibus et viceofficialibus, qui sunt, vel qui pro tempore fuerint, fidelibus nostris, quatenus prædictos episcopum et successores ipsius, ac ecclesiam praedictam circa praemissam nostrae reddilionis ac restitutionis gratiam non impediant, seu molestent; imo verius studeant favorabiliter promovere, sub poena nostrae indignationis, quam, qui secus attemptare praesumpserint, se cognoscant graviter incursuros, praesentium testimonio litterarum.

Dat. *Pragae* anno Domini M. CCC. XLVIII. Indict. I. quarta die mensis Aprilis, regnorum nostrorum anno secundo.

---

Abgedr. nach einer authentischen Copie im Urk. Protoc. Lit. C. Fol. 23 im bischöfl. Archiv zu Chur. Abgedr. auch in Eichhorn Ep. Cur. Cod. probat. N. 104. p. 117.

---

Mitgetheilt durch den hochw. Hofkapl. Fetz zu Babuy.

## 31.

König Carl v. Böhmen schenkt die Veste und Herrschaft Naudersberg dem Bischof Ulrich von Cur.

**Dat. Prag 5. April 1348.**

Carolus Dei gratia Romanorum rex semper Augustus et Boemiae rex etc. Si regiae celsitudinis circumspecta benignitas universos fideles ipsius, quos Romanorum ambit imperium, pro favore prosequitur, ad illorum tamen honores et commoda accuratius tenetur attendere, qui se singulari devotionis studio et spiritualibus fidelitatis obsequiis gratos fecerunt hactenus, neque cessant assidue virtutum continuis incrementum reddere gratiores sane inspectis meritis fidei et puritatis constantia, quibus venerabilis *Ulricus* episcopus *Curiensis* princeps et devotus noster dilectus se ad honores Romani Imperii promptum reddidit et in futurum acceptis beneficiis promptiorem facere poterit et debebit, praedicto *Ulrico*, nec non omnibus successoribus ipsius in perpetuum et ecclesiae suae memoratae bona deliberatione praevia et sano nostrorum procerum accedente consilio, castrum *Nudersbery*, totum judicium, jus patronatus Ecclesiae ibidem, *Closam* in *Finstermünz* et quidcunque ad supradictum judicium in *Nuders* ab antiquo pertinet, seu in praesenti, incipiendo a longa cruce, quae est super merica in *Mals* usque ad pontem in *Finstermünz*, qui est super fluvium *oenum*, et ab ipso ponte *oenum* ascendendo usque ad illum pontem, qui *pontaltus* dicitur. ex utraque parte ipsius aquae *oeni*, cum universis honoribus et bonis, directo et indirecto dominiis, bannis, proscriptionibus et omnibus judiciis, cippo et patibulo. censibus, steuris, montibus, vallibus, planis et toto eo, quod in judicio supradicto situm est, cum omni jure, dominio, servitiis, usufructibus, consuetudinibus et libertatibus, prout idem judicium et bona in *Nuders* a bonae memoriae spetabilibus comitibus seu dominis *Tyrolis*, habita sunt hactenus et possessa, eo jure, conditione et forma, ut eadem bona sicut et comitatus *Tyrolis* certis de causis ad nostram celsitudinem sunt legitime devoluta, de certa nostra scientia, damus conferimus et donamus. Ut autem haec nostra donatio illaesa permaneat, et nulloquocunque tempore a nobis, vel successoribus nostris imperatoribus et regibus romanorum (quod)ammodo revocetur, praesentes litteras fieri, et nostrae majestatis sigillo jussimus communiri, mandamas igitur universis et singulis principibus, ducibus, comitibus, baronibus, judicibus, officialibus, viceofficialibus, qui sunt aut qui pro tempore fuerint, nostris et sacri imperii fidelibus, quod supradictum Episcopum, Ecclesiam memoratam et omnes successores ipsius in praedictae nostrae concessionis et donationis gratia non inquietent, offendant, perturbent aut permittant ab aliquo molestari, indignationem nostram, si secus attentare praesumpserint, graviter incursuri. Datum Pragae anno Domini 1348 indictione prima, nonis Aprilis, regnorum nostrorum secundo.

---

Nach einer Abschrift im Archiv zu Curburg. Abgedruckt in Jäger „Engebeiner Krieg von 1409" S. 172, der die Anmerkung beifügt: „Karl von Böhmen hatte fein anderes Recht, als das eines verjagten Prätendenten, daher benn auch diese Schenkung von den tirolischen Landfürsten nie anerkannt, nur Saame der Zwietracht war."

Eine authentische Copie findet sich auch im bischöflichen Archive zu Cur. Die Verification dieser Urkunde geschah durch Christoph Mohr, presbyter dioecesis Cur. Sacr. Theol. et Iur. Utr. Doctor et publicus Notarius, später Dompropst. Actum Fürstenburg 3. Jan. 1632.

## 32.

### Verkauf von Gütern Johann's Mayers von Santains an die Gebr. v. Fowinasca.

Dat. Cur 23. Dec. 1348.

Auszug. Johann Mayer von Santains und seine Frau Guta verkaufen den Brüdern Jacob und Heinrich von Fowinasca einen Acker palmuntenga, einen Acker castalaria, einen Acker zu bulla und fünf Mannsmad Wiesen in Cristalta um 14 ½ Mark, zu je 8 ℔ mailisch.

Geben zu Cur in der Stadt 1348 am Ziſtag vor dem Wienachttage. Sigler Ulrich der Felloſe Bitzum zu Cur.

Legaliſ. Copie im Chartul. des Kloſters Curwalden Fol. 27.

## 33.

**Stadtamman Krapf zu Feldkirch verkauft dem Domcapitel zu Cur Güter zu Rankwil.**

Dat. Feldkirch 8. Jan. 1349.

Ausz. Ich Rudolf Krapf Stadt Ammann ze Feldkirch kund vnd vergich offenlich an diſem brief, allen den die in ſehent oder hörent leſen. Das Ich mit guter vorbetrachtung ꝛc. den erwirdigen minen lieben herren. dem tumprobſt dem tegan vnd dem Capittel gemainlich des Gotthus ze Chur han geben zu koſen ꝛc. Diſe nachbenempten acker vnderont der Altenſtat Rankwyl halp ꝛc. (Unter den Anſtößern wird auch genannt der „acker der brüder von Curwalde") für ain lediges vnbekumberts aigen gut vmb 13 phunt pfenn. Coſt. müns. (Dann Empfangsbeſcheinigung dieſes Betrags und Währſchaftszuſicherung.) Darzu han Ich in zu mir vnd zu meinen erben darumb zu weren geben vnd geſetzet baide mine töchtermanne Rubin den Amman vnd Johanſen den Litſcher. burger ze Veltkirch ꝛc. als erber getrüwe wären von Rechte tun ſont ꝛc. Vnd wie dieſelben wären der werſchaft Jemer ze ſchaden koment vnd Ir erben. da ſüllent Ich vnd min erben ſü gar vnd lieplich davon löſen an ir ſchaden. Dirre vorgeſchribner ding ze ainem waren urkund, han Ich vorbenempter Rudolf Krapf der Amman vnd och wir — baide Rubin der Amman vnd Johans der Litſcher diſen brief beſigelt jeglicher mit ſinem aigen Inſigel. Der geben iſt zu Veltkirch an dem nächſten Donſtag vor ſant Hylarientag do man zalt von gottes geburt 1349 ſten Jar.

Abſchrift aus dem Chartularium Fol. 276 im biſchöfl. Archiv zu Cur.

### 34.

**Prior und Convent zu St. Niclaus verkaufen dem Kloster Curwald ein Haus und Hofstatt zu Cur.**

Dat. Cur 16. März 1349.

**Auszug.** Cunrad Prior und Convent des Gotteshauses der Brüder zu Cur (Prediger bei S. Niclaus) verkaufen dem Probst und Gottshaus von Curwald ein Haus und Hofstatt zu Cur in der Stadt um 29 Pfund meilisch. Geben zu Cur in der Stat 1349 ze mitten Merzen.

Sigler der Prior und der Convent zu S. Niclas.

Legalis. Copie im Chartul. des Kloster Curwald. Fol. 31.

### 35.

**Philipp Patt von Cur verkauft mit Wißen Joh. Straiff's der Frau Marg. Siengerbend (Joh. S. Wittwe) 7 Mannsmad Bruggerwiesen.**

Dat. Cur 15. April 1349.
Orig. im Arch. zu St. Luzius.

**Ausz.** Joh. Straiff gibt seine Einwilligung zu diesem Verkauf. Der Verkäufer heißt „Philipp des Patten sel. sun burger ze Cur." Sein Weib heißt Agatha und diese handelt mit wißen ihres Vogts „Gottfrieds v. Pfiesel Ammans ze Cur" — die 7 Mannmad Wiesen liegen zu Cur „vor der Statt da man spricht die brugg der plaffur." Kaufpreis 20 Mark. Unter den Anstößern: der Planten wisen, underthalb an Bühell tumba major," auf einer Seiten: „frow Urslen v. Jufalt wisen, die des vorgenennten patten elich wirtin waz." — Auf Bitten des Philipp und der Agatha sigeln mit ihren eigenen Insigeln: Joh. Straiff und Gottfried v. Pfiesel Amman zu Cur.

Dat. Cur 1349 zu mitten Aprellen.

## 36.

Werner, Werner's des Ammans Sohn von Maienfeld verkauft dem Kloster zu Sargans das Erblehensrecht an dem Altstätter Weingarten zu Maienfeld.

Dat. Maienfeld 1. Mai 1349.

Orig. im Archive der ehmal. Abtei Pfävers, jetzt in St. Gallen.

Ausz. Werner,[1] des Ammans Sohn zu Maienfeld, seine Erben und seiner Schwester Margreth sel. Kinder, sammt deren „liplichem" Vater Ulrich Feiffelin und der Kinder Freunden, verkaufen um 10 ℔ Pfenn. neuer Zürch. Münze, der Schwester Kathrin Glarner, Priorin „in der klosen ze antgans vnd ir gesellschaft" die von eben diesen Frauen herrührende Erblehensgerechtigkeit an dem Weingarten zu Maienfeld, der Altstätter genannt, und an den dazu gehörenden 1½ Juchart Ackerfeldes „vnbrenthalb an der rechten Landstraße, da man ze meienuelber gewonlichem var gat" besgleichen an dem weingarten „zem torggel," nachdem die benannten Klausnerinnen das Eigenthum dieser nämlichen Liegenschaften schon früher von dem alten Werner, dem Amman und seinem Sohn Werner um 51 ℔ Pfen. an sich gebracht hatten.[2] Gegenwärtiger Kauf erhielt zu Maienfeld durch Heinr. v. Funtnas, im Namen des Ritters Hartmann Meier v. Windegge (deßen Sigel einzig noch an der Urkunde hängt) die gerichtliche Fertigung. Dat. Maienfeld. Ze ingendem Meien.

Aus Wegelin's Regest. der Benedictinerabtei Pfävers und der Landschaft Sargans Nᵒ 192.

[1] v. Sansch.
[2] Siehe die Urk. II. 276 des Cod. Dipl.

## 37.

Carl IV. Röm. König fordert Luwig, Pfalzgraf bei Rhein, und Herzog in Baiern, seinen Oheim, auf, die abgenommene Veste Fürstenburg mit Leuten und Gütern dem Bischof Ulrich V. und Stift Cur ungesäumt zu restituiren.

Dat. Speyer 7. Septemb. 1349.

Wir Carl von Gottes gnaden Röm. Kunig zu allen Zeiten merer des Reichs vnd Künig zu Beheim, Enbieten dem Hochgeborn Luwig Pfallenzgrafen by Ryn vnd Herzog in Beyern, vnserm lieben Oheim, vnser gnad vnd alles gut. Lieber Oheim wir manen dich als verre, als wir dich gemanen migen, das du gedenkest wie die Richtigung, zwischen vns vnd dir gemachet ist, vnd mit namen, vmb den Erwirdigen Ulrich, Bischof ze Chur, vnsern Fürsten vnd andechtigen, das man dem sein vesten Fürstenburg, Lüte vnd gut, das darzu gehöret, wider geben, vnd onverzogen einantwurten sol, das noch nicht geschehen ist, darumb biten wir dich Ernstlichen, vnd fleißigklich, das du schaffest, daß die vestinn Fürstenburg, vnd was darzu gehört, Lüte vnd guet, vnd was in der herschaft zu Tyrol gelegen ist, vnd ihm, vnd seinem Gotshaus von vnsers Kriegs wegen entpfrömbet vnd entpfiert ist, ledigklichen vnd vnuerzogenlichen wider geben, vnd eingeantwort werde, vnd das Er, vnd sein Gotshaus zu dem Rechten von dir vnd den deinen geschirmet werde, als getädingt ist, das getrauen wir deiner lieb, sonderlichen wol, Geschehe aber das nicht, so waist dein lieb, doch wohl, daß ds zwyschen vnser vnd dein, also gerüth vnd getädingt ist, Geben zu Speyr, an vnser Frawen Abent zu Herbst, in dem vierten Jar vnser Reiche.

---

Abgedr. nach einer authent. Copie im Urk. Prot. Lit. C. Fol. 33 im bischöfl. Archiv, welche durch Dr. Christoph Mohr als Notarius publ. den 3. Januar 1632 mit dem Orig. coalltionirt worden war.

[1] Carl IV. König von Böhmen, erwählt am 11. Juli 1346, war demnach im Septemb. 1349 im vierten Jahr König.

² Ludwig. Kaiser's Ludwig von Bayern Sohn, war der zweite Gemahl Margareth's (Maultasch) von Tyrol. Vergl. Urk. von 23. Jan. 1358 in Eichhorn Episc. Cur. Cod. Prob. p. 121. N. 108.

Mitgeth. durch den hochw. Herrn Hofkaplan Fez zu Vaduz.

## 38.

König Karl IV. bestätigt dem Bischof Ulrich von Cur die Pfandschaft auf die Vogtei zu Cur sowie die neu darauf gelegten 300 Mark.

Dat. Dresden den 27. Dec. 1349.
Orig. im Archive der Stadt Cur.

Wir Karl von gottes gnaden Römischer Kunig zu allen ziten merer des Reichs vnd kunig ze Beheim. Verichen offenlich mit disem brief vnd | tun kunt allen den, die in sehen hören oder lesen daz wir angesehen haben, getreuwen willigen vnd stetten dinst des Erwirdigen Ulrichs Bischofs ze Cur vnsers liben fürsten vnd andechtigen, den er vns, vnd dem heiligen Romischen Reich, offt vnuerdrossenlich getan hat, vnd noch tun sol | vnd mag in konftigen zeiten, darumb bestetigen wir im, vnd seinen nachkomen Bischofen zu Kur, vnd demselben Gozhaus, diep fanndtsch- | -aft, vnser vnd des Reichs Vogthy zu Kur, di im, oder seinen voruaren, von seliger gedechtnuzze romischen keysern, vud kunigen vnsern Voruaren | für etliche Summe Geldes, pfandts gesetzet ist, vnd slachen In, von sunderlichen gnaden drühundert mark Silbers auf dasselb pfannt vnd wollen von vnserm königlichen gewalt, daz der vorgenant Ulrich seine nachkomen Byschöfe zu Kur, vnd dazselb Gozhaus | die vorgenanten vogthey inn haben, nützen vnd niesen süllen, on abslag, vntz daz wir, oder vnser nachkomen, an dem Reiche | an iren nachkomen, vnd dem Gozhaus alles dazs Gelt, daz vormals, vnd von alder auf di- | -selben vogthey, verschriben, geben vnd | geslagen ist, vnd ouch di vorgenanten dreuhundert Mark Silbers, di wir von newes dar- | -zu gelegt haben gar vnd genzlich verrichten, vnd bezalen, mit vrkundt diß brifes versigelt mit vnserm keniglichen Jnsigel der geben ist zu Dresden, do man zalt von Cristus gebutt 1300 dreutzehenhundert Jar, darnach in dem nevn vnd viertzigsten Jar, an des heyligen Herrn sant Johanns tag, zu weyhennachten. In dem dritten Jar vnsererr Reiche.

Sigel in Wachs anhängend. A tergo: Uffslag vff di Vogti CCC Mark stat vor CCCC mark.

### 39.

König Karl IV. verbietet alle Zölle von der Lanquart bis an den Luver, mit Ausnahme der zwei dem Hochstift Cur von Alters her zuständigen „vnd nemen abe bey namen den Zoll den wir Graf Fridrichen v. Toggenburg vnd sinen erben verschriben hatten ze nemen zu Strasberch oben Khur oder ze Lentz." ꝛc.

Dat. Dresden den 27. Dec. 1349.

Wir Karl von Gottes genaden Romischer Konig zu allen Zeiten merer des Reichs vnd Konig zu Beheim Verjechen offenlich mit disem brief vnd tun khunbt allen den die in sehen hören oder lösen, das wir bedacht haben, vnd mit vnserer Königlichen genaden sonderlich bedrachtet, das Neuwe Zölle, wo die aufbracht werden, des Reichs Straßen, Landen vnd Leuten, vnd vnsern Getrewen alleweg scheblich sind. Darumb wollen wür, vnd gebieten es vestiglich, das von der Lantquar vnz an die Luver, niemand kheinen newen Zoll auffsetze oder nemme, in den Ziten, wann das Gottshaus von Chur zwen Zölle die es von alter her genomen hat, vnd nemmen abe mit vnserm Koniglichen Gewalt, beynamen den Zoll, den wür Graf Friderichen v. Toggenburg vnd seinen Erben verschriben hatten zenemmen, zu Strasberg[1] ober Chur oder zu Lentz, sunderlich darumben, das er uns verschweigen, daß das gebiet vnd Herrschaft dasselben das Gotteshaus von Khur angehöret vnd von Keyseren vnd Konigen von alter her bracht hat, Mit Vrkhund diß briefs, versigelt mit vnserm Koniglichen Insigel, der geben ist zu Dresan,² do man zalt von Christus geburt, dreyzehenhundert Jar, darnach in dem Neinundvierzigisten Jar, an des h. Herrn Sanct Johanstag zu Weihnechten in dem driten Jar vnsers Reichs.

L. S.

Signat.

---

Nach einer authentischen Copie, welche im Jahre 1629 durch Bischof Joseph den Häuptern mitgetheilt wurde und dermalen sich im Staatsarchive befindet. Eine legalis. Abschrift befindet sich auch im Chartular II. Fol. 49 im bischöflichen Archiv.

¹ Bei Maliz; schon damals kam das Rittergeschlecht dieses Namens nicht mehr vor und das Schloß scheint Batz'sches Lehen gewesen zu sein.

² Dresden.

## 40.

Carl IV. Röm. König bestätiget dem Bischof Ulrich und der Kirche zu Cur alle Freiheiten, Privilegien, Rechte, Briefe ꝛc. der früheren Kaiser und Könige; das Gebiet von der Lanquart bis zur Lufer, die Zölle daselbst, einen Zoll in der Stadt Cur, einen Zoll an der Lufer oder Castelmur. Der König gibt den Bischöfen und dem Hochstift Cur die Münze, die Wage, das Hochgericht, Stock und Galgen, den Wildpann, alles Erz und freien Leute in dem erwähntem Gebiete.

Dat. Dresden 27. Decemb. 1349.

„Wir Carl von gots gnaden Römischer künig ze allen ziten merer des Richs vnd künig ze Behenn verjehen offentlich mit disem brief vnd tunt kunt, allen den die in sehent oder hörent lesen. Das wir habent angesehen die luter Andechtifeit vnd ganz stet trüw, domit seliger gedechnuzze, die erwirdigen etwenn Byschoffe ze Cur vnser vorvaren Römischen kayser vnd kunige vnd das heil. Römische Rich geeret haben. Vnd besunder den getreuwen

willigen Dienſt, den vns und dem vorgenannten Röm. Rich
der Ehrwirdig Ulrich Byſchoff ze Cur vnſer liebe fürſt vnd
andächtige mit ſtetem fliʒʒ unverbroʒʒenlich getan hat, vnd noch
tuon ſoll vnd mag in künftigen ʒiten. Darumb beſtetigen, con-
firmiren, vernüwen vnd gebent wir mit vnſerm kuniglichen gewalt
dem vorgenannten Ulrich und allen ſinen nachkomen Biſchoffen
ze Cur und demſelben Goʒhus ewiklich all die recht, fryheit, reblich
und guot gewonheit, hantveſte, briefe, und was darinnen ſtat, die
ſü von Römiſchen kayſern und künigen unſern vorvaren empfangen
haben in all wis als ſi dieſelben recht, fryheiten, nnd gnaden
herbracht haben. Och beſtetigen wir in (ihnen) das gelait von
der Landquart vnʒ an die Luver vnd die ʒolle, die in den-
ſelben ʒilen von alters geweſen ſind, einen ʒoll in der Statt ze
Cur den andern ʒol an der Luver oder zu Caſtelmur, und
die fürlaite ze Veſpran und wellent och nit daʒ in den vor-
genanten ʒilen jemen anders bheine gelaite ʒol oder fürlaite hab
oder neme, wann das Gotʒhus und die Byſchoff ze Cur und
och an bhainer ſtatt mer won als geſchriben ſtät. Wir geben och
dem vorgenanten Goʒhus und Byſchoffen die Münʒe, die Wag,
vnd die Maſſen (sic) in den vorgeſchribnen ʒilen ʒu beſeʒen und abʒe-
ſeʒen, ʒe meren und ʒe mindern, als dik und offt, als es dem
Goʒhus und dem Byſchoff wol kunt und nüʒ iſt. Wir geben och
dem vorgenanten Goʒhus und Byſchoffen alles weltliche Gericht
und Stok und Galgen in den vorgeſchribenen ʒilen on allein daʒ
Gericht, daʒ ʒe unſrem und deʒ heil. Röm. Richs Vogty gehört
ze Cur. Wir geben och dem egenempten Goʒhus und Biſchofen
den wiltpannt von dem Septmen ietwederhalb deʒ Rins
unʒ ba die Lantquart in den Rin flüſſet und die Lant-
quart uf gen Cur halb unʒ ba ſi entſpringet, und von
dann unʒ an b'ilbellen (Albellen=Albula) und von dann
unʒ wider an den Sepmen. Wir geben och dem ege-
nempten Goʒhus und Byſchoffen allen Erʒ, yſen=Erʒ, Bly=Erʒ,
kupfer=Erʒ, ſilbererʒ, golberʒ und allen Erʒ wie ſü genant ſint,
die jeʒ funden ſint oder hernach funden werdent in den ʒilen als
hievor geſchriben ſtät. Wir geben och dem vorgen. Goʒhus und

Byschoffen alle die fryen Lüte, die in den vorgeschribenen kreysen und zilen gesessen sint mit allen rechten als wür sü von küniglichen gewalt geben mugen. Mit urkund diz briefs versigelt mit unserm küniglichen Insigel, der geben ist ze Dresben do man zalt von Cristus geburt drüzehen hundert Jar darnach in dem nün und vierzigsten Jar an sant Johannes tag ze Wyhennächten. Jm dem dritten Jar unsers Richs."

Copien hievon finden außer in einer sehr alten Handschrift, auch in dem Urk. Prot. Lit. A. Fol. 14; Lit. D. Fol. 53 und in dem Chartul. magnum N. 119. Die Schreibart ist die der alten Handschrift.

Mitgetheilt durch den hochw. Herrn Hoskaplan Fetz in Vaduz.

Anm. des Herausg. Statt vnz au „d'ilbellen" hat die Copie in der de Florin'schen Sammlung (bei Hrn. Baron v. Mont,) die Worte „vnz an die quelle" mit dem weitern Beisaz „das ist schergenbach vnder sinstermünz." Das große Chartular im bischöfl. Archiv erwähnt nichts davon und hat deutlich Elbellen."

## 41.

**Richtung zwischen dem Stift Einsiedeln und dem Lande Schwiz, bewerkstelligt durch Abt Thüring von Disentis.**

Dat. 8. Februar 1350.

Original in den Archiven zu Schwyz und Einsiedeln.

Auszug. Diese Richtung und Spruchbrief betrifft alle und jede Anstände und Mißhelligkeiten, die in Ansehung der Landmarchen entzwischen dem Abte Heinrich (v. Brandis) und dem Stift Einsiedeln eines — und dem Lanndamman Conrad ab Yberg und den Landleuten des Landes Schwyz anderntheils, von jeher gewaltet haben. An den Ausspruch Thürings von Attinghausen, Abts des Gotteshauses Disentis sind die Partheyen „zu beiden Siten gar und gänzlich kommen." Es sigeln zuerst Abt Thüring, dann Abt Heinrich und endlich die Länder Schwyz, Uri und Unterwalden. Dat. Mont. nach St. Agatha.

Vollständig abgedruckt Tschudi Chron. I. 381. Auszüge finden sich in den Regesten der Abtei Einsiedeln von P. Gallus Morell N. 341 und in denjenigen des Stifts Disentis von Th. v. Mohr N. 119.

## 42.

### Revers

Graf Hugo's v. Montfort gegen das Capitel zu Cur, daß alle Mißhelligkeit ausgetragen sei und daß er sie, die Chorherren, in ihren Rechten nicht weiter beeinträchtigen wolle.

Dat. Cur 11. März 1350.

Wir Graue Hug v. Montfort[1] kundin vnd vergehin offenlich an disem brief allen den die in sehend alber hörent lesen daz wür aller stöß vnd krieg so wir hatten mit dem Capittel vnd mit den Chorherren ze Chur lieplich verricht sint, vnd uns erkent haben das wir Jnen unrecht getan habint vnd süllent inen hinnanhin an Jren gütern vnd nützen wa sie vnder vnser gebiet gelegen sind. an kein Minrung noch schaden tun. Vnd des ze ainer Vrkund henkint wir vnser Jnsigel an disen brief. der geben ward ze Chur. do man zalt von Cristes geburt 1350 Jar. an der nächsten mittwochen nach mittervasten.

Abschrift aus dem bischöflichen Chartular zu Cur Fol. 269.

[1] Unter den verschiedenen v. Montfort'schen Linien finde ich nur einen Hugo von Montfort der hier gemeint sein kann. Er gehörte zu den v. Montfort-Feldkirch, war des am 10. August 1310 bei Schaffhausen ermordetem Hugo Sohn und starb kinderlos 1359. Seine Gemahlin war Marg. v. Fürstenberg-Baar.

Bischof zu Cur war damals Ulrich V. von Lenzburg, im Jahre 1347 von Ludwig, Markgraf von Brandenburg, in Haft gehalten. S. oben Urk. N. 28.

Eichhorn erwähnt nichts von den Mißhelligkeiten, von welcher diese Urkunde spricht.

### 43.

**Erblehensbrief**
des Capitels zu Cur zu Gunsten von Jäclin v. Wandelberg um verschiedene Güter zu Jenins.

Dat. Cur 27. April 1350.

Wir Herrman v. Montfort Tumprobst vnd das Capitel gemainlich ze Chur künden vnd verjehen offenlich mit disem briefe. das wir mit gutem gemainem willen vnd rate gelühen habin recht vnd reblich ze ainem rechten erblehen dem beschaiden man Jäclin v. Wandelberg [1], Guten siner elichen wirtinen, vnd ir rechten lib erben ob si nüt werent alle dis nachgeschriben güter. vnd alle die güter die wir haben ze Genins gelegen. gesuchte vnd ungesuchte mit allen rechten. dis sind die Güter ze Quadra zwo Juchart ackers. stoßent oben zu an des Hanen gut. vnd vnden zu an Rubis gut von Ranquil. dri Juchart ackers. ligent an Quadrella ꝛc. ain acker stoßet an des. vorgenanten Jeclis v. Wandelberg wingarten. vnd an die straße da man hin gat gen Mayenuelt. ain wis da stand Bom uf. vnd stoßet och an die straße. da man hingat gegen Mayenuelt. vnd oberhalb an daz gut heißet vinea de Prabels. Ain Juchart ackers haißet vinea de Prabels. vnd stoßet oben zu an Rubis gut von Ranquil. Ain Juchart ackers haißet Crispan ꝛc. Ain Juchart ackers lit vor der Müli ꝛc. ain halb Juchart ackers ze Platz, vnd stoßet ober zu an der kilchen ze Genins acker vud vnden zu an des Hanen acker. Vnd dri Juchart ackers heisent air be Francisce vnd stoßen vor zu an des Hanen gut vnd an Jeclis gut v. Wandelberg. der vorgenannten zwelf mammat an wisen heißent de Aschier. acht mammat an wisen uf piscus ꝛc. Sechs mammat an wisen ze lauennasca ꝛc. Sechs mammat an wisen heisen prau de Muttan. Ain mammat an wisen haißet prau de prabiell stoßet ꝛc. vnd hinder zu an des vorbenampten Jäclis v. Wandelberg. zwo mammat an wisen ze Prabell. vnd stoßent an desselben Jäclis gut v. Wandelberg. Ain wis heißet Maluer vnd stoßet ainhalb an Rübis von Rangquil gut. Ain mammat an wisen ze Seillias vnd lit entschwischent des Hanen wisen vnd Swiglis von Inlantz wisen. dü Bünt heißet vinea Emmans vnd stoßet ainhalb an Jeclis gut v. Wandelberg des vorgenannten. Ain Hofstatt da Margret Rosen tochter vf sitzet vnd giltet zwei viertel korns. vnd ein Hofstat da Elli von Cort vf saße, vnd stoßet vor zu an die gemainen straße vnd hinden zu an Maruggen gut. Also mit dem gedinge, das der vorgenant Jäcli v. Wandelberg Guta sin ehlich wirtin oder ir liberben ob se nüt werent vns vnd vnsern nachkomen von den vorgeschriben güteren ierlich ze zinse richten vnd antwurten sund vf sant Hylarientag zwelf schilling an werd an käse, an alle geuerde. Wer aber das si vns den vorgenanten zins nüt richtend als davor geschriben stat oder mit vnserm ammans willen der denne ze dene ziten vnser amman ist. nüt belibend. so sond vns die vorgeschribene güter gentzlich vnd mit allen rechten zinsfellig sin on alle widerrede vnd an alle geuerde. Wir vnd vnser nachkomen süllen och der vorgeschriben güter ꝛc. gut weren sin ꝛc. Wer och das keine gemain lantgebrest in dem kilchspel ze Genins wurde oder vf stunde. den gebresten süllen wir ansehen vnd erkennen an dem vorgeschriben zinse. nach dem als denne göttlich vnd müglich ist ꝛc. Vnd ze ainer waren vrkunde ꝛc. geben ze Chur da man zalt ꝛc. 1350sten Jare an dem nechsten Zinstage nach sant Georien tag.

Dat. per copiam sub sigillo *Iacobi de Wandelberg* predicti loco anno et die predictis. Ind. IIII.

―――――

Copie aus den Chartularien im bischöfl. Archive zu Cur.

¹ Wahrscheinlich der nämliche Jacob v. Wandelberg, der im Jahre 1343 Weingarten und Wiesen zu Maienfeld dem Kloster Pfävers verkaufte. S. Wegelin's Regesten d. Abt. Pfävers N. 160 u. 101.

## 44.

Syfrid der Tumb und seine Hausfrau Agnes v. Handen=
berg verkaufen dem Domcapitel zu Cur verschiedene Güter
zu Zizers, Untervaz u. a. O. um 30 Mark.

Dat. Cur 29. Sept. 1350.

Allen dien die disen brief sehent oder hörent lesen kund Ich Syfrid der Tumbe, vnn Ich Agnes sin elich wirtinn, Herren Beringers v. Landenberg Ritters seligen tochter, vnn ver= jechen offenlich mit disem briefe, das wir beide gesunt libes vnn mutes verkoft haben recht vnn redlich für recht aigen. dien er= wirdigen Herren, dem Tumprobst. dem Tegan. dien Chorherren vnn dem Capitel gemainlichen ze Chur dise güter die hienach ge= schriben stant an disem briefe mit allen iren rechten vnd zuge= hörden, vnd geltent ierlich 10 schilling an werd kursches meßes, vnd sint gelegen ze Züzers vnd ze dem vndrem Vaze, vnn mir geginen. Dis sint die güter. Ain Juchart ackers lit ze Clus de Bullie in zwain stufen. vnn entswischen dien beiden stufen lit ir Johansen v. Marmels Chorherren ze Kur acker. Ain halbe Juchart ackers stoßet an prau de Curtin. die Isela. Anderhalbe Juchart ackers gelegen in Sairangges, vnd stoßet stathalb an Hansen des Waibels acker. Ain halbe Juchart ackers haißet air de moschena. vnd stoßet oberzu an Hainrichs v. Tullein seligen acker. Ain Juchart ackers lit in Can de Ruvina vnd stoßet oberhalb an Hainrichs v. Talanau acker. vier mal ackers stoßent Churhalb an des edeln Herren Graf Al= brethes v. Werdenberg acker den Wernli v. Wolfurt buwet. Ain halb Juchart ackers lit ob dem weg von Ruverw vnd stoßet Churhalb an Chunzen von Sumo acker. Ain Juchart ackers lit ze Ruverw de sot vnd stoßet Züzershalb an

der kilchen ze Zützers acker. Ain Juchart ackers lit in Cultura
de Speicha. vnd stoßet ainhalb an Symons straiffen gut.
vnd Zützershalb an Niklausen des Waibels acker. Ain Hof=
stat da Ulrich Sturn vf saße. giltet ainen scheffel korns. Sechs
mannmad an wisan. heißent prau de Mulinnelle. vnd stoßent vn=
derhalb an des Abtes von phefers wisen, vnn lanquart halb an
Nyclausen von Punstrils wisen. Ain Manmat an wisen
lit ze Marschininnes. vnd stoßet an die wisen die da zu der
burge hörent. Ze dem vndern Vaze ain Juchart ackers haißet
air de sot vinea. lit vnder der kilchen ze Vaze wingarten vnn
stoßet oberhalb an des abtes von phefers acker. Ain Juchart
ackers haißet air de Quadrella vnd stoßet an ain gut hört in des
Abtes von phefers Mayerhoue. Zwo Juchart ackers. haißent
air Malavischiga. vnn stoßent ainhalb an die gemainen straße vnder
dem Raine. ze vinea plana ain Hofstatt giltet zwai viertel korns.
Ain Juchart ackers stoßet obenan zu an Rudolfes wisan von
Isela. vnn vndentzu an des abtes von pheffers acker. giltet
ainen scheffel korns. Ain acker haißet flumen dauos vnd stoßet
dorfhalb an des Abtes von pheffers acker. vnd giltet 3 viertel
korns. ze palus ain äkerli haißet una scillia giltet ain viertel korns.
In Reschü ain ackerli giltet ain viertel korns. vnn ainen acker der
haißet air lung. vnd giltet 2 viertel korns. Dis vorbenempt güter
hain wir Inen ze koffene geben vmb drißig march in acht pfunt
mailesch für ain March ze raittenne. die wir von inen bar em=
pfangen haben vnn in vnser aigenne nutze bekert. Wir die vor=
genanten Syfrid der Tumbe vnd Agnes sin wirtin vnn
vnser erben ob wir nüt werent süllen och der vorgeschriben güter
der vorgenannten ... Chorherren vnn ...[1] Capitels gemain=
lichen ze Cur. gut weren sin für alle ansprache an gaistlichen vnn
an weltlichen gerichte vnd an allen dien stetten, da si sin notdürftig
sint. an alle geuerde. Ich bü vorgenannt Agnes vergich och
offenlich mit disem briefe. das ich alles das hie von mir geschriben
stat an disem briefe getan vnd volfürt han. mit Hugen v. Lan=
benberg mines bruders vnd mines vogtes hande vnd guten

willen vnn gunste. Der mir hertzu ze ainem vogte geben wart mit des vorgenannten Syfrides des Tumben meines elichen wirtes guten willen. vnd mit allen bien worten vnd werchen der man bartzu bedorfte oder notdürftig was. vnn mit allen rechten. Ich Hug v. Landenberg der vorgenanten miner swester Agnesen vogt. vergich och offenlich mit disem briefe das war ist vnd mit miner hande vnd gutem willen vnn gunste beschehen ist. alles das hievon mir geschriben stat an disem brieff. Vnd ze ainer waren vrkunde aller der vorgeschriben bingen, so hain wir die vorgenanten Syfrid der Tumb vnn Hug v. Landenberg vnserü Ingesigel gehenkt an disen brief. Aber Ich die vorgenant Agnes wan Ich aigens Insigels nit han. so verbinde ich mich vnder dero vorgenannten Syfrides mines wirtes. vnn Hugen mines brubers vnd vogtes Insigel stäte ze habenne mit guten trüwen. alles das hie von mir geschriben stat an disem briefe. Der geben ist ze Chur bo man zalt von gottes geburte 1350 Jar an sant Michels abende.

Copie aus den bischöflichen Chartularien zu Cur.

¹ Lücke im Originale.

### 45.

Graf Rudolf v. Werdenberg und seine Gemahlin Ursula v. Vaz verpfänden dem Kloster Pfävers die Vogtei daselbst um fl. 350.

Dat. Sargans 28. Januar 1351.

Original im Cantonsarchive zu St. Gallen.

Wir Graff Rudolf von Werdenberg Herr ze Santgans kundent vnn vergehent offenlich Allen die disen gegenwür-

tigen brieff ansechent ober hörent lesen daz wir gesunt libes vnd
Mutes mit guter vorbetrachtung nach vnser guten frůnb rat Die
vogtey des Goßhus ze Pfeffers sant benedicten orbens in
Curer bistum gelegen vber (lüt?) vnd vber gut mit allen rechten
gewonheiten vnd Nützungen so da zu gehörent, Als si an vns
kommen ist vnd wirs von dem Rich gehebt habent den Geistlichen
Herren: dem Abt vnd dem Conuent des selben Goßhus ze
Pfefers Recht vnd reblichen ze einem recht stett werenben pfand
versetzet habent vnd versetzent mit disem brieff vmb brů Hundert
und fünfzig guter vnd genemer gulden von Florenß gutz vnd vol-
komens gewichtz vnd sient och Dero gar vnd gentzlich von in ge-
wert vnd sint in vnser reblichen nutz komen vnd bekert Mit solcher
Bescheidenheid daz weber wir noch vnser erben si noch ir nach=
komen an ber vogtey noch an bekeynen iren Nutzen noch an lüt, noch
an gut noch an de keynen iren zu gehörenben keis wegs somen
irren schabigen noch bekrencken sont Alle die wile so wir den
Abt ber banne bez selben Goßhus ze Pfeffers Abt ist ober ben
Conuent, ob ba kain Abt wär der obgeschribnen brůer hundert vnd
fünfzig gulden nit gar vnd gentzlich gewert habent, vnd die selben
gulbin in iren friblichen gewalt vnd gewer nit gar vnd gentzlich
komen sint, vnd süllent wir boch bie wil alwegent bie selben
Herren in Gotzhus in leut vnd in gut schirmen mit guten trůwen
an alle geuerd, als ob bi vogtey in vnser hant stunb vns ledig
vnb los wär Wir entzichent vns och für vns vnd für vnser erben
gegen Jnen vnd gegen Jren nachkomen alles bes rechtz vorbrungen
vnd anspruch so wir zu Jnen jemer gehaben möchtent mit bekainer
lay geistlichem ober weltlichen gericht ober mit bekeinen dingen
vmb bekain die Nutz so sy ber vogtey niessen mügent ober niessent
all die wile wir si ber vorgesaiten gulbin in ber wiff als vorbe-
scheiden ist nit gar vnd gentzlich gewert habent. Es ist och berett
vnb bebinget daz si vns noch vnser erben vmb bi obgebachten
gulbin nit Mannen sont hinnan zo sant Johans tag des töfters
der nu nechst kunt noch bannan hin inrent ben nechsten zwayen
jaren wenne aber wir bar nach ober vnser erben ob . . . . von

dem Abt des obgenanten Gotzhus oder von dem Conuent ob danne kain Abt da wer gemant wurdent ze hus ze hof oder vnder ögen mit worten oder mit brieuen. so süllent wir si bar nach inert den nächsten drü Monaten der vorgeschribnen drüer hundert vnd fünf=
tzig gulbin gentzlichen weren als vorbescheiden ist oder die bürgen sont laisten als an dem brief geschriben stat der darüber von vns geben ist. Wenne och wir si der vorgeschribnen gulbinn als vor=
bescheiden ist gentzlichen gewert habent, weli zit das in dem jar beschicht, was nütz danne der zit gevallen sint, die sont dem ob=
genanten Gotzhus beliben vnd sol aber vns die vogtey mit allen rechten vnd mit allen den nützen die dennocht vallen sont, lebig vnd loff sin. Wir vnd vnser erben süllent och ir vnd ir nachkomen vmb die vogtey mit iren nützen vnd mit allen iren zugehörenden gut vnd getrüw wern sin gen allen Menklichen wo vnd wie sü sin jemer bedürffent werdent mit guten trüwen an alle geuerde. Wir habent och mit vnsrer trüw in eines eides stat gelobt für vns vnd vnser erben stett ze habent vnd ze laistent an alle geuerde alles bz hie vor an bisem brief geschriben stat. Wir Ursella gräuin von Batz des obgenanten graff Rudolf ehlichü Hus=
frow, vergechen och, daz dis alles zu bracht vnd volfürt ist mit vnserm guten willen vnd gunst vnd lobent och mit guten trüwen für vns vnd vnser erben stett ze habent vnd ze laistent an alle geuerde alles bz hie vor an bisem brief geschriben stat, vnd ent=
zichent vns für vns vnd vnser erben alles des rechten vnd an=
sprach so wir da von jemer gehaben möchtent mit kainen den bingen die barüber jemer erbacht möchtent werdent. Vnd des ze warem vnd offen vrkund der warheid vnd vester stettekeit aller der bingen geben wir obgenanter graff Rudolf vnd wir Ursella gräuin die vorgenant vnser Insigel an bisen brieff Der geben ist ze santgans da man zalt von Gottes geburte drützechen hundert Jar vnd dan in dem Ein vnd fünftzigosten Jarr an der nechsten Mitwuchen vor vnser frowen tage der liechtmess.

Beide Sigel hängen.

## 46.

**Graf Hartmann v. Werdenberg, Bruder Rudolfs, bestätigt die ebengedachte Verpfändung.**

Dat. Vaduz 26. Januar 1351.

Wir Graff Hartman von Werdenberg von Santgans künden allen die dissen brieff ansechen vnnd horendt lessen, vnnd veriechendt offenblich an dissen gegenwertigen brieff. Als vnser bruoder Graff Rudolff von Werdenberg von Santgans die Vogti ze Pfeffers mit allen ir zegehörenden den geistlichen Herren dem Abbt vnd dem Conuent deß Gottshauffes zu Peffers versetzet hat. Vm drihundert vnnd funfftzig gulbin. Darum lobent wir durch bettens vnnsers vorgenanten bruobers, mit vnnser treuw in eibes wiff für vnns vnd vnnser Erben. Dz wir sie an der vogti an lütt an guotteren noch an Nutzen keins wegs sommen, irren, schaden nach befrencken sondt, vnd bz wir die selben Herren ir lütt vnb ir guott aller enden by guoten trüwen schrimen sollendt. als die Vogti vnseren vorgenanten bruober lebig vnd los war. Vnd dis zuo einer worheit vnnd steten sicherheit so habendt wir vnser Insigel offenblich ghenkt an dissen brieff ze einer gezügenus der vorgeschribnen dingen. Disser brieff ist geben ze Vaduz bo man zalt von Gottes geburte trizechen hundert Jar vnnd dan in dem ein vnnd funfftzigisten Jare an der nechsten mittwuchen vor vnser frauwen tag der Liechtmeß.

---

Abschrift aus dem in Wegelin's Regesten der Abtei Pfävers Nro. 198 citirten Transsumpt Fol. 173.

## 47.

**Verkauf
der Burg Kapfenstein durch Simon Straif's Erben.**
Dat. Küblis 1. April 1351.
Orig. im Roster'schen Hause zu Fideris.

Allen denen die disen Brieff ansechent ober hörent lesen, künd ich andres von Marmles und Ulrich Manus und verjechent des offenlich an disen brief daz wir vns an vnsren eliche wirtinen fro Annen und Nesen Simons selgen Straiffes Töchteren[1] mit Johannsen, Otten, Albrechten und Elsbetten iren elichen geschwistergiten willicklichen und gänzlichen mit guoter vorbettrachtung entzigen haben und verzichent mit disem Brief alles deß rechten und anspruch so wir oder vnser erben jemer zu der burg oder an die burg ze kapfenstain[2], und den zwai städeln so darzu hörent und zu den äckern so der Edel Her Her Donat selig von Fatz zu derselben burg gelichen hatte und hant darum mit den obgenanten Johannsen, Otten, Albrechten und Elsbetten von der Edeln frowen Küngunt von Fatz Gräfin von Tockenburg vierzig Curer werschaffter markten ampfangen. Wir hant och gelobt diser ding wer ze sine an gaistlichen vnd an weltlichem gericht nach recht wa sie der Edel vnsergnädiger Her Graf Friderich von Tockenburg oder sin Erben notburftig sind vnd das ze warem und offem Urkund aller diser ding so henkent wir die obgenanten andres von Marmleff und Ulrich Manus unsere aigen Insigel offenlich an disen brief[3]. Darnach vergichent wier die obgeschriben Johanss, Otte, Albrecht und Elsbet, daz wir vnss och entzigen habindt vnd verzichent mit disem brief aller rechten vnd ansprüch so wir zu den obgenanten burg und güetern hatten in aller wiß als vorgeschriben ist.

Ich der obgenant Johans straif hab och gelobt wer ze sinne diser Ding für mich und min geschwistergit vnd das alles daz war ist daz an disen brief von vnß geschriben ist und stait belib, so bindent wir die obgenanten Johans, Otto, Albrecht und Elsbet vns vnder andres von Marmles vnd Ulrichs Manus Insigel wan wir eigen Insigel nüt enhabent⁴ es alles stait ze halten. Diß beschach vnd ward och der brief geben ze Cüblins do man zalt von Gottes geburt drüzehen hundert Jar darnach in dem ain vnd fünfzigisten Jar ze ingendem abrellen.

Beide Sigel hängen.

---

[1] Die Straif müssen ein begütertes Geschlecht gewesen sein, da sie außer Kapfenstein auch das Schloß Stralegg besaßen. Im Jahr 1352 verkaufen obige Geschwister dem Grafen und seiner Gemahlin auch das Gut Stürfis; 1371 obiger Albrecht den Berg Montlasima an des Hansen Eberlis Walsers Sohn von Stürfis.

[2] Bei Schriftstellern und im Lande selbst frägt man diesem Schloße vergeblich nach (vgl. Müller II. Cap. 7 n. 781). Endlich fand ich es in einem einzigen der vielen Schlösserverzeichnisse Bündens. Es lag „ob Küblis." Vielleicht änderte es den Namen, denn ein anderes Verzeichniß nennt an eben dieser Stelle „Neuenburg." Jezt kennt man die Ruinen bei Küblis nur unter dem Namen „Ober- und Unter-Sansch."

[3] Marmels Wappen auf weißem Wachs läßt keine Figur erkennen, denn es war nur schwarz und weiß, senkrecht getheilt. Manus Wappen ist (nach der Zeichnung von ungeübter Hand) quer mit Zinnen gespalten; in grünem Wachs.

[4] Sonst hatten sie freilich ein Wappen, wovon Reste an der Urkunde von 1352 (N. 51 dieses Bandes) eine Art Rose anzuzeigen scheinen.

---

Sammt den Anmerkungen aus den „Nachrichten über das Geschlecht derer v. Baz, von J. U. v. Salis Sewis" (Schweiz. Geschichtf. I. S. 306 u. 307) abgedruckt.

## 48.

Bischof Ulrich von Cur gibt dem Andr. Planta verschiedene Zehnten zu Lehen, welche die Gebr. v. Juvalt resignirten.

*Dat. Zutz 28. Januar 1352.*

In Christi Nom., frater *Ulricus* D. gr. episcopus *Curiensis* recognoscimus et praesentibus publica protestamur, quod Nos tres somas vini et oves undecim et solidos 10 et 8 mezanorum reditus qui dantur anno quolibet in festo S. Ioannis Baptistae nativitatis, de coloniis Curiae de *Samadeno* consignandis ad castrum in *Iuvalt*, quos *Egnolphus* fq. *Alberti de Iuvalt* et ejus fratres nomine feudi a Nobis obtinuerunt, ab eisdem *Eglolfo* et fratribus in Nostris manibus resignatis, discreto viro *Andreae Plantae* Ministro in *Zuotz* et suis heredibus in feudum concedimus possidendos perpetuo Dantes Eidem has litteras Nostras sigillo nostro sigillatas, in testimonium super eo. Dat. in *Zuotz* 1352. Die 28 mens. Ianuarii.

Abgedr. in Juvalt's Anzeige der Herkunft und des Adels des Stammes v. Juvalt 1777. 4⁰ pag. 9.

## 49.

Erblehenbrief des Domcapitels zu Cur zu Gunsten von Gaudenz Zucg zu Cur.

*Dat. Cur 28. Februar 1352.*

Wir Hermann v. Montfort Tumprobst. Rudolf v. Veltkilchen Tegan vnd daz Capittel gemainlich ze Chur chunden vnd vergehen offenlich mit disem brief. Allen den die in sehent oder hörent lesen, das wir mit gemainem guten willen vnd Rate gelühen haben ze ainem rechten erblehen dem erbern man Gudentzen Zuegen burger ze Chur. Agnesen siner elichen wirtinen vnd allen iren rechten liberben die von inen baiden komend. Vier manmad an wisen die wir haben ze Chur gelegen von der statt in Scaletten vnd stoßent oben zu an die plaſſure vnd vnderzu an den gemainen weg da man abhin gat In die wisen. ze ainer siten an des v. Rietperg seligen wisen vnd ze der andern siten an sant Martins wisen ze Chur. Also mit dem Gedingen das die vorgeschribene Gudentz Zuege Agnes sin elich wirtin vnd Ir lib Erben ob sy nüt werent ze Zins richten sönd von den vorgeschriben vier mannmatien an wisen Jerlich uff sant Martinstag fünfthalb schöffel gersten kursches meßes an alle geuerde. Tätin sy aber daz nüt oder daz sy darumb mit vnserm willen oder mit vnsers ammanns der denne vnser amman ist willen nüt belibend. So sond vns die vorgeschribnen vier mannmatt an wisen lebig vnd zinsfällig sin an alle geuerde. Vnd ze ainem waren Vrkunde dirr vorgeschribnen dingen. So haben wir die vorgenanten Tumprobst vnd Cappitel ze Chur vnsrü Insigel gehenkt an disen Brief. der geben ist ze Chur bo man zalt von gottes geburte 1300 Jar darnach in dem 52sten Jare an dem nechsten Zinstag vor Ingendem Mertzen.

Abschrift aus den bischöflichen Chartularien zu Cur.

## 50.

Die Gebrüder Hermann, Beringer und Pfaf Hermann v. Landenberg verzichten Namens ihres Vaters Hermann vor dem Gericht zu Winterthur auf die Vesten Rietberg und Juvalt zu Gunsten Bischof Ulrich's von Cur.

Dat. Winterthur 30. Juni 1352.
Orig. im bischöfl. Archiv zu Cur.

Allen die disen brief sehent oder hörent lesen künde ich Andres der hoppler Schulthais ze Winterthur daz ich ze

Gerichte saß ze Winterthur an offenem markte und kamen | da
für mich die fromen lüte her Herman. her Beringer Ritter
von Landenberg von Griffense und Phaf Herman von
Landenberg von Griffense gebrüder. hern Hermans von
Landenberg vou Griffense des eltern Ritter sünn ainunt,
und der Erwürdig herre Byschof Uolrich von Gottes gnaden,
Bischof der kilchen, und des Bistumes ze Chur | anbrunt. und
zögten da vor gerichte die vorgenanten gebrüder von Landen-
berg ainen offnenn brief, und urkunde von dem egenanten ir
vatter, dez inen derselbe ir vatter | vollen gewalt, sinen guoten
willen geben hatte, dem obgenanten Bischof Uolrich von Chur,
diu vesti Rietberg und diu vesti diu man nennet diu hohe
iuvalt, und die | lüte und güotter die darzuo gehörent, die
Rietberg selig gelassen hat, ze vertigenne ze verzihenen und uf
ze gebenne, und was si ouch mit der verzihunge gen im schaffet
in ober | tätin. daz wölte er gern stäte haben. und do der brief
gelesen wart, do baten siu inen ze erfarnde an ainer urtailbe wie
siu die verzihunge tuon söltin daz es nu und hernach | kraft hetti.
Do wart ertailet nach miner frage mit gesamnoter urtailbe, daz
es ain solich urkunde were daz die egenanten gebruodern von
Landenberg an ir und an ir vatter | stat. diu vorgenanten ver-
tigunge und verzihunge · umb die vorgeschribne vestinan lüte und
Güter so darzuo gehörent wol tuon möchtin, und tätin si diu
verzihunge vor gerichte | mit gelerten worten an des egeschriben
Byschof Uolrichs hand daz es denne billich nu und hernach
kraft hetti. Und also stuonden die vorgenanten her Herman |
her Beringer, und Phaf Herman von Landenberg ge-
bruodern, bar für gerichte an den stab und vertigoten und gaben
recht und redlich sirlich und unbetwungenlich | dem vorgenanten
Bischof Uolrich von Chur lebklichent uf an sin hand ze sinen
und ze siner nachkomen handen, die vorgenanten vestinen Riet-
berg und iuvealt | und alle die lüte und Güter, die darzuo
gehörent, die Rietberg selig gelassen hat, und verzigen sich der-
selben vestinen. lüte und gütter so darzuo gehörent | und aller der

rechtunge so si darzuo hatten oder gehaben möchten an sin hand mit gelerten worten als gerichte und urtailde gab. si verzigen sich ouch ganzlich aller der | vordrunge und anspruch und aller helfe gaistlichs und wältlichs gerichtes, damit si oder ir erben, den vorgenanten Bischof Uolrichen von Chur oder sin nachkomen an | dien vorgeschriben vestinen lüten, oder güttern so darzuo gehörent in kaine wise iemen bekrenken oder beswären möchten ann alle grunde. Und lopten ouch da | vor gerichte die vorgenanten von Landenberg an ir und ir vatter statt, der vorgeschribnen vestinen lüte und güter so darzuo gehörent, wer ye sinne nach yechte wo sich daz fuogti oder befunde daz ir recht besser were, denne des obgenanten Bischof Uolrichs von Chur und geschahen allü die vorgeschriben ding mit aller | hafti und mit aller gewarsami worte und werke so nach rechte oder von guoter gewonhait zuo solichen sachen höret, und man tuon sol. und des alles ze ainem | waren urkunde hab ich der vorgenante Schulthais als mir vor gerichte ertaillet wart disen brief versigelt mit minem insigel von des gerichtes wegen. Ich der | vorgenante her Herman von Landenberg von Griffense der elter, ritter, vergihe offenlich an disem brief daz ich dien obgenanten minen Sünen die vorgeschriben | vertigunge umb die vestinen und güter als vorbeschaiden ist bevolhen hab an miner stat ze verzihenne und uf zegebenne dem obgenanten Bischof Uolrich von Chur | und loben ouch bi guoten trüwen das also state ze habenne und da wider niemer ze tuonne. und des ze ainem offenen urkunde der warhait hab ich min ingesigel | gehenket an disen brief. wir die vorgenanten her Herman. her Beringer und Phaf Herman gebruodern von Landenberg von Griffense vergehen offenlich an diesem brief, daz wir die vorgenanten verzihunge recht und reblich gen dem egenanten Bischof Uolrich getan hant umb die vorgesaiten vestinan lüte | und güeter so darzuo gehörent in aller der wise als vor von uns an disem brief verschriben stat. Und des ze ainem waren urkunde und meren sicherhait | aller dirre sache hat unser ieglicher sin ingesigel gehenket an disen brief. Der geben wart

ze wintertur des nechſten Samstages nach ſant Peters | und
ſant Paulus der zwelf botten tag do man zalt von Gottes geburte
drüzehen hundert und fünfzig iar darnach in dem andern Jare.

Sigel alle fünf anhangend und wohl erhalten.

Mitg. durch den hochw. Herrn Domſchol. v. Mont zu Cur.

## 51.

Joh. Straiff und ſeine Geſchwiſter verkaufen dem Grafen
Friedr. v. Tockenburg und ſeiner Gemalin das Gut Stürfis
und diejenigen in Faltenen und auf Davos.

Dat. 18. Oct. 1352.

Orig. im Roſler'ſchen Hauſe zu Fiberis.

Allen den die diſen brief anſehent oder hörent leſen fünd ich
Johans Sträffe (Straiff) Symans ſälgen des Sträffen
Sun vnd vergich des offenlich an diſem brief für mich vnd für
Otten vnd Albrechten min brüder vnd für allü minü geſwi-
ſtergit vnd alle vnſer erben, daz wir ze koffen geben hant vnd ge-
ben mit diſem brief für vns vnd alle vnſer erben recht vnd redlich
daz gut daz man nempt Stürfis da die Walliſer vff ſeſſhaft
ſint vnd bi Sewis gelegen iſt, vnd daz gut in Faltenen vnd
daz gut vf Tafaus daz bi dem Sewe ze dem ... gelegen iſt,
diſü güter allü gemainlich vnd jegcliches ſunderlich hant wir ze
koffen geben recht vnd redlich dem Edeln vnſerm Herren Graf
Friderichen v. Tockenburg vnd Fro Kungent v. Fatz
Gräfin v. Tockenburg ſiner Elichen wurtinen vnd iren erben
recht vnd redlich mit allen den rechten nutzen vnd gewonhaiten ſü

sient gesucht oder vngesucht oder sü werdent noch funden genempt oder vngenempt so zu den obgeschribenen güteren hörent alber gehören solt von recht oder gewonhait vnd hat vns der obgenant Edel vnser Herr Graf Friderich v. Tockenburg genzlich vnd gar gewärt des guts darumb wir inan dü obigen güter ze koffen geben hant vnd ist daz selb gut in vnsern guten nuz beketeret vnd bewendet. Ich binb och mich vnd Otten vnd Albrechten min brüder vnd allü vnsrü geswistergit vnd alle vnser erben dar zu mit disem brief daz wir diser güter aller gemainlich vnd jegeliches sunderlich recht wären sin sont an gaischlichen vnd an weltlichem gericht vnd an allen stetten nach recht wa sein der obgenannt Edel vnser Herr Graff Friderich von Tockenburg oder Fro Kungent sin Eliche würtenn oder iro Erben notbürftig sint vnd des ze warem vnd offem vrkund diser gift vnd dises koffes so henk ich der obgenant Johans Straiffe min aigen Jnsigel offenlich an disen brief für mich vnd für Otten vnd Albrchten min brüder vnd für allü vnsrü geswistergit vnd ze merer sicherhait vnd besserer Globsam diss koffes vnd diser ding so hant wir die obgenanten Sträffen, Otten vnd Cunraden v. Castelberg gebetten daz sü och irü Jnsigel henkent an disen brief. Dar nach vergehent wir Otto vnd Cunrat v. Castelberg daz wir durch bitte des obgenanten Johans Sträffes Otten vnd Albrechts vnd aller iro geswistergit willen vnd vrkund daz wir bi disem koff vnd gift warent vnsrü aigen Jnsigel gehenket hant an disen brief vnder disü drü Jnsigel vns die obgenanten Otte vnd Albrecht vnd allü vnser geswistergit vns bindent alles das stät ze haben vnd dar wider niemer ze tunt daz von vns an disen brief geschriben stat, wan wir aigen Jnsigel nüt enhabent, dis beschach vnd wart der brief geben do man zalt von Gottes geburt 1300 Jar vnd darnach in dem zwei vnd fünfzgosten Jar an dem nechsten Donstag nach sant Gallen tag.

Alle drei Sigel hängen.

## 52.

Verzichturkunde
um das Thal Schanfigg, ausgestellt vor Berchtold v. Königsegg durch Gräfin Ursula v. Werdenberg geb. v. Vaz und Graf Rudolf v. Werdenberg gegenüber der Gräfin Kunigunde v. Toggenburg, deren Gemahl und dessen Brüdern.

Dat. Sargans 6. Februar 1353.

Orig. im Archiv der Gem. St. Peter.

Allen den die disen brief an sehent oder hörent lesen künd ich her Berchtold v. Kungsegge ritter, daz für mich kam an offen gericht do ich der obgenant her Berchtold zu Sant Gans in der statt offenlich ze gericht saff der edel her graf Rudolf v. Sant Gans v. Werdenberg und die edel frow fro Ursell v. Vaz gräfin von Sant Gans deß ietzgenanten graf Rudolfes v. Werdenberg elichü husfrow und bat ir dü obgenant fro Urselle ainen fürsprechen geben und do si den genam do offenet si mit ir fürsprecher und bat ir ernanten an ainer urtail wie si stan sölt daz es kraft hette und och recht were nu und hernach, do wart ir ertailt mit gemainer besamnoter urtail were daz si sich ihtes¹ entzihen und uf geben wolt daz si danne ainen andern vogt der ir genoß war über die sach nemmen sölt mit des egenanten graf Rudolfes v. Werdenberg ir elichen würtes willen und gunst, do warb ir ze vogt geben der edel her graf Hartmann v. Werdenberg v. sant Gans mit des vorgenanten edelen herren graf Rudolfes v. Werdenberg haißen willen und gunst als es ertailt wart, und do si bevogtet wart als urtail gab do offenot si mit ir vogt und fürsprechen, si hette mit graf Rudolfen ir elichen wirt ze koffen geben ir lieben swester fro Kungunden von Vaz gräfin von Tocken-

burg graf Fridrichs von Tockenburg elichen wirtennen und
graf Georgen graf Friderichen graf Donaten graf Kraf-
ten, graf Dyethelmen grafen von Toggenburg gebrüdern
und iren erben daz tal daz man nempt Schanuigge und bi
Cur gelegen ist mit lüt und mit gütern und mit allen den rechten
so darzu hört als der brief sait der umb den kof geben ist, und
bat ir aber do ernanten an ainer urtail wie si sich des jez ge-
nanten tals lüt und gütern enzihen möcht und ufgeben sölt daz es
kraft hette vnd och recht were nu und her nach, do war ir ertailt mit be-
samnoter urtail daz si daz vorgenant tal Schanvigge lüt und
güter mit ir und irs vogtes handen gutem willen und gunst und
mit des richters handen ufgäb und sich enzig in Rudolfes des
ältern hant ze der obgenanten ebelen frowen fro Kungunden
v. Baz gräfin von Tockenburg und graf Georien graf
Friderices graf Donaz graf Kraften und graf Dyet-
helmen grafen von Tockenburg und ir erben wegen wan es
dem obgenanten Rudolfen dem älter empholhen wart und do dis
alles beschah als si bü urtail lerte und als mit gemain urtail er-
tailt wart daz es kraft hette und och recht wer do bat nu der ob-
genant Rudolf der älter ze den obgenanten ebelen frowen von
Toggenburg und der vorgeschriben graf von Tockenburg
wegen ertailen an ainer vrtail ob dis alles beschehen und follfürt
wer baz es kraft hette und och recht wer do wart es ertailt mit
besamnoter urtail daz es alles beschehen wer als recht wer und
do dis alles beschah so bat der obgenant Rudolf der älter ze der
obgenanten ebelen frowen fro Kungunden v. Baz gräfin von
Tockenburg und der obgenanten grafen v. Tockenburg we-
gen daz man inen darumb brief gaib, da ward ertailt mit besam-
noter urtail daz man inen brief gaib von dem gericht als da vor
gericht beschehen und follfürt wart. Wir graf Hartman graf
Rudolf v. Werdenberg von Sant Gans gebrüder und fro
Ursella v. Baz gräfin von Sant Gans vergehent offenlich
an disem brief ainer ganzen warheit aller diser ding und daz ally
disy vorgeschriben ding beschehen und follfürt sint von uns und

mit unserm guten willen und gunst und als mit gemainer und
besamnoter urtail ertailt wart daz es kraft hette und och recht wer
und des ze warem und offen urkund daz dis alles beschehen ist als
vorgeschriben stat, so henkent wir unsrü aigen insigel offenlich an
disem brief, dar nach vergich ich her Berchtold v. Küngs=
egge ritter daz dis alles vor mir an offen gericht ze Sant
Gans in der statt vor mir mit urtail beschehen und follfürt ist
und des ze waren und offem urkund aller diser ding und wan es
mit (sic!) ertailt wart, so henk ich och min aigen insigel offenlich an
disen brief der ze Sant Gans geben ist do man zalt von gottes
geburt 1300 iar und darnach in dem 53sten iar an der nechsten
mitwochen nach unser frowen tag ze der lichtemiß.

Es hängen die Sigel Hartmann's von Werdenberg, Rudolfs
v. Werdenberg, Ursula's v. Werdenberg geb. v. Vatz und Bercht.
v. Königsegg.

---

S. Regest dieser Urkunde in C. v. Mohr's Regesten der Landschaft Schanfigg
R. 16.

¹ Etwas.

### 53.

Frau Mechtild, Berold's v. Strasberg Wittwe, verkauft
ihre Rechte und Ansprüche an die Person und das Eigen=
thum Margaretha's v. Crösch an das Kloster Curwalden.

Dat. Cur 13. Juli 1353.

Ausz. Der geistliche Richter zu Cur urkundet, daß Mechtild,
die hinterlassene Wittwe Berold's von Strasberg „Armigeri"
mit ihrem Vogt Conrad von Sumero (Summerau) damals
Amman (Minister) von Cur vor ihm erklärt habe, dem Probst

Conrad und dem Convent zu Curwalden alle und jede Rechte und Ansprüche auf die Person und das Eigenthum Margareth's, Tochter Conrads von Crosche, Bürgers von Cur, um sieben und eine halbe Mark zu acht pfund mezz. verkauft zu haben.

Datum Hof Cur III. Idus Juli MCCCLIII.

Legalis. Abschrift im Chartul. des Klosters Curwalden Fol. 26.

Mitgeth. durch den hochw. Herrn Hofkaplan Fez in Badutz.

## 54.

### Compromiß-Revers

von Joh. Amman, Burger zu Feldkirch, hinsichtlich eines Streites mit dem Capitel zu Cur wegen des Zehenten zum Berg.

Dat. Feldkirch 28. Oct. 1353.

Ich Johans genannt der Amman, burger zu Veltkilch. kund vnd vergich offenlich vmb den stoß, den Ich gehept han mit den Erwirdigen minen lieben herren dem Tumprobst. dem Tegan vnd mit dem Capittel gemainlich zu Chur. vnd sie mit mir. umb den tail des zehenden zu Berg. vmb denselben stoß Bin ich gangen zem rechten vf den tegan. vff herrn Walthern den kuster. herren Hainrichen den lütpriester von St. Stephan Chorherren zu Chur. hinan ze den nechsten wichenachten. daz ich gewalt han zu tune ob ich wil. So sol es vf den brien Herren beliben zem rechten. die sont verhören vrkund red vnd antwurt baidenthalb vnd ain recht darumb sprechen. vnd also baz das recht vffgetragen werde hinnan zu der nächsten aller mann vastnacht zu Chur. an gäuerd. Es were denn baz Ich von fientschaft dar nit kommen möchte an geuerde. So sol es besteken an den stetten da wir baidethalb sicher hin kommen mügen an all geuerd. Vnd also daz die sach ainen vßtrag hab. hinan zu der egenanten aller manne vastnacht an all geuerd. ob wir baidethalb das von ehehaftiger not wegen das getun mugent vnd weder tail des mit geuerbe verzug. der sol die sach vmb den stoff verloren han. vnd den andern sinen schaden ablegen. wir sullen och baidenthalt nach dem von St. Stephan werben flissettich vnd ernstlich. wer aber das wirden bi der sach nit möchtin han oder der ander schiblüt behainer abgieng als by der sach nit sin möcht. so sol Ich ebenannter Johans Amman in ainen andern Chorherren vs dem Capitel gen. welche ich wil. an all geuerd. Vnd was die drye schiblüt vns vmb die sache nach brief. nach red vnd antwurt ertailent. das sond wir baidenthalb stät han an widerred. des zu vrkund han ich min Insigel getruckt uf disen brief. Geben ze Veltkilch an sant Symon vnd sant Judas tag. Anno Dom. M. CCCLiij. birre vorgeschriben täding. wil ich von minen Herren zu Chur von dem dem Capitel gemainlich ain abgeschrifft vnd mins herren des tegans Insigel.

Abschrift aus den Chartul. im bischöfl. Archive zu Cur.

## 55.

Jacob Kilchherr zu Vaz und Alvencu sigelt ein Erblehenbrief um das Gut Campadels bei Alveneu zu Gunsten Widott's v. Summavalle.

Dat. Cur 11. Nov. 1353.

Orig. im Archiv der Gem. Alveneu.

Allen dien die disen brief sehent oder hörent lesen künden wir Wilhelm vnn Hans die Ammen gebrüder Rudolf Meßi|=

nen sun, Hans von dem Keln, Hans Ramgier, Hans von Marmelas, Hans von Caschienan, Rudolf von Puwigs, Walther|von Brienzols¹ Albrecht von Montem, Hainrich von Isela vnn die nachgeburen gemain-lich ze Alvenü vnn vergichen offenlich | mit disem briefe das wir mit gemainem gutem willen vnn rate des erbern mannes hern Jacobes Kilchherren | ze Alvenü vnn ze vatz gutem willen vnn wissen gelühen haben recht vnn reblich ze ainem rechten erblehen, dem erbern | knecht Widotten von Summavalle vnn allen sinen rechten erben ob er nüt wär das gut Campe-delles ze Aluennü | das sant maurici ze Alvennü anhört vnn recht aigen ist mit allen sinen rechten vnn zugehörden also mit dem gebinge | das der vorgenant Widot, oder sin erben ob er nüt wär von dem vorgeschriben gute Campedelles dem vor-genanten | sant Mauricien vnn sinen kilchenaigern ze zinse richten vnn geben sond ierlich vf sant Martins tag siben phunt | wachses an alle geuerde. Es ist och geret vnn gebinget das die vorge-nanten Widot vnn sin erben ob er nüt wär ir | recht an die vorgeschriben gute Campedelles nieman füro verköffen noch versetzen sond noch mugen an vnserm guten | willen vn wissen an alle geuerde, wir sullen och des vorgenanten gutes Campe-delles des vorbenempten Widot | ten vn sin erben ob er nüt wär, gut wereu sin nach recht an gaistliche vnn an weltliche ge-richte vnn swa si sinn | notburftig sint an alle geuerde vnd ze ainer waren vrkund der vorgeschriben dingen so haben wir gebet-ten den | vorgenanten hern Jacoben kilchhern ze Aluennü das er sin Insigel het gehenkt an disen brief. Ich der vorge | nent Jacob kilcher ze Aluennü, ze ain merer sicherhait vnn dur bet willen der vorgenanten miner vndertan vnn nachgeburen ze Aluennü han min Ingesigel gehenkt | an disen brief der geben ist ze Chur do man zalt von gottes geburte drützechenhundert iare darnach | in dem drü vnn füufzigisten iare an sant Martins tag.

Sigel abgefallen.

¹ Ohne Zweifel des Geschlechts Porta, dessen alter Thurm noch zu Brienz steht.

## 56.

Bischof Ulrich V. von Cur gibt den Eigenleuten des Hochstiftes und Söhnen des Rudolf Fadins verschiedene Güter- und Erblehen zu Anbeer.

Dat. Rietberg 21. Jan. 1354.

Auszug. Bruder Ulrich, Bischof v. Cur, gibt Cunraden Fadins, Vincenz und Anton Fadins, Rudolfen Fadins sel. Söhnen, die des Gotthaus Cur recht aigen sind, und ihren rechten Erben sowohl Knaben als Töchtern, zu einem rechten Erblehen folgende des Gotthaus eigene Güter in Schams zu Anbayr, als einen Acker „air de quabra", einen Acker „Airals", einen Acker „Ruwein", eine Wiese „prau bif", eine Wiese „prau de bräffen", einen Acker „quabratscha", einen Acker „Auweneu", eine Wiese „selva plana", eine Wiese „praw de avas tortas". Der Zins dafür ist zu entrichten auf Martinstag oder auf den folgenden Thomastag jährlich. „Und ze einer waren Urkunde der vorgeschrieben Dinge henken wir der vorgen. Bischof Ulrich unser Ingesygel an disen Brief, der geben ist ze Rieperg do man zalt von gottes geburte 1300 Jar dornach in dem 54sten Jare an sant Agnestag".

---

Abgedr. nach einer Copie im großen Chartular. Fol. 427, im bischöfl. Archiv.

Mitg. durch den hochw. Herrn Hofkaplan Fetz zu Vaduz.

57.

**Schenkung**
Jan Girards zu Gunsten des St. Luzius-Altars zu Solio
im Bregell.

Dat. Solio den 31. Jan. 1354.
Original im Archive zu Solio.

In nom. D. nostri I. Chr. Amen. Anno a nativitate ejusdem 1354 die Veneris, ultimo mensis Jan. Ind. VI. *Ianes Girardus* fqm. alterius *Ianes* de *Solio*, qui stat *Solio*, *Ianus* intellectus memorie et corporis¹ volens recordare anime sue et eorum defontorum, fecit et facit donationem et datum pro remedio anime sue et eorum defontorum altari *S. Luci*, quod est in ecclesia *S. Laurentii* de *Solio* librarum 10 tertiolarum omni anno et hoc super omnibus suis bonis jacentibus *Allotta* etc. in valle *Golii* ultra *Collogam* cui coheret a mane etc. Salvo si alie vel aliter reperiantur coherentie intelligantur esse posite et deducte et predictam donationem de predictis denariis sit et esse debet post eius decessum. Ita eo acto et pacto, quod ipse *Ianes* superius nominatus habeat, gaudeat et possideat et gaudere et possidere debeat et facere sicut vult donec vivet, videlicet si oportet pro dicto *Iano* pro cibo et potu et hoc videant et videre debeant commune et hominibus (sic!) de *Sollio* si oportet dicto *Iano* pro zibo et potus. Ita eo acto et pacto facto per suprascriptum *Ianem* presentibus tribus, que dicta bona dona donata per suprascriptum *Ianem* habeant et habere debeant, Eredum dicti *Ianes* ad fictum, ad rationem librarum 10 novarum omni anno et quas libras 10 recipiat et recipere debeat dictum commune et hominibus de *Sollio* nomine dicti altare *S. Luci* et si dicti Heredes dicti *Iani* uolunt dicta bona dicti *Ianes* ad fictum pro libris 10 denariorum, quod Commune et hominibus de *Sollio* afflictant et afflictare debeant ad melius quam possunt pro anima predicti *Ianes* et eorum defunctorum ut supra et semper in laude alicujus prudenti. Actum in *Sollio* domi habitationis *Ianes Castrati*. Interfuerent ibi testes vocati et rogati per suprascriptum *Ianem* D. Presbiter *Guariscus* Beneficialis Altare *S. Lucii* fqm. Ser *Fazii Panici de Insula* Ser *Redulfus* et *Guidotus*, fratribus fqm. Ser *Guberti Sussei de Salicibus*, *Ianes Castratus* fqm. alterius *Ianes Rubeus Truxeta* fqm. *Ianes* et *Guarba* filius *Paxi de Promentogno*, omnes noti et cogniti.

(Sign.) Ego *Stevaniolus* dictus *Zucolus* de *Gallarate* Notarius *Cumanus* fqm. Ser *Gallini* de *Gallarate* hanc cartam donationis rogatu suprascripti *Ianes* tradidi, presentia predictorum testium ut supra et me subscripsi.

---

[1] i. e. sanus, gesund an Leib und Seele.

## 58.

### Spruchbrief
zwischen dem Capitel zu Cur einer und Johannes Amman von Feldkirch anderseits über Zehnten u. s. w.

Dat. Feldkirch 6. Febr. 1354.

In Nomine domini Amen. Nos *Rudolfus* de *Veltkilch* Decanus. *Waltherus Kotmann* Thesaurarius et *Heinricus* de *Makelinshouen* Canonicus ecclesie *Curiensis* arbitri arbitratores seu amicabiles compositores et diffinitores ad infrascriptam causam a subscriptis partibus nostris ad earumdem partium instantes precibus consensibus intervenientibus deputati. In causa inter honorabiles et discretos viros decanum et Capitulum ecclesie

*Curiensis* ex una et *Iohannem* dictum *Amman* civem in *Velt-kilch* ex altera parte mota. et coram honorabili domino Iudice *Curiensi* diutius ventilata super decimis prouenientibus et prouenire debentibus ex vinea dicto zu *Berg* frustis er partibus pertinentibus ad eandem sita et sitis in banno parochiali ecclesie antique civitatis in *Veltkilch* pretacto compromisso deliberate concepto predictarum partium sigillis autenticato et certa poena scilicet 20 marcarum Argenti per partem non stantem nostro arbitrio parti stanti soluendarum vallato conuenientibus etiam nobis pro die cause expeditione in oppido *Veltkilch* predicto. Nec non perito viro magistro *Stephano* dicto *Linden* Canonico *Curiensi* procuratore et procuratorio nomine predictorum actorum et *Iohanne Amman* reo predicto personaliter et per se comparentibus. Et in dicta causa de calumpnia et veritate dicenda iurantibus coram nobis Receptis etiam a predictis iuratis partibus certis articulis loco libellorum. suam ut credebant si probarentur intentionem fundantibus et auditis ipsarum recensionibus hinc et inde citatis. Tandem testibus quos utraque pars duxerat producendos et ipsorum juramentis in praesentia partium receptis ipsis etiam sigillatim diligentius examinatis et ipsorum dictis per publicum et juratum Notarium in scriptis redactis, deinde renuntiatis testibus a partibus antedictis. et taliter inter se ad parcendum laboribus et expensis convenientibus quod iterata arbitrorum conventione et partium ad audiendum nostram pronunciationem et expensarum taxationem et condempnationem citatione postpositis. Nos tres predicti arbitri super hinc inde deductis jurisperitorum consilia requirere secundum ea et alia. prout nobis deus dederit nostram pronunciationem etiam partibus non vocatis formare. et de ea sic formata. duo sub nostris sigillis litterarum paria facere. et utrique parti vel suis procuratoribus unum par pro sententia laudo et arbitro sub poena compromissi perpetuis temporibus inviolabiliter observandis tradere debemus. Producto ergo negotio ex predictis habito pro concluso. predictis actitatis. sepe et sepius perlectis diligentius examinatis jurisperitorum consiliis prehabitis et juris ordine, quem requirunt arbitria in omnibus obseruato. Quia inuenimus quod predicta vinea *zum Berg* et infrascripte partes seu frusta scilicet pars quam tenet et possidet *Hainricus* dictus *Bächli* ciuis in *Veltkilch*. Item illa quam tenent et possident heredes quondam *Hainrici* dicti *Amman*, alio nomine dicti *Büchli*. Item illa quam tenet et posidet *Iohannes Amman* reus predictus. Item illa quam tenet et possidet *Vlricus* dictus *Han*. Et illa pars quam tenet et possidat uxor dicti *Volrer* olim fuerunt una vinea, ex toto contigua in banno parochiali ecclesie antique civitatis in *Veltkilch* que ab antiquo fuit, et est mense, et ad mensam spectavit et spectat Capituli et Canonicorum ecclesie *Curiensis* predicta sita. Item inuenimus quod non solum dicte vinee detentores integras decimas ymo etiam predictarum partium sibi pertinentium et contiguarum possessores et specialiter *Iohannes Amman* reus predictus et alij super specialiter nominati quam dius predictas particulas novem annis proxime preteritis dumtaxat exceptis possederunt predicto Capitulo et suis procuratoribus de eisdem particulis, tamquam dicte vinee *zum Berg* pertinentibus Tertiam partem decime de qua tertia parte lis movebatur, integre persoluerunt. Item inuenimus quod *Iohannes amman*, reus predictus, predictum Capitulum et suos procuratores ipsorum nomine, extra possessionem colligendi et recipiendi tertiam partem decimarum provenientium et provenientium et provenire debentium, de partibus jam predictis per novem annos proxime preteritos propria temeritate eiecit. Ipsos in septem somis vini friuole spoliauit Eosque dampnis iniuriis interesse laboribus et expensis rationabiliter computatis in viginti marcis argenti, spontanee dampnificavit. Ideo dei nomine invocato arbitrando sententiamus, emologamus, laudamus, arbitramur, et deliberate concorditer diffinimus, predictas particulas omnes et singulas ab antiquo fuisse et esse de pertinentys vinee zu *Berg* predicte, eiusdem vinee ze *Berg* integras decimas. Predictorum particularum vero possessores seu detentores tertiam partem decimarum in antea perpetuis temporibus prefato Capitulo et suis procuratoribus debere persolvere et ad solvendum teneri. *Iohannem* vero *Amman* reum predictum ut prefato Capitulo pretactam suam possessionem cum septem somis vini ablati restituat. Et pro dampnis iniurijs interesse laboribus et expensis predictis, de viginti marcis argenti satisfaciat arbitrarie, et alias ut pretangitur condempnamus. Non obstantibus omnibus et singulis per eum et suos testes in contrarium tamquam invalide propositis et productis. In quorum testimonium nostra sigilla presentibus appendimus et has literas utrique parti tradimus. Ipsas et ipsarum tenorem sub pena compromissi inviolabiliter observandos. Actum et datum in *Veltkilch* anno domini M. CCC. LIIII. feria secunda ante Purificationem beate virginis Marie proxima hora pe q (sic) fuit VI. Kal. Februarij. Ind. VII. pontificatus domini nostri *Innocentij* pape VI. anno secundo. Acta sunt hec in porticu ecclesie Curiensis. Anno. die. hora. Ind. et pontificatu predictis. Presentibus *Wilhelmo de Richenstain* armigero. *Iohanne* dicto *Wanner* et *Iacobo* dicto *Brichinochsen* testibus ad premissa vocatis specialiter et rogatis. Et ego *Petrus* dictus *Kotman*. clericus. publicus imperiali auctoritate Notarius. Quia predictis omnibus dum sic agerentur interfui. Ideo ea ad requisitionem honorabilis domini *Rudin de Veltkilch* decani predicti. manu propria mea conscripsi. Signoque meo solito signavi. coappenso una sigillo judicij Ecclesie *Curiensis* ad literarum copiam predictarum in pleniorem ejusdem etiam ed certitutinem premisorum.

Abschrift aus den Chartul. im bischöfl. Archiv zu Cur.

## 59.

**Erblehenbrief**
Bischof Ulrich's zu Cur an Mafien von Avers um verschiedene Güter in Schams.

Dat. Rietberg 10. März 1354.

Wir Bruder Ulrich Byschoff ze Chur. tund kunt das wir Mafien von Auers der vnsers Gotzhus aigen ist vnd sinen rechten liberben den tochtern als den knaben die vnser gotzhus an hörent vnd vnder vnser Gotzhus gemant werdent gelihen habend ze ainem erblehen dise nachgeschriben güter die vnser vnd vnsers gotzhus aigen sind vnd gelegen sind in Schams ze pynniv [1], diss sind die güter ain aker haist be Quadra giltet achtzehen viertal gersten. ain aker heisset air ba tauitgiors giltet nün viertal gersten. der zehend giltet fünf scheffel gersten mit zwain akerlin die darzu hörent die haissent air ba laroffena vnd air in cau be pebra ain aker haist sut via metzana giltet ain käs ain wis haist prau ba straba giltet zwen käs ain wis haist prau ba Canals giltet vier käs. ain wis haisset prau be Canbella giltet ain käs. ain Hofstatt lit vnder Hansen Caurair hofe giltet ain quartan gersten. ain aker lit a pei ba Buwein giltet ain schäffel gersten. ze veranturas ain schäffel gersten geltes ain wis haist be Sumavitza giltet bri käs, ain wis lit sur lag ab awas tortas giltet ain käs vnd ist dis vorgeschriben gelt des werdes in Schams also mit dem gedinge das der vorgenennt Manfen oder sin lib erben ob er nüt (wer) vns vnd vnserm gotzhuse die vorgeschriben güter zinse richten vnd weren sond iärlich vff sant Martins tag oder aber darnach vff den nächsten sant Thomas tag an alle geuerde. Tätind si aber das nit so sond vns vnd vnserm Gotzhus die vorgeschriben güter gentzlich lebig vnd zinsfellig sin an alle widerred vnd an all geuerd, vnd zu ainem waren vrkund der vorgeschribnen dingen, henken wir der vorgeschriben Byschoff Ulrich vnser Jnsigel an disen brief, der geben ist ze Rietberg do man zalt von gottes geburt 1300 Jar, darnach in dem 54sten Jar an sant Agnesen tag.

In calce. diß obgeschriben lehen hat nu zu lehen peter haffler vnd gret sin wirtin in Schams vnd ir liberben.

Aus dem registr. de feod. im bischöfl. Archiv zu Cur.

¹ Pigneu

## 60.

### Erläuterung
des vorangehenden Spruchs in Anständen des Domkapitels zu Cur und Johannes Amman's zu Feldkirch.

Dat. Cur 26. August 1354.

Reverendo in christo patri et domino. Domino *Ulrico* Episcopo *Curiensi* vel ejus vicario seu vicariis quibuscunque. *Rudolfus de Veltkilch* Decanus *Waltherus* dictus *Kothman* Custos et *hainricus de Machalinshouen* Canonicus ecclesie *Curiensis* predicte. Obedientiam in omnibus subjectam. Licet hoc presenti anno quadam lite inter dominos de Capitulo *Curiensi* ex una et *Iohannem* dictum *Amman* de *Veltkilch* super tertia parte decime quarumdam particularum cujusdam vinee dicte ze *Berg* in parochia antique civitatis in *Veltkilch* lite pertinentium ex altera parte mota. Arbitrium in nos directum suscepimus et servato compromisso in nos facto, legitime arbitraturi fuerimus ut in nostre pronuntiationis arbitrio clare patet. quod predictarum particularum ad dictam vincam ze *Berg* pertinentium possessores seu detentores tertiam partem decimarum in antea perpetuis temporibus teneantur et debeant persolvere capitulo ecclesie *Curiensis* supradicto. Tamen *Iohannes Amman* reus

predictus nolens intelligere nostrum arbitorum contra se et pro
dicto capitulo esse latum. ratione ut asserit obscuritatis ejusdem.
Vestre paternitati et omnibus quos nosce fuerit opportunum
presentibus significamus et significando declaramus quid pro-
nunciavimus fuisse et esse quod earumdem quinque particula-
rum possessores de quibus quidem particulis lis coram nobis
tantummodo movebatur prefato capitulo tertiam partem decima-
rum perpetue solvere teneatur. et in hoc et aliis in nostro ar-
bitrio clare contentis. predictum reum condempnavimus et pre-
sens nostrum. arbitrium interpretando ut predicitur condempna-
mus. Petentes prefatum nostrum arbitrium et hanc ejus declara-
tionem debite executioni mandetis. In quorum testimonium
nostra sigilla presentibus sunt inpensa. Datum *Curie* anno do-
mini M. CCC. Liiij VI. Kal. Sept. Ind. septima.

―――――――

Nach der Abschrift in den Chartul. im bischöfl. Archive zu Cur.

## 61.

### Graf Rudolf VI. von Montfort-Feldkirch versetzt die Burg Welschen- Ramschwag an Albert von Schowenstein.

Datum Feldkirch am 20. Decemb. 1354.

Ich Albreht von Schowenstain [1] von Tagstain kund
vnd vergich offenlich an disem brief, allen den die in sehent alder
hörent lesen. vmb die Burg die Wälschen Ramenswag [2]
die mir der Edel min gnabiger herr versetzt hat graue Rudolf
von Montfort Herr ze Veltkilch [3] vmb drühundert
phunt phenning Constenzer müns. Vnd als er mir, und
minen erben bar zu geben hat, vnd git iärlichen ze Burgsäße

Vierzig phunt phenning Constenzer müns, als die brief sagent
die ich bar vmb inne han. Die selben brief och verkündent, das
ich dieselben Vesti Ramenswag furbas kainem Lantzherren
noch burgern ze Veltkilch versetzen noch verkumber-
ren sol won nit mins vorgenanten herren Grauen Rudolfs von
Montfort, vnd siner erben ob er enwär willen vnd Gunst han.
ich mich verbunden mit aiden vnd gelupde zu dem vorgenanten
minem herren, vnd sinen erben ob er enwär disu nächsten zwai
iar nah ain ander innen ze dienend vnd ze wartend mit derselben
Vesti Ramenswag, vnd mit minem getruwen dienst, vnd Rat
Vnd wann dü selben zwai iar bu nähsten sih endent fug ich dann
ze diener minem vorgenanten herren alber ir erben. Ist dann
das si mich bewisent zehen phund phenning iärlichs geltel Con-
stenzer müns zu dem Burgsäße. So sol ich inen warten vnd
bannanhin bienan alle die wil ich die selben Vesti inne han, mit
Vesti, vnd mit minem dienst vnd Rat. Vnd in welches mannes
gewaltsami bü (die) selb vesti käme als berett ist. Wäri das min
obgenanten Herren dem selben och woltent gunnen, vnd geben der
selben zehen phunt phenning iärliches geltes Constenzer müns.
So sol bü selb vesti Ramenswag inen och warten vnd offen sin
mit gutem truwen on geuärd. des ze warem vrkund henk ich ob-
genanter Albrecht von Schowenstain von Tagstain min
Insügel an disem brief. Der geben ward ze Veltkilch, do man
zalt von Cristes geburt drüzehenhundert iar darnach in dem vier-
der vnd fünfzigosten iar an sant Thomas Abent des zwelfbotten.

(Mit einem angehängten Sigel.)

---

Sammt den Anmerkungen abgedruckt aus Jos. Bergmann's Urkunden der
vier vorarlberg'schen Herrschaften und der Grafen von Montfort Nro. 31.

[1] Albrecht, aus dem berühmten altfreiherrlichen Geschlechte der von
Schauenstein im Hochgerichte Tusis, das später das Prädicat von Ehren-
fels, auch Herren zu Haldenstein annahm und seit 1604 münzte, ist der zweite
Stifter des Klosters Kazis, zu dessen Aufbaue er nach dessen Brande seiner
Base, der Aebtissin Guta II. von Schauenstein († 1382) tausend Goldgulden
beisteuerte (vergl. Eichhorn episc. Cur. p. 344) und wo seine Nachkom-

men ruhen. Nach Gabr. Bucelin's Rätia S. 382, war er Guta's Bruder und starb 1385. — In der Nähe von Schauenstein ist Nieder-Tagstein und die Trümmer des verwitterten Felsensitzes Ober-Tagstein liegen unweit Tusis.

² Welsch-Ramschweg über Nenzing.

³ Veltkilch statt Feldkirch in älterer Sprache.

## 62.

Bischof Ulrich V. von Cur löst die Veste Aspermont von Ritter Ludwig von Stadyon und dessen Erben aus und stellt Bürgen für die Bezahlung.

Dat. 31. December 1354.

Auszug. Bischof Ulrich v. Chur. reversirt, daß er wegen Auslösung der Veste Aspermont dem Ritter Ludwig v. Stadyon und dessen Erben schulde fünfhundert Gulden Gut, die er zu zahlen verspricht: brithalbhundert auf nächsten Martini und die andern brithalbhundert auf den darauf folgenden Martini. — Indessen stellt er zu Bürg und Geiseln die edlen Herren: Graf Hug und seinen Bruder Rudolf v. Montfort, Graf Rudolf von Werdenberg-Sargans, Ulrich von Munt, Ritter zu Cur, Syfrid den Tumben, Albrecht v. Schowenstein und Tagstein, Burkard v. Tankastschwiler (?) und Hans Puvir. Geben 1354 an St. Sylvester tag.

Abgedr. nach einem Regest im Cur-Tyrol Archiv Litt. A Fol. 89.

Mitg. durch den hochw. Herrn Hofkaplan Fez in Vaduz.

## 63.

Graf Heinrich's von Werdenberg-Sargans, Herrn zu Vaduz, Schenkung an das Domstift zu Cur zur Begehung seiner und seiner Frauen Jahrzeit.

Dat. Vaduz 28. Februar 1355.

Ich Graf Hainrich v. Werdenberg v. Sangans Herr ze Fabutz tun kunt vnd vergich offenlich mit disem brief. allen den die in ansehent oder hörent lesen. von der gnad vnd gütlichi wegen, so der Edel min lieber Ohem Graf Rudolf v. Montfort Herr ze Veltkirch selig getan vnd och durch gottes willen by sinem leben geben hat den Erwirdigen Herren dem Tumprobst dem Tegan. den Chorherren vnd dem Capittel gemainlich ze dem Tum ze Chur. an ire tisch. an die täglichen pfründ. den kirchensatz der kilchen ze Schan mit allen rechten. nutzen. fruchten vnd zugehörden. Vnd wenn inen vf das von mir nit bestät ist. als es mir och gehört. davon so habint wir angesehen die getrüwen willigen dienst die sü mir vnd minen vordren vil getan hant. vnd noch tun mügend in künftigen ziten. vnd han Inan für mich vnd min erben vnd nachkomen den vorgenanten kirchensatz der kirchen ze Schan mit allen rechten. nutzen. früchten. vnd zugehörden och luterlich vnd gäntzlich geben gefügt vnd bestäte das die vorgenanten Chorherren ze Chur denselben Kirchensatz der kirchen ze Schan jetz vnd hienach ewiglich besetzen vnd entsetzen sond vnd mügint, wie in nützlich vnd füglich ist. an aller vnser vnd vnser erben vnd an aller menglichs. wider red sumung vnd Jrrung. an aller geuerd. wann wir das luterlich durch gottes vnd vnser lieben frowen willen. vnd durch vnser vordren selan hail vnd sunderlich mins gelüfes willen getan han. vnd vmb das als ich Inan williglichen den kirchensatz zugefügt vnd bestät han. das hant die vorgenanten

Chorherren ze Chur an gesehen die gnad vnd gütlichi vnd hant
mir dawider gemaint vnd zugefügt das sü mir nu hinnahin ewig=
lichen von demselben kirchensatz ze ainem ewigen Jarzit geben
sond. ain phunt guter phenning Costentzer müntz. darzu vnd vmb
das sü mir vnd och frow Katherinen v. Werdenberg ² mi=
ner elichen frowen Jetz vnd hienach ewiglich ain ewig Jarzit han
vnd began mügint. Sohan ich zu demselben ain pfunt pfenning
dem vorgenannten. dem Tumprobst. dem Tegan. den Chorherren
vnd dem Capittel gemainlich ze Chur geben vnd zugefügt drü
pfunt guter pfenning Costentzer müntz. dieselben drü pfunt pfen=
ning Ich vnd min erben oder wer Fabutz Jnn hat. Jnen vnd
Jren nachkomen jetz vnd vf hinnahin ewiglich by minem leben
vnd nach minem tod Järlich vnd alle jar geben vnd richten sond
je uff sant Martinstag. an alles verziehen vnd ab onserm zoll ze
Fabutz ab allen rechten nutzen vnd zugehörden. Vnd han da=
rumb enpfolhen vnd enpfilh das jetz vnd hienach disem zoller vnd
ainem jeglichen zoller ze Fabutz. das sü dieselben drü pfunt
pfenning den vorgenanten Chorherren ze Chur gebint vnd richtint
uff den genannten sant Martinstag an als verzihen wenn vnd
welches Jars jetz vnd hienach Jnen vnd Jren nachkomen dü selben
drü pfunt pfenning also järlich vnd jeglichs jars besunder. nit
richtind oder iren gewißen botten by der ersten vorbrung nit ge=
bint. so hant mit namen dieselben Chorherren ze Chur vnd ir
nachkomen vnd helffer. vollen gewalt vnd recht den zoller we Je
zoller ze Fabutz ist. anzegriffent. ze nötent. ze pfändent mit gaist=
lichem oder weltlichem gericht oder anrecht wie vnd wa sü wend
künnent oder mügent. vntz sü der drüer pfunt pfenning uffgericht
vnd an iro schaden nach iren willen gewert werdent. Vnd wer
das sü darumb nit fürderlich uffgericht wurdint. oder ich als min
erben als wer Fabutz die Vesti Jne hat, sü daran ütz sumtind.
sunderlich das in das gelt nit fürderlich off den egenannten tag
gewert wurd so hand si vnd ir nachkommen vnd wer in das hilf=
fet. vollen gewalt fryes vrlob. vns vnd mit namen wer Fabutz
Jnn hat darumb anzegriffend ze nötend ze pfendent an allen vn=

fren lüten vnd gütern, In Stetten, in Gerichten, ober uff dem
Land. Allenthalben wa vnd was sü wend. künnent oder mügent
mit gericht gaistlichem oder weltlichem. oder an gericht als vil vnd
als lang vntz sü der dryer pfunt pfenning an ir schaden nach iro
willen gewert werden. Vnd sol vns noch vnser aller lüt noch
gut davor nütz schirmen en kainerlay sach so man ieman erbenken
mag. Vnd umb dieselben drü pfunt pfenning vnd umb das ain
pfund pfennig so darzu von dem egenanten Kirchensatz valken sol,
als vor ist beschaiden. darumb sond die vorgenanten Chorherren
ze Chur vnd ir nachkommen mir obgenanten Graf Hainrichen
vnd frow Katherinen v. Werdenberg miner eliche frowen
ietz vnd uv hinnahin alle Jar ain ewig Jarzit han vnd das began.
alweg vf sant Anthonyentag mit zwelff messan. vnd mit ander
gehügnuß, so darzu gehört noch iro ordnung. als Iro Jarzitbuch
wiset vnd sait. Vnd die wil wir lebent die zehen meßan vnser
lieben frowen ze lob vnd die zwo meßen in sant Anthonyen Ere,
vnd wenn wir von todes wegen abgangen sint. so sond sie es be-
gan mit acht sel messan. vnd die vier vnser lieben frowen vnd
sant Anthönyen ze lob vnd vns ze trost. Doch wil ich von besunder
gnad wegen was ich den vorgenannten Chorherren von iren ge-
mainen nutzen. von ir pfrunden wirt vnd iärlich gueallet. das sü
davon ietz noch hienach vns noch vnsern nachkomen enkainen sol
geben sond. an enkainen vnser Zöllen weder ze Fabutz noch an-
derswa. Wenn wir sie slechtiglichen Zoll frey sagent für vns vnd
vnser erben mit disem brief. Vnd sond och darumb Ich vnd min
erben vnd wer Fabutz Inn hat derselben Chorherren gemeinlich
vnd ir nachkomen. recht vnd gut weren sin. wa sie des iemer be-
dürffent. vnd vmb das ewig pfennig gelt notbürftig werdent an
all geuerd. des ze warem offem vrkund vnd bestäten ewigen sicher-
hait han ich obgeschribner Graf Hainrich v. Sangans Herr
ze Fabutz für mich vnd min erben vnd nachkomen. min Insigel
gehenkt an disen brief. Vnd ze merer beßer sicherhait so han ich
erbetten minen lieben Herren vnd bruder Bischoff Hartman ze
Chur vnd minen lieben vettern Graf Hansen v. Werdenberg [3]

Herr ze Sangans, das si och ze ainer zügniß diser sach vnd
wenn ichs mit iro willen getan han Jre aigen Jn Sigel gehenkt
hant an disen brieff. Dieselben vnsre aigen Jn Sigel wir Hart-
man von Gottes gnaden Bischoff ze Chur vnd ich Graw Hans
v. Werdenberg Herr ze Sangans. von siner bett wegen. vnd
wann er och diß sach gäntzlich mit vnserm willen getan vnd vol-
fürt hat als es jetz vnd hienach wol kraft hat vnd han mag. of-
fenlich gehenkt habint an disen brief, der geben ist ze Fabutz an
dem nächsten Samstag nach sant Mathiastag des h. zwelfbotten
in dem Jar do man zalt von Cristus geburt 1355 Jar.

Abschrift aus den bischöflichen Chartularien auf dem Hofe zu Cur.
¹ Starb 1397 mit Hinterlassung von vier Töchtern.
² Wittwe des Grafen Diethelm von Toggenburg vnd Mutter des Grafen
Friedrich, des Lezten dieses Geschlechtes.
³ Sein Vater war Rudolf von Werdenberg und seine Mutter Ursula v.
Vaz durch welche er in den Besitz der Vaz'schen Güter gelangte. Sein Groß-
vater Hugo v. Werdenberg, war zugleich des hier erwähnten Heinrich's Großvater.

## 64.

**Heinrich dictus de Jnlanz leistet zu Gunsten des Gotts-
hauses Curwalden auf ein in der Stadt Cur gelegenes
Haus Verzicht.**

Dat. Cur 27. Januar 1356.

Hotens dictus Kotman de B'ona notarius publicus be-
urkundet, daß Heinricus dictus de Jnlanz und seine Schwe-
ster Agnes, Conraden Probst und Convent zu Curwalden
ein Haus in der Stadt Cur anstoßend an ein Haus des Dom-
probstes, an die Straße und an dem Garten Herrn Ulrich's
Bizdom's abgetreten haben. Besondern Antheil an diesem Haus

behält Johann v. Tinzen Sohn Marquarb's v. Tinzen.
Actum Anno Dom. M. CCC. LVI. XXVII die Ianuarij Indict. VIIII. Pontific. Innocentij VI. pape anno IIII. in stuba domus prepositure Curiensis — Zeugen: **Wernher de Sigberg, Dietrich de Wiler, Hermann de Menzingen und Johannes Mayer de Thurego** Canonic. eccl. Cur.

Legalis. Abschrift im Chartul. des Klosters Curwalden Fol. 26.

Mitg. durch den hochw. Herrn Hofkaplan Fetz zu Vaduz.

## 65.

### Statutum

et ordinatio conventus praedicatorum domus Curiensis circa provisionem victualium factum.

Dat. Cur 16. Jul. 1356.

Orig. im Arch. der Geschichtf. Gesellschaft Graubündens.

Nos fratres *Cunradus* prior, *Petrus* superior, *Syfridus* cantor, *Iohannes* procantor, totusque conventus ordinis fratrum praedicatorum domus *Curiensis* Ad obuiandum dampnis et periculo, que nobis et conventui nostro, ex intemperata et immatura victualium provisione incumbere possent, cum victualia in loco nostre habitationis certis temporibus competenter aliis vero temporibus indebitis laboriose nimisque pretiosi valeant comperari, immo plerumque nulla possunt penitus inveniri, unanimiter nullo prorsus discrepante, matura deliberatione praehabita, statuimus et praesentibus ordinamus, quod centum floreni de elemosina per discretos viros *Albertum* et *Rudolphum de Schowenstein* fratres, ut una missa in Ecclesia nostra in altari beate virginis *Marie* in salutem et remedium animarum suarum ac parentum eorum cottidie celebretur liberaliter nobis tradita, de communi et uniformi omnium consensu et consilio sequens statuitur, iidem centum floren. in specie et valore per duos fratres nostri conventus quos ad hoc singulis annis in die tractatus socii ad capitulum principale eligere tenebimur specialiter pro provisione victualium conventus nostri in loco tum tuto priori ac saniori parti conventus placenti perpetuis temporibus conserventur. Ita quod illi duo fratres nostri eosdem florenos servent et eos totaliter ut partialiter ut opportunum et necessarium fuerit, tam de scitu prioris et procantoris debitis temporibus ad victualium provisionem exponant. Nos vero successoresque nostri dictos centum florenos totaliter ut prescribitur in specie et valore estimatione et taxatione expertorum. dictis duobus fratribus ad hoc ut prefatur singulis annis electis in die tractatus socii ad capitulum principale de obventionibus undicunque toto anno nobis oblatis restituere tenebimur integre et complete iterum pro alia victualium provisione ut praemittitur conservandos. In qua quidem restitutione si forte quod absit die tractatus socij ad capitulum reperti fuerimus negligentes et remissi, volumus statuimus et praesentibus ordinamus, quod ex tunc singulis septimanis quamdiu C floreni ut superius exprimitur complete in specie et valore reponere tardavimus, dictis duobus fratribus provisoribus anni illius pro privatis suis commodis duo floreni in conventus nostri accescant, ipsosque quandocunque sic . . . . in virtute sancte obedientie et nostre professionis dare tenebimur et dabimus cum effectu volumus etiam quod in ullum casum prior pro provisore vel conservatore dictorum centum florenorum eligatur. Ut autem praesens nostrum salutare statutum inviolabiliter perpetuis temporibus perseveret statuimus et ordinamus de expressa voluntate venerabilis patris nostri provincialis quod quicunque frater in nostro conventu in futurum faciet professionem, quod se virtute suo professionis obliget ad observandum omnia et singula praemissa bona fide,

omni fraude et dolo semotis, volentes in supra ut scriptum istud
seu statutum istius .... provisionis singulis annis perpetuis
temporibus in pleno capitulo coram toto conventu, terminatis
hiis quae ad capitulum provinciale mittenda sunt, in die tractatus
socii complete et integre praelegantur et in horum omnium et
singulorum evidentiam et perpetuitatem Ego frater *Cunradus*
prior sigillum officii et conventus sigillum capituli huic carte
appendimus Anno Dom. 1356 XVII. Kal. Augusti Ind. IX.

In robur ac firmitatem premissorum etiam ego Mag$^r$, *Bartholomeus* prior provincialis ..... sigulum officii mei duxi
praesentibus appendendum, Anno dni ut supra XVIII. die app. . .

Alle drei Sigel hängen.

## 66.

Hainz und Hänsli v. Unterwegen und ihre Brüder übergeben dem Bischof Peter von Cur ihren eigenen Mann
Conradin des sel. Conrads v. Marmels Bankart in Tausch
gegen Hainrigetten von dem Turn von Schanwiege.

Dat. Cur 31. Mai. 1357.

Ich Haintzl vnd ich Hänslin v. Unberwegen vnd
alle vnſer brueder. wir kunden vnd verjechen offenlich mit diſem
Brief, daz wir mit vnſerm genädigen Herren Her Petern Biſchof ze Chur aines rechten wechſels veber ain chomen ſein, alſo
daz wir ihm vnd ſeinen nachkommen vnd dem Gotzhus aigenlich
vnd recht vnd reblich aufgeben hand Cunradin. Cunrads
ſäligen Bankarten v. Marmels mit leib vnd mit gute. mit
chinden vnd mit allen ſinen Rechten vnd zugehörden an alle geuärde. der vnſer recht aigen was. Vnd barumb ze ainem Widerwechſel hat vns der obegenannt vnſer erwürdiger genädiger Here

der Byschof des Gotzhaws ze Chur aigenlich vnd recht vnd redlich aufgeben Hainrigetten von dem Turm von Schanviege mit leib vnd mit gut. vnd mit allen sinen rechten vnd zugehörden an alle geuärde. vnd zu ainer stäten Warhait birr vorgeschriben bingen. hab Ich vorgenanter Hainz v. Underwegen mein Insigel für mich vnd für alle min brueder gehenkt an disen brief. der geben ist ze Chur nach gots geburt 1300 Jar, darnach in dem 57sten Jar an der mitwochen in der phingsten.

---

Abschrift aus dem großen Chartularium auf dem bischöflichen Hofe zu Cur Fol. 44. Ein Regest dieser Urkunde findet sich unter Nro, 22 der Regesten der Thalschaft Schanfigg von C. v. Mohr. Vielleicht ist dieser „Turn von Schanfigg" in Peist zu suchen, wo noch jetzt eine Gegend unter dem Thalweg die Bezeichnung „zum Thurm" führt.

## 67.

**Verschreibung des Bischofes Peter I. von Cur, des Stifts daselbst und desselben Dienstleute gegen Marggraf Ludwig zu Brandenburg als Fürst v. Tyrol.**

Dat. Cur 21. Decemb. 1357.

Wir Peter von gots verhenknus vnd von Gnaden des Stuls zu Rom Bischof, Wir Graf Rud. v. Montfort, Thumpropst, Ich Rubi von Feldkirch Dechant vnd das Capitel gemainlich zu Chur. Bekennen vnd verjehen offenlich mit diesem brief, allen denen die ihn sehen oder hören lesen, für uns vnd alle unser Nachkommen, wann der hochgeborne Fürst, Herr Ludwig Marggraf zu Brandenburg, unser gnädiger Herr uns die Vesten Fürstenburg mit Leuten und Gütern und allen Zugehörten von seinen Würden und Gnaden wider geantwort vnd geben hat lediglich vnd dieselbe Vesten Fürstenburg und auch Stainsberg,

und alli unsre Leut und Guet die wir in der Herschaft haben von
Tyrol gnädigen in Gnad und schirm genommen und empfangen
hat, als die brief sagend die wür von ihm darumb haben, haben
wür mit wohlbedachtem Muet und guter Vorbetrachtung den from-
men und nutz unsers Gottshaus, uns zu dem obgenannten gnä-
digen Herrn, Frauen Marggräfin seiner Gemahlin, ihren Erben,
und ihren Landen und Leuten verpflicht und verbunden ewiglich
den obgenanten Vesten Fürstenburg und Stainsberg und
mit allen Guetern und Leuten, Edlen und uneblen, die dazu ge-
hören, auch darzue besonderlich, ob jemandt mit Gewalt in die
Herrschaft Tyrol fallen oder ziehen wollt, darzue sye unsers
Rats oder Hülf betürfen, so sollen wür der ehegenannten Herr-
schaft zu Tyrol zu statten kommen, beyständig und beholfen seyn
zu retten und zu bewahren mit allem dem, die wir und unser
Gottshaus zu Chur gehabet und geleisten mügen, Edl und un-
edl, wo wir die haben gemainlich mit guten Threuen ohn ge-
fährde, und also, daß wir oder wer die vorgenannten Vesten von
uns oder unser Nachkommen inne hat, ihn damit warten, beysten-
dig, dienen und beholfen sein sollen, und nimmer wider sye mit
kainerley sachen, raten, verburgen, noch getäten, gestehen noch ge-
thuen in kainer waiß, sondern daß ihren frommen, Ehren, und
Würdigkeit werben und schützen sollen, und ihren Schaden wenden
und Unterthanen in allen sachen heimlich und offenlich mit Thruyen
ohn alles geverde, und die obgeschribne sachen, Punt und Articl
geloben Wir bey unsrer Threyen ganz stätt und unzerbrochen zu
halten, und zu haben und darwider nimmermehr zu kommen, noch
zu thuen mit keinerley Sachen, oder Neuerungen wie noch wir
noch anders jemand von unsertwegen, noch uns mit keinerley Rech-
ten, geistlich oder weltlich, wie das genannt ist, behelfen, das wider
die Punt oder Articl, als obgeschrieben ist, uns steuern oder be-
helfen mecht, ohn alles gefährde, vnd Wür der obgenannt Herr
Peter Bischof, der Dompropst, der Dechant, und das Capitel
gemeiniglich zu Chur haben zu merer sicherheit und bestettnis der
obgeschriebnen Sachen, daß die also gehalten werden, unsere In-

sigl gehenkt an disen brief. Wir des oftgenannten Gotthaus Dienstleuth zu Chur. Ich Ulrich Plant, Ritter, Ich Hans von Remüss, Ich Anderes von Marmels, Ich Albr. Schowenstein von Tagstein, Ich Simon Panygad, Ich Ruedi von Schowenstein, bekennen ouch offenlich mit disem brief, daß wir zu allen diesen obbeschriebenen sachen und Gebingen, alle unser Rath, Willen und Gunst geben haben und geben. Des zu Urkundt haben wir alle unser Insigl gehenkt an disen brief, der ist geben zu Chur, nach Chr. Geburt 1357 an St. Thomas tag vor Weynachten.

Abgebr. aus Burglehner Rhaet. Austr. Msc. Fol. 535.

Mitgeth. durch den hochw. Herrn Hofkaplan Fetz in Vaduz.

## 68.

Auftrag Papst's Innocentius VI. an den Abt zu Disentis, Beschwerden des Bischofs zu Cur über den Propst zu St. Vittore im Misox zu untersuchen und darüber zu entscheiden.

Dat. Avignon 12. Januar 1358.

*Regest. Innocentius* VI. ad quaerelas Reverendissimi Episcopi *Curiensis* [1], quod Praepositus et Capitulum Ecclesiae S. *Victoris* in valle *Mesozina* [2] Curiensis Dioecesis super quibusdam redditibus, terris, possessionibus injurientur eidem, mandat Abbati *Disertinensi* [3], ut vocatis partibus decernat, appellatióne remota, et quod decreverit observari faciat per censuram. Datum *Avinione* II. Idus Ianuarii anno Pontificatus sexto, Christi 1358.

Aus Abt Placibus zu Einsiedeln Litt. Disert. — Mohr Reg. der Abtei Disentis Nro. 122.

¹ Peter I. gen. der Böhme.
² Statt Mesolzina, Misox.
³ In Mohr's Regest Nro. 122 Jacob de Planezia, bei Eichhorn 238 Jac. de Planaterra.


## 69.

### Güterkauf zu Cur.

Dat. Cur 13. Januar 1358.

Orig. im Archiv zu St. Luzi.

Auszug. Anna, Heinrich Richel's, Burgers zu Cur, eheliche Wirthin, Niclaus de Mauers von Mauenuelt¹ sel. Tochter kauft mit dem Recht der Widerlösung von Propst Conrad und Convent zu Curwalden, für zwanzig Mark, zu acht Pfund Mailisch gerechnet, Aecker und Wiesen zu Cur. Unter den Güter und Localnamen kommen vor: „das Krüz, dem man spricht crösch bella", ferner „Ferral", „Taurist" (Trist). Als Anstößer erscheint Hans v. Nautens.

Sigler: Johannes v. Punstrils, der auch das Kaufsinstrument eigenhändig geschrieben zu haben bezeugt. Dat. St. Hylarientag 1358. Sigel hängt.

---

¹ Maienfeld? Im Original sehen die Worte auch aus wie Soqauers von Oqauenfeld.

### 70.

**Ludwig**
**Markgraf von Brandenburg erstattet dem Bischof Peter von Cur das Schloß Fürstenburg.**

Dat. St. Petersberg 23. Januar. 1358

Wir Ludwig [1] von Gottes Gnaden Margraf zu Brandeburg und zu Lusitz, des heiligen römischen Reichs obresten Kamerer, Pfalzgraf bey dem Rhein, Herzog in Bayrn und in Charndten, Graf zu Tyrol und Görz, auch Vogt der Gottshauser Aglei [2], Trient und Brixen, bekennen für uns, Margreth unsern lieben Gemahl, und all unser Erben offenlich mit disem Brief.

Wen der ehrwürdig Herr Peter, Bischof, unser lieben Haimlicher.. der Thumprobst.. der Dechant, und das Capitul gemainclich zu Chur, für sich, und all ihr Nachkomen sich mit den Vesten Fürstenburg [3] und Stainsberg, und mit allen anderen dem Gottshaus zu Chur, Vesten, Leut und Guet, Edlen und Uneblen zu uns verpflicht und verbunden haben, als in dem Brief begriffen ist, den wir von ihnen darum haben; haben wir durch Seligkeit unserer Seel und auch zu Lob und zu Ehr Gottes, und seiner Muetter, den obgenanten Herrn Peter Bischof, und dem Gottshaus zu Chur die vorgenante Veste Fürstenburg, die wir inne gehabt haben, lediglich wider geantwürth und geben mit allem, was dazue gehört, Leuten und Guetteren, Geistlichen und Weltlichen, als sie die vormalen ingehabt haben.

Wir haben auch den vorgenanten Bischof mit sambt den Vesten Fürstenburg und Stainsberg mit dem obgenanten Gottshaus Leuten und Guetteren, wie die genant seyn, die in unsern Herschaften und Gebueten liegend, in unser Gnad, Schirm und Frid genädiglichen genamen und empfangen, also, das wir sie zu den Rechten schürmen und vertretten süllen und wöllen, und sie vor Gewalt und Unrecht retten und versprechen getreulich gegen maniglichen, wo ihne des Noth geschieht, an Geuarth.

Und dessen zu Urkhund geben wir ihm disen Brief versiglt mit unserem Insigel, das daran hangt. Der geben ist zu St. Petersberg den Montag nach St. Agnes tag [4] nach Christ Geburt dryzehen hundert Jar, und darnach in dem acht und fünffzigisten.

---

[1] Ludwig, Ludwigs des Baiern Sohn, war der zweite Gemahl Margarethen's, mit den Zunamen Maultasch, Tochter Heinrich's, Königs von Böhmen und Herzogs von Kärnten.

[2] Aquileja.

[3] Im Vinstgau.

[4] St. Agnes, der 21. Jan., fiel 1358 auf einen Sonnabend, — Montag darauf war demnach der 23. Januar.

Abgedruckt Eichh. Episc. Cur. Cod. prob. CVIII.

## 71.

**Kaiser Carl IV. verordnet, daß alle Geldsorten Bischofs Peter von sämmtlichen Stifts-Angehörigen anerkannt werden sollen.**

Dat. Breslau 24. Januar 1358.

„*Carolus* quartus divina favente clementia Romanorun Imperator semper Augustus, et Bohemiae rex, universis, nobilibus, castrensibus, vasallis, et hominibus ecclesie *Curiensis*, quibus presentes exhibitae fuerint, fidelibus suis dilectis gratiam suam, et omne bonum. Fidelitati vestrae speciose precipiendo mandamus, volentes, quatenus monetam denariorum per venerabilem *Petrum* episcopum *Curiensem* principem et devotum nostrum dilectum, aut successores ipsius factam, seu faciendam in terris et dioecesi suis, siue hujusmodi moneta aurea, argentea, cuprea, vel mixta censeatur in predictis terris et Dioces. tanquam validam, bonam et gratam recipere debeatis recusatione qualibet postergita, nullum sibi in hoc impedimentum, seu obstandum aliqualiter ingerentes, sed potius ut hujusmodi moneta communem cursum in valore suo communiter habeatur, omnem promotionem, et favorem antedicto episcopo et ecclesiae sue efficaciter compensari, quod si fortassis non faceretis ex tunc nostra serenitas eidem episcopo, successoribusque suis tamquam *advocatus et defensor* ad manutenendum, conservandum et promovendum jure dictae ecclesiae, quod monetam predictam, de salubri remedio, autoritate imperiali infallibiliter dignabitur providere. Datum Vratislaviae die XXIIII. mensis Ianuari regnorum nostrorum anno tertio decimo, Imperii vero quarto."

NB. Etsi harum litterarum sigillum absit, tamen evidenter apparet illud ipsum a tergo oppressum fuisse.

Abgebr. nach einer Copie im Urk. Protocoll B. Fol. 58 im bischöfl. Archiv zu Cur.

Mitgetheilt durch den hochw. Herrn Hofkaplan Fetz zu Vaduz.

## 72.

Wechselbrief zwischen Propst Conrad von Curwald und Heinrich von Sattains, Burger zu Cur und dessen Wirthin, Margaretha, Rudolfs sel. Tochter von Bidengw.

Dat. Cur 15. April 1358.

Hainz v. Sattains urkundet, daß er und sein Weib Margreth, Redolfs sel. Tochter von Bidengw Burger zu

Cur mit dem Kloster Curwald folgende Güter zu Bidengw gelegen vertauscht haben. Es gibt nämlich Hainz dem Kloster alle Rechte und Ansprüche auf den Acker der liegt a talanav be camoccas, ben Stabel de camoccas und Hofstatt, ein Mal Ackers sun air be sor casa; einen Acker air be sot seif; und vier Mansmat Wiesen a talanav nvne.

Dagegen erhält Hainz von Probst Conrad und Convent ze Curwald folgende Güter zu Cur, nänlich: vor der Stadt vier Manmat Wiesen in Talv, genannt prau de Spinatsch und ein Mal Acker zu Nygrol. Geben ze Cur 1358 ze mitten Abrellen.

Sigler der Rath der Stadt Cur.

---

Legalis. Abschrift im Chartul. des Klosters Curwalden Fol. 15 b.

---

Mitg. durch den hochw. Herrn Hofkaplan Fetz zu Vaduz.

## 73.

### Bischof Peter

und das Capitel zu Cur verpfänden an Martin Pugwisen für fl. 640 alle ihre und des Gotteshauses Leute auf Sayes und Trimmis, doch darf er von ihnen jährlich nicht mehr als zehn Mark Steuer nehmen.

Datum Cur 21. April 1358.

Wir Petter von Gottes vnd des Stuls zu Rome gnaden, Bischof zu Chur, khundent vnd veriechent offenlich mit disem brief allen denen die in sechent, oder hörent lesen, daß wir oder unser nachkommen, recht vnd reblich schulbig seind zu gelten, dem beschaiden man Marthin Pugwisen vnd sinen erben ob er nit wer, 600 gulden vnd 40 gulden guter vnd gemainer florentiner, die er uns par gelihen hat vnnd die wir in vnser vnd vnsers vorbenempten Gotshuß zu **Chur** nuz vnd notturfft bekhert habent vnnd umb diß vorgeschriben 600 gulden vnd 40 gulden. zu merer sicherhait, habent wir den vorgenanten **Marthin Pugwisen** vnd sinen erben, zu ainen reblichen werenden Phand in gesetzt mit gunst vnd willen vnsers Capitls ze **Chur**, all vnser vnd vnsers vorgenanten Gotshauses lüth, die vff **Sayenß** vnd zu **Trimuß** Seßhafft sind vnd alle die lüt die in denselben Commun vnd genossame hörent, sy syent da oder anderstwo, mit wiber vnd mit khinden, mit libe vnd mit gute, gesuchte vnd vngesuchte, an daß Ahrrecht vnd an das federspiel vnd also daß Er von den vorgenanten lüten, jerlich 10 marck 8 Phundt maylesch für je ain marck gerait zu steuire nemen soll, vnd nit me, vnnd soll sy mit andern gewohnlichen diensten niessen vnd haben unuerweislichen, alß wir sie vnd vnser voruordern iezther genossen hant.

Zu ainer wahren Vhrkhundt haben wir vnsers Capitels Insigel gehenckht an disen brief, der geben ist zu **Chur**, des Jars da man zalt von Gottes geburdt 1358 isten Jar, an dem Samstag vor S. Geörgentag.

<small>Abschrift aus dem Chartul. Nro. 4 S. 127—128 im bischöfl. Archiv zu Cur, wo jedoch die Urkunde cassirt ist.</small>

### 74.

#### Schlichtung

von Streitigkeiten zwischen dem Bischof von Cur und den Herren von Marmels durch Sebald de Capitaneis von Sondrio.

<small>Dat. Celerina 6. August 1358.
Orig. auf Pergament im bischöflichen Archive zu Cur.</small>

In nomine Domini nostri Jesu Christi. Ego *Sebaldus de Capitaneis* de *Sondrio Vallistelline*, episcopatus Cumensis. Dum

8

essem in valle *agnelline* [1] episcopatus *Curiensis* | anno domini M⁰. CCC⁰. LVIII⁰. de mense Augusti sentiui quod quedam quaestio vertebatur inter Reuerendum in christo patrem et dominum *Petrum* [2] dei et apostolice sedis gratia Episcopum *Curiensem* | ex una parte et, dominum *Zanetum de Marmorea* [3] militem ceterosque dominos de *Marmorea* ex altera parte, occasione multarum, offensarum seu rerum quas debuerant fecisse predicti | domini de *Marmorea* contra ecclesiam episcopalem de *Curia* et ipsum dominum Episcopum, secundum quod asserebatur per ipsum dominum Episcopum in turbatione ecclesie Episcopalis predicte et etiam iniciendo manus | in sanguine familie prefati domini Episcopi, de quibus predicti domini de *Marmorea* rerum consortes sequaces et amici dicebant et asserebant se nihil fecisse nec comisisse contra honorem prefati | domini Episcopi et dicte ecclesie, quousque dictus dominus Episcopus indebite et iniuste voluerat occidere vel capere suprascriptum dominum *Zanetum* in terra de *Suz* [4]. Et auditis predictis partibus et condolens | de predicta questione fui ad presentiam prefati Reuerendi patris et domini Episcopi et ei reuerenter supplicavi, quatenus de hac questione sibi placeret me esse et constituere cognitorem componitorem | et aptatorem et quod dignaretur et vellet eisdem *de Marmorea* indulgentiam concedere de predictis. Qui Reuerendus pater et dominus Episcopus audita dicta petitione in presentia | domini *Bertholdi de Passera* millitis et cuiusdam alterius millitis ipsi domini Episcopi ac dominorum *Scheri* et *Iohannis* amborum *de Remussio* [5] ac dominorum *Andree Thomasii* et *Iohannis* | *de plantais* [6] de *Suz Simonis* et *Albrici*, amborum de *Pusclavio*, *Iohannis* de *Caspare* et *Bertramoli* de *Silua* et plurium aliorum bonorum hominum ipsam questionem aptandam | cognoscendam decidendam atque determinandam beniuole et libere modo predicto *Sebaldo* dedit, contulit, comissit et concessit. Et habita hac concessione et baylia fui in terra de | *Siluaplana* dicte vallis *agnelline*, ad colloquinum cum predicto domino *Zanetto* millite et cum *Symone* dicto *Clicher* fratribus de *Marmorea*, de predictis, qui similiter ipsam questionem | cognoscendam, componendam, decidendam, aptandum atque determinandum de predictis in presentia *Conradini* dicti *Straffini* [7] *Honrigali* [8] *de Castromuro, Scolari* | *de Castromuro* amborum de *vico suprano, Redulfi de Salicibus de Sollio vallis brigalie,* domini *Raoy* (sic) *plante de Suz, Iohannis* de *Cacapane* [9] (sic) et *Bertramoli* de *Silua* | et multorum aliorum bonorum hominum libere et voluntarie mihi predicto *Sebaldo* dederunt, contulerunt, commisserunt atque concesserunt, cum manibus dicendo et promittendo quod quid facerem | de predictis ratum esset et firmum. Et ego idem *Sebaldus* habita hac auctoritate et baylia et concessione a partibus predictis anno domini predicto, die lune sesto Augusti vndecima indicione | h. . . . ipsas ambas partes in loco de *celerina* dicte vallis et ibi in presentia predictorum testium seu majoris partis eorum et plurium aliorum bonorum hominum prefatus Reuerendus pater | et dominus dominus Episcopus suo nomine et dicte episcopalis ecclesie ac nomine et vice omnium suorum sequacium, consortium et amicorum proiuvna parte; et dicti domini *Zanetus* milles et *Symon* dictus *Clicher* fratres suis nominibus et nomine et vice omnium suorum parentum, sequacium consortium et amicorum pro altera parte simul et concorditer pacem perdonacionem et concordium (sic) | de predictis omnibus et singulis fecerunt et composuerunt. In quibus pace et concordio prefatus Reuerendus pater et dominus dominus Episcopus predictis dominis *de Marmorea* suis et dictis nominibus | omnem injuriam et offensam quam ab eis vel ab aliquo eorum seu a dictis suis parentibus sequacibus amicis et consortibus vel aliquo eorum, ipse dominus Episcopus et ecclesia episcopalis eius seu eius subdicti | sequaces et amici vel aliquis eorum recepissent vel habuissent vel diceretur recepisse et habuisse aliquo modo vel aliqua . . . libere et expresse remisit et pepercit, et eos et quemlibet | eorum de predictis et quolibet predictorum et ab omni condemnatione et pena reali vel personali pleniter absoluit, promittens de cetero eos et utrumque ipsorum et suos quoscunque parentes | sequaces, amicos et consortes et quemlibet eorum habere tenere et tractare tamquam suos fidelles subditos et amicos in omnibus et per omnia. et versa uice ipsi domini *Zanettus* milles | et *Symon* dictus *Clicher* fratres similiter remiserunt et remittunt et perperceruntet parcunt suis et dictis nominibus omnem injuriam et offensam quam eis vel alteri eorum | seu eorum et utriusque sequacibus parentibus consortibus et amicis uel alicui eorum factam per prefatum Reuerendum in christo patrem et dominum Episcopum vel per quemcunque eius sequacem, consortem et amicum vel aliquem eorum aliquomodo vel aliqua . . . . . usque hodie. In cuius pacis remissionis et concordii et predictorum omnium | singulorum testimonium et memoriam sempiternam. Ego prefatus *Sebaldus* hanc presentem paginam fieri jussi, in presentia *Betini* filii quondam domini *Richerii* [10] | *Lazaroni de Tellio petrucii* filii *Guaiscoli ferarii de Sondre*, *Romerioli* dicti *Mioli* filii quondam *ottucii Brugioli* de *torgio* de *menasic* et *Georgini* | filii qdm. *zanoli* de *zarro* de *Cuma* et *aluisii* filii qdm. ser *Lanfranca de Arebio* de *Cuma*, testium vocatorum et nostri sigilli pendenti munimine roboraui. Data *Sondrio* in statione *Bertramoli de silua* notarii de *Sondrio*. Anno domini millesimo trecentesimo quinquagesimo octauo. Inditione duodecima, die Jouis undecimo octubris.

Sigel abgerissen.

1 Engadin.
2 Peter der Böhme.
3 Marmels.
4 Buß.
5 v. Remüs.
6 v. Planta.
7 Vielleicht Straiffer.
8 Henrigett.
9 Früher Caspane.
10 Vielleicht Sichern zu lesen.

## 75.

Gerichtsurkunde, zu Folge welcher Mechtild, Berolds sel. v. Straßberg Wittwe und Lazarus v. Croch, zu Gunsten der Margreth v. Croch, alle ihre Eigenthumsrechte an die im Kirchspiel von Malix gelegenen Güter aufgeben.

Dat. Cur 8. December 1358.

Auszug. Der Richter zu Cur urkundet, daß vor ihm an offenem Gericht zu Cur vor dem Münster unserer Frowen gekommen seien, Frau Mechtild, Berolds v. Strasberg Witwe und Lazarus, Lazars sel. Sohn, Cunrads von Cröch sel. Bruder mit ihrem Vogt Herman von Nenzingen Chorherrn zu Cur einestheils und Margreth des genannten Cunrad von Cröch sel. Tochter anderntheils, worauf Frau Mechtild und Lazarus bekannten, „daß si uf geben hettind und gäbent uf" alle Ansprache und Rechte, die sie an die Güter „der genannten Margreth hättend zu Umbligis in dem tal und in dem kilchspel gelegen" — nämlich einen Acker ob maccierens, zwei Acker zu cröch, zwei Wiesen genannt prau ba palu. Geben zu Cur 1358 an dem nächsten Samstag nach S. Niclaus.

(Sigler, der Richter und Herman von Nenzingen.)

Legalis. Abschrift im Chart. des Klosters Curwalden Fol. 27.

Mitgeth. durch den hochw. Herrn Hofkaplan Fetz zu Vaduz.

## 76.

Probst Conrad und der Convent zu Curwalden kaufen von Bischof Peter von Cur einige „Gehüset" und alle die Leute, die in der Pfarre Umligo gesessen sind, um 40 Curwälsche Mark.

Datum Curwalden 31. December 1358.

Wir Probst Cunrad vnd der Conuent gemainlich des Closters ze Churwald premonstrayg' ordens in Churer Bistum gelegen. kündent vnd vejehent offenlich mit disem briefe. Allen den die in sehent oder hörent lesen. des wir vns vnd vnserm vorgenanten Closter ze churwald von dem Erwirdigen vnserin lieben Herren bischof Petern ze Chur mit gutem willen vnd gunste der erbern Herren des Capitels ze Kur. recht vnd redlich gekoft habend [1]. Diß nachbenempten lüt vnd gut. dü zwai gehüsit [2] von Canal. das gehüsit von fawunnasca, das gehüsig von Ca Mayors. vnd alle die lüt die in der pharr ze Umligs [3] gesessen sint. vnd die in demselben sitte von alter her gehörent, si sient in dem tal ze Vmligs oder vser dem tal gesessen. alle ir kinde vnd waf von inen komen mag. ir lib vnd gut ligendes vnd varendes. gesuchte vnd vngesuchte. die den obgenanten bischof Peter vnd daz Gotshus ze Chur redlich nutz vnd notdurft bekert het. Also das wir die vorgenanten lüt vnd gut als vor benempt ist haben vnd niessen süllent mit Stüren vnd mit andren gewonlichen diensten. als ander vnser aigen lüt vnd gut. vnd als sü der vorbenempt Bischof Peter vnd sin vorvaren vntzher gehept vnd genossen hand. vnd mit allen den rechten vnd gebingen. als der brief sait. den wir darumb von dem obgenanten bischof Peter vnd dem Capitel ze Chur inne habent. wan so vil. das wir die vorbenempten Probst vnn Conuent ze Churwald dem vorgenanten. vnserm

Herren Bischof Peter vnd dem Gothuse ze Chur. die gnad getan habend. vnd tund mit disem brief. das wir dem dickbenempten Bischof Petern sinen Nachkomen, dem Capitel ze Chur ob ain Bischof nüt wär. dis vorbenanten lüt vnd gut als vorbeschaiden ist wider ze koffen süllent geben auch 40 March. der vorgeschriben marchen, mit allen den rechten vnd nutzen, als wir sü och gekoft habent wenn si es an vns vorbrent. vnd den widerkouf tund mit irem aigenen gut vnd dem Gothus ze Chur ze nutze an alle geuerde. Vnd also beschiht der Widerkof vor sant Johansen tag des tofers. so sond dem obgenannten Bischof Peter vnd dem Gothus ze Chur die vorgeschriben lüt vnd gut mit allen rechten vnd nutzen von vns gentzlich ledig sin. Geschiht aber der widerkoffe nach des vorgenanten sant Johansen tag, so sond die nutze von dem Jare vns geuallen sin. Vnd sond aber die vorgeschriben lüt vnd gut mit allen rechten dem vorbenempten Bischof Peter vnd dem Gothuse ze Chur von vns gentzlich los vnd ledig sin an alle fürzug vnd an alle widerred. Vnd süllent wir inen alle die brief denne widergeben. die wir von inen darumb inne habent. Vnd sond och si vns denne disen gegenwürtigen brief widergeben an alle geuerde. vnd das alle dis vorgeschriben dinge vnd gedinge von vns vnd von vnsern nachkomen war vnd stät belibent. so verzihen wir vns mit disem briefe, aller der vfzüge vnd vrsüche (sic) gaistlichs vnd weltlichs gerichts. die vns an dem vorgeschriben widerkof geschirmen möchtind. an alle geuerde. Vnd zu einer waren vnd offenen vrkund aller dir vorgeschribenen dingen haben wir die obgenanten Probst vnd Conuent ze Churwald für vns vnd für vnser nachkomen vnserü Ingesigel gehenkt an disen Brief. der geben ist ze Churwald, in vnserm Closter do man zalt von Gottes geburt 1300 vnd darnach in dem 58sten Jar an sant Silvesterstag.

---

Abschrift aus dem großen Chartularium auf dem bischöflichen Hofe zu Cur Fol. 48. Das alte ebenfalls daselbst befindliche, aus dem 14. Jahrhundert herrührende Urbarium kl. Fol. enthält S. 71 gleichfalls eine Abschrift. Leztere enthält am Ende folgende Bemerkung: „Hoc pignus remedit Dus. Hartmannus, Episcopus Curiensis a Dmn. Ulrico preposito in Churwald."

1 Im Urbar „hanb."
2 Im Urbar „hüfig."
3 Malix.

## 77.

Kaiser Carl IV. verbietet dem Grafen Rudolf von Sargans neue Straßen im Bisthum Chur anzulegen.

Dat. Breslau 25. Januar 1359.

„Wir Carl IV. von Gottes gnaden Römischer Kheyser ze allen Zeiten merer des Reiches, und Kunig ze Beheim. Embieten dem Edlim Rudolfen Grafen von Santgans, unserm lieben gethreuen, unser gnad und alles gut. Wann wir wellen und geboten haben, ernstlichen, allen unsern und des Reichs Steten, das sie durch das Bistum ze Chur. khein ander straße, gelait und zölle wahren sollen, wann die straße, die von alter gewohnlich sind zefahren, darumb gebieten wir die ernstlich bey unsern hulden, das du in demselben Bistum khein nuwe straße, Zölle oder gelaibt, vfbringen oder sezen sollest, und sonderlich wan du von demselben Gotshaus verlehnt bist, So bist du darzue schuldig, daß zethuen, und wolt auch iemand anders new straße, Zolle, oder gelait vfbringen, das sol du billich währen, und widersteen, als verere du khanst oder mogst. vnd dem Bischoff vnd Gotshaus alle dein Hülfe darzu thuen, und wo du dawider tetest, So wolten wir den Bischoff von Chur und sein Gotshus beschürmen, und bey seinen Rechten und gewohnheiten genebigelich behalten. Geben zu Breslau an Sant Paulustag, als er bekert ward, unser Reiche in dem dreuzehenden, und des Kheyserthums in dem vierten Jar."

Abgedruckt nach einer auth. Copie (vidimirt von Dr. Christoph Mohr, Notar. publ. und dat. Fürstenburg 5. Februar 1632) im bischöfl. Archiv.

Mitg. durch den hochw. Herrn Hofkaplan Fetz zu Vaduz.

## 78.

Kaiser Carl IV. erlaubt dem Bischof Peter den doppelten Zoll in der Stadt Chur zu erheben.

Dat. Breslau 25. Jan. 1359.

Orig. im bischöfl. Archiv zu Cur

„Wir Karl von Gots Gnaden Römischer Keyser ze allen zeiten merer des Reichs und Kunig | ze Behenn, verjehen und tün kunt offenlich mit disem brife, allen den die in sehent, oder | hörent lesen, daß wir angesehen haben, den getrewen und nutzen dienst den uns und dem hei | ligen Röm. Reiche getan habent, der Erwürdig Peter Bischof ze Kur, unser lieber | fürste und andechtiger und sein vorvarn, und och den grossen merklichen schaden, den sie in | unserm, und des Reichs dienst empfangen haben, und sunderlich an dem Haus ze für | stenburg, das sie verlurn, und das derselbe Bischof Peter mit seinen pfenningen, | umb sechs tausent Gulden von florens gelöset hat, und darumb ze besunder genezung | seiner schaden tün wir dem obgenannten Byschof ze kür und seinen nachkommen, und seinem Gots | haus sulch gnod, daß er von dem Zolle den er hat in der Stat ze kür, alle nutze die er | oder sein vorvoder einvaltiglich genomen und ufgehaben haben; furbaß zwivaltiglich | nemen und ufheben sullen und mügen, von unserer keyserlichen gewalt, also lang | biß derselbe Bischof oder sein Nachkomen, die vorgenannten Sechs tausent Gulden, do | er das Haus ze fürstenburg umbgelöset hat, genzlich und gar ufgehoben, und ein | nemen. und wenn sie dieselben sechs tausent gulden davon genomen haben, so sol die | gegenwertig gnod abe sein, nnd keyn kraft mer haben, und sullen fürbaß denselben zol | nemen, als das von alter gewonlich ist gewesen. Und gebieten allen fürsten, Herren | und Steten, unsern und des Rechs lieben getrewen, die nu sind, oder hernach künftig | sind, daß sie den vorgenannten Bischof Peter und sein nachkomen, an den vorgenanten gnoden | nicht hindern oder irren sullen in dheinerlei wies, und wer bewider tete freveliche, | der soll in unser und des Reichs große ungnad und buße sein vervallen, mit urkund diß | briefes versigelt mit unserm keyserlichem Insigel, der geben ist zu Breslaw, do | man zalt von Cristus geburt dreuzehenhundert Jar, und darnach in dem neun und | fünfzigisten Jar, an sant Paulus tag, als er bekeret ward, unser Reiche in dem | dreuzehenden und des keysertums in dem vierden Jar." Das Siegel ist abgerissen.

Mitgeth. durch den hochw. Herrn Hofkaplan Fez zu Vaduz.

## 79.

Dietrich von Brunnenfeld bestätigt den Verkauf etlicher Güter zu Malix an das Kloster Curwalden.

Dat. Cur 14. Februar 1359.

Auszug. Dietrich von Brunnenveld beurkundet seine Bestätigung des Verkaufs etlicher Güter zu Umbligs in dem „Kilchspel" durch seine Baase Mathilde, Berolds von Strasberg sel. Wittib an den Probst Cunrad und den Convent des Klosters zu Curwald und an Margareten, Cun-

rats sel. Tochter von Crösch. Geben zu Kur 1359 an sant
Valentinstag. — Sigler Dietrich von Brunnenfeld.

Legalis. Abschrift in dem Carthul. des Klosters Curwalden Fol. 21 b.

Mitg. durch den hochw. Herrn Hofkaplan Fetz zu Vaduz.

## 80.

Spruchbrief
von Vogt, Rath, Profect und Aidschwerer der Statt Cur,
betreff des Baues an der Chorherrenmühle.

Datum Cur 8. März 1359.

Allen den die disen brief ansehent oder hörent lesen künden
wir der vogt vnd der Rat vnd der Prophet [1] vnd die aid swerer
ze Cur. die des tages warent. daz wir den Buwe gesehen habent.
der korherren müli die gelegen ist ze Cur in der Stat oberhalb
der Metzgi [2]. vmb den buwe den Hans der Müller vnd kurtzin
sin elichü Husfrowe getan hant. nach vnserm haissen gebuwen hant
an dem vor Gurtschellun halb vnd der sitten ab vnd abe vntz
an die Metzgi als die Muren stant wasserhalb. daz er den vorge-
nanten buwe halten sol ietz vnd hernach vnd das ze warem offen
vrkund vnd gantzer stäter sicherhait aller diser vorgeschribner ding
vnd beding. so von vns an disem brief geschriben stat So verbin-
dent wir vns vnd der Vogt vnd der Rat vnd die aidswerer vnder
des Propheten Insigel. dir brief wart geben ze Cur in der stat
des Jares do man zalt von Gottez geburt drüzenhundert vnd
darnach in dem nün vnd fünfzigosten Jar an dem nechsten Fritag
vor der alten Vasenacht [3].

Abschrift aus den Chartularien auf dem bischöflichen Hofe zu Cur.

1 Ohne Zweifel der spätere Profectrichter.
2 Die heute noch stehende sog. Münzmühle, noch dermalen Eigenthum des Capitels.
3 Sonntag Invocavit.

## 81.

Erblehenbrief
Bischof Peter's von Cur zu Gunsten der Söhne Symon's gen. Madogg.

Dat. Schloß Guardavall 30. März 1359.

Nos *Petrus* dei et apostolice sedis gratia Episcopus *Curiensis*. Notum facimus tenore presentium vniuersis quod nos heredes quondam *Symonis* dicti *Madogg* videlicet *Madoggum* et *Iacobum* dictos *Madogg* et corum heredes utriusque sexus de petia una et dimidia sitis in *Rutisch* in teritorio de *Vicosoprano* infeodavimus et presentibus infeodamus. saluis nobis et ecclesie nostre iuribus consuetudinibus exinde debitis et consuetis presentibus nostro sigillo sigillatis in evidentiam premissorum. Datum in castro nostro *Wardenwall*[1] anno Domini M. CCC. quinquagesimo nono feria quinta post festum annunciationis domini.

Abschrift aus dem **Registr. de feodis**, **Msc.** in 4° im bischöfl. Archiv zu Cur Fol. 97.

1 Guardavall bei Ponte im Oberengadin.

## 82.

**Consecration
der St. Gaudenzkirche zu Casaceia und Indulgenzertheilung
zu deren Gunsten.**

Dat. 14. April 1359.

Original im Arch. zu Vicosoprano.

Nouerint vniuersi tam presentes quam futuri presencium inspecturi uel audituri quod nos *burchardus* miseracione | diuina et apostolice sedis episcopus *lessiensis*,[1] venerabili (s) Domini *petri* eadem gracia *curiensis* | dyocesis episcopi suffraganeus ecclesiam *sancti Gaudencii* martyris vall *bragalie* plebis beate marie virginis | Consecrauimus in honore prefati martiris et florini et Antonii martirum et beate marie | magdalene in redemptione animarum huius sepedicte plebis necnon omnium fidelium viuorum | et mortuorum quare damus . . . . .[2] cunctis plebazanis in . . . . .[3] et hunc diem dedicationis proxima domenica post festum sancti martini confessoris solempniter scelebrare et quicunque prenotatam ecclesiam confessus et contritus deuote visitauerit quadraginta criminalium et octoginta venalium dies peccatorum misericorditer in Christo relaxamus Datum et actum in repetita ecclesia anno domini M⁰ CCC⁰ LIX⁰ domenica palmarum qua cantatur domine ne longe. — Sigel hängt.

---

[1] Vielleicht Leptis in Afrika.
[2] u. [3] nicht zu entziffern.

## 83.

Die Aebtissin Guta zu Cazis gibt dem Bischof Peter zu Cur Güter im Vinstgau, im Tausche gegen das Patronatrecht der Kirche zu Ryalt im Tumleschg.

Datum Cur 1. Juni 1359.

In nomine Domini Amen. Nos *Gutta*[1] divina permissione Abbatissa et Conventus Cenobii in *Katz* ordinis S. Augustini *Curiensis* dyocesis. Notum facimus universis quos nosse fuerit opportunum, quod nos diligenti prehabita deliberatione et solempni ac unanimi consensu, pro nobis et nostris sequacibus et successoribus nostre Ecclesie et cenobii evidente utilitate inspecta, cum Reverendo in Christo patre ac Domino *Petro*[2] Dei gratia Episcopo *Curiensi* inivimus, tractavimus et consumavimus permutationem et cambium in hunc modum, videlicet quod nos bona et possessiones quascunque in *Valle Venusta*[3] in locis quibuscunque sita, que nobis hactenus pertinuerunt et pertinere potuerunt, jure et modo quocunque, et specialiter in Curiis seu Curtibus dictis *Schantzach* et *Milentz* cum suis redditibus, fructibus, proventibus et obuentionibus. quesitis et inquirendis. cultis et incultis. viis et inviis. et cum suis juribus uniuersis. prout eadem bona ad nos et nostrum Cenobium hactenus pertinuerunt proprietatis et dominii pleno iure transtulimus et transferimus per presentes via et modo qua possumus meliori in Reverendum in Christo patrem dominum *Petrum* episcopum supradictum ipsiusque successores. ac ecclesiam *Curiensem* per ipsos in perpetuum possidenda. Quodque idem Dominus *Petrus* Episcopus sepefatus suique in perpetuum successores. de eisdem bonis disponendi et ordinandi ac ea locandi prout voluerint plenam habeant facultatem. Dominus quoque *Petrus* Episcopus

*Curiensis* predictus pro se et suis successoribus accedente ad hoc Capituli Curiensis consensu, jus patronatus ecclesie in *Ryalt* in valle *Tumleschg* site dyocesis *Curiensis* quod ad ipsum et suos predecessores longo tempore pertinuit pleno jure in nostrum Cenobium transtulit cum suis juribus et pertinentiis universis titulo permutationis et cambii supradicti in recompensam bonorum omnium predictorum. Et in evidentiam omnium premissorum nos *Guta* abbatissa predicta et Conventus Cenobii supradicti nostra sigilla appendimus ad presentes. Datum et actum in Civitate Curiensi Anno Dom. MCCC. LIX. (1359) die 1. Junii Ind. XII.

---

Abschrift aus dem großen Chartularium Fol. 45. auf dem bischöfl. Hofe zu Cur.

1 Ihren Geschlechtenamen kennt Eichhorn nicht. Sie scheint zwischen 1335 und 1369 Aebtissin gewesen zu sein.
2 Der Böhme.
3 Vinstgau.

## 84.

Erblehenbrief um die der St. Martinskirche zu Cur gehörende Wiese Scaletta sura.

Dat. Cur 31. October 1359.

Orig. im Stadtarchiv Cur.

Nouerint quos nosse fuerit opportunum, quod ego *Iohannes* dictus *May* de *Thurego* rector | ecclesie S. *Martini* ciuitat. *Curiensis*, locaui et contuli, ac confero per presentes *Iacobo* dicto *Pethan* | et suis heredibus utriusque sexus ab ipso et sua uxore descendentibus, pratum predicte mee ecclesie pertinens | dictum

*Schaletta de sura*, confinans ab vno latere prato *Gaudencii* dicti *Zukke* [1]; et ab alio latere | prato *Alberti de Schouuenstain*, et ab inferiori parte prato predicte mee. ecclesie, quod hunc tenet | *Fridericus* dictus *Antyoch*, et a superiori parte fossato civitatis *Curiensis*, cum orto eidem prato | pertinenti et annexo ea parte orti excepta, quam ego prius *Iohanni* dicto *Brun* possidendam | locaui. Ita quod dictus Iacobo (sic) et sui heredes mihi et meis successoribus, de predicto prato | annuatim in festo S. Martini episcopi vigenti libr. mez. nomine census persoluant. Accessit | quoque ad locationem predictam et collationem honorab. dni *Rudolfi* comitis *de Monteforti* preposili | ecclesie *Curiensis*, mee ecclesie patronus voluntas libera et consensus. Et in horum evidentiam sigillum | meum duxi presentibus appendendum. Nos quoque *Rudolfus de Monteforti* prepositus *Curiensis* predictus nostrum | sigillum una cum sigillo *Iohannis Maij* rectoris ecclesie S. Martini predicte in certitudinem | nomine adhibiti premissis consensus sigillum etiam nostrum appendimus ad presentes. Datum et actum | *Curie* anno dom. MCCCLVIIII. in vigilia festivitatis omnium sanctorum. Ind. XIII.

Beide Sigel hängen.

---

[1] Die Familie existirte noch 1400 zu Cur und war ohne Zweifel zu Cur verbürgert.

## 85.

Kaiser Carl IV. bestätigt dem Bischof Peter von Cur alle von seinen Vorfahren ertheilten Freiheiten und Privilegien.

Dat. Nürnberg 16. Januar 1360.

In dem Namen der hailigen vnd vnuertailichen briualtigkit feliklich. Amen. Karl der vierd von götlicher gütikait gunst Römi-

scher kayser allzit ain merer des Richs vnd küng ze Behem. des
dinges ainer ewigen gedächtnuſſ. Ob ſich vnſer durchlüchtigkait
fröwet des ſelligen walgangs aller gelöbigen. ſunder vnſer betacht=
nuſſ begert ze trachtend nach gemach der die vor den andren mit
getrüwem fliſſ ſich gefliſſen habend vns vnd des hailigen kayſer=
tums eer zu ze werbent davon ſind der Erwirdig Peter Byſchof
ze Chur, furſt rat, vnd vnſer lieber andächtiger von vns vnd vn=
ſerm hailigen kaiſertum ſinen Gotzhus ze Cur enpfangen hat
küngliche gabe. vnd vns als ainem Römiſchen kayſer die gewonlich
gehaiſſ der trw vnd gehorſam, habent wir angeſehen, die gantzen
luterkait ſiner trw die er hintz vns vnd den hailigen kaiſertum
trait Vnd haben mit wolbedachtem mut nit irrſal noch vnfurbe=
ſichteklich, ſunder von guter gewiſſin Im vnd ſinen nachkomen vnd
dem Gotzhus ze Cur all vnd ieblich hantveſt brieff recht fryhait
vnd gnad Ere vnd die ſie von götlichen Römiſchen kayſern oder
küngen vnſere fordern oder von vns veber wehlerlai ding gewon=
hait oder wandlung das ſie gehebent. haben in allen iren geſchrif=
ten verſtentnüſſen puncten vnd clauſulen von wort ze wort. als
die egeſchriben ſint obhalt von den mit recht oder gewonhait ain
aignü melbung ſolt geſchehen in aller maß als ob ſie in diſen
brieff wärind begriffen Bewerind wir beueſten vnd mit kayſerlichem
gewalt gar veſteklich beſtäten. Darumb ſol dhainen menſchen zim=
lich ſin vnſer bewerung. beſtetigung vnd feſtigung abzenemen noch
von dehainem frävenlichen turen vbertreten. Vnder pein tuſent
mark luters goltz die wir von den da wider tätt als offt. wie offt.
da wider getan wurd vnabgeſlagenlich wellen werden genötet.
vnd iren halben tail wollen wir zugefüget werden vnſern Silber=
kamer vnd behalten vnd den vebrigen tail dem ze nutzen der daz
vnrecht hat gelitten. Geben ze Nürenberg nach Criſtus geburt
1360 Jar. der 13ten Indiction. der 16te klw (sic) des Jenner. vnſer
Rich im 15ten Jar vnd des kaiſertums am ſechſten; Das zaichen
des allerdurchlüchtigen vnd vnüberwindeſten Furſten vnd Herren
Herrn Karl des vierden des hailigen Römiſchen kayſer allzit ein
merer des Richs vnd des günlichoſten küng ze Behem. Gezügen

biser bing die durchlüchtigen Rudolf Herzog ze Saren des hailigen Richs Marschalk vnser Fründ. vnd Rudolf Herzog ze Oesterrich. ze Styr. ze kernden vnser lieber Sun vnd tochterman. die erwirdigen Johannes luthomislenn des hailigen kayserlichen Sals kanzler. Johannes Olontenn (sic) Marquardus Augusten. Theodericus Minden et Johannes Curen ecclesiarum episcopi; spectab. Burcharbus Burggraf ze Nürenberg. vnd vil ander Fursten. Grauen vnd vnser getrüwen.

---

 Sowohl dieses Diplom, als zwei andere, das erste von König Otto IV. zu Gunsten des Bischofs Reinherius zu Cur (Cod. dipl. I. Nro. 173) und das zweite von König Friedrich II. zu Gunsten Bischofs Arnold II. zu Cur (Cod. Dipl. I. Nro. 179) — sind in einem Vidimus und Transsumpt enthalten, das der öffentliche Notar Rudolfus genannt Bellazun sub 23. Dec. 1394 „in stuba superiori domus castri Curie" ausstellt. Alle drei Urkunden sind aus dem alten Chartularium auf dem bischöflichen Hofe zu Cur copirt. Die deutsche Uebersezung der obgedachten beiden Diplome (I. Nro. 173 und 179) folgt unter der Jahrzahl 1394.

## 86.

Die Grafen Albrecht der ältere und der jüngere v. Werdenberg melden dem Bischof und dem Capitel, daß sie ihre Rechte an die Veste Greifenstein den Vögten v. Matsch übergeben haben.

Dat. Werdenberg 19. Februar 1360.

Orig. im bischöfl. Archiv zu Cur.

 Wir graff Albrecht v. Werdenberg der elter, graff Albrecht v. Werdenberg der junger, versechent und tuon kund offenlich an disen brief, den er | wirdigen unsern genedigen herren bischof Peter von gotz gnaden .. den chorherren unn dem kapitel gemeinklich, únd .. dem gotzhus ge | meinklichen des selben gotzhuff ze Cur, daz wir vereinbert habent mit unsern lieben ócheimen ¹ beyden vogt Ulrich v. Metsch dem | eltern, vogt· Ulrich v. Metsch dem jungern, von der vesti wegen ze Griffenstein ² und lüten und gutern, kilchensetz, eigen unn lechen und | waz dar zuo gehöret, daz ir in pfantz wiß inne hant, habent wir .. den vorgenanten von Metsch unn iren erben, die vorgenant vesti ze Griffenstein | mit alr anspruch und eigenschaft uff geben mit allen rechten so da zuo gehören mag, unntz uf disen hüttigen tag, wa uns wie sich daz | befinden mag, an geverbe. Um wenne ir inen oder iren erben verheißent unn gelobent, mit allen stuken und gedingen alf ir uns gelobt hant | oder wie ir mit inen oder iren erben ob si enwerent über ein koment, von der selben vesti wegen, so sagent wir üch gemeinklichen, unn daz gotzhus | die gisel unn die burgen, die wir darumbe von üch habent gentzlichen lebig und loß, und wellent ouch und süllent, wenne daz beschicht üch noch | dem gotzhuß nütz tuon noch schaffen getan in keiner wiß weder mit geistlichen noch weltlichen gericht, weder wir noch unser erben. und des ze | einem offen urkunde, so habent wir unserü insigel gehenkt an disen brief ze einer bezügnuß der vorgeschribnen dingen, der geben ist ze | Werdenberg, do man zalt von Gottes geburte drüzechen hundert jar, und dar nach in dem sechtzigosten jar an der mittwuchen vor der alten vasnacht.

Beide Sigel hängen.

---

¹ Nach Bucelin's Angabe war des Einen Gattin eine Gräfin von Werdenberg.

² S. die Note der folgenden Urkunde.

## 87.

Die Grafen Albrecht der ältere und Albrecht der jüngere v. Werdenberg verzichten zu Gunsten ihrer Oheime Ulrich des ältern und Ulrich des jüngern, beide von Metsch, auf die Veste Greifenstein sammt allem, was dazu gehört.

Dat. Werdenberg 25. Februar 1360.

Orig. im bischöfl. Archiv zu Cur.

Wir graf Albrecht v. Werdenberg der elter, graf Albrecht v. Werdenberg der junge, kúnbent allen ben bie bisen brief an | sechent ober hörent lesen, baz wir beibe mit guotter vorbetrachtung, nach erber unser frúnben rat und erben [1] ob wir enweren, habent | offenlich uff geben frilich und unbezwungenlichen unsern lieben Oheimen, Vogt Uolrich v. Metsch bem eltern, vogt Uolrichen v. Metsch | bem jungern und iren erben alle unser ansprach und eigenschaft, an ber vesti ze Griffenstein [2], mit lút mit guot, mit zwingen | mit bannen, mit gerichten, und mit allen ben zuo gehörenben so zuo ber selben vesti Griffenstein gehöret, si sient benempt | ober unbenempt, besuocht und unbesuocht, und mit allen ben rechten gewonhaiten und gebingen, als ouch bie selbe vesti Griffenstein | baz gozhus von Cur, unnz an bisen hüttigen tag, in pfantz wiss inne gehebt hat. und bes ze einer meren sicherheid, so | habent wir uns. für uns unn unser erben offenlich entzigen und entzichent an bisen brief mit unsern hanben und mit bem | mund, als vorbrung rechtes unn ansprach, so wir unn unser erben bar an, zu ber selben vesti, lút guot unn rechten | hattent, ober jemer me bar an gewinnen möchtent, noch sie wiber niemer nútz ze tuon noch schaffen getan, in keynen weg | mit geistlichem unn mit weltlichem gerichte, an alle geuerbe. Sunderlichen so haben wir für uns unn unser erben gelobt | unsern vorbenemp=

ten Deheimen v. Metsch beiden unn iren erben, der vorbenempten vesti mit allen rechten lüten gütern und rechten | guot were ze sine, nach recht wa und wie si sin nu und her nach semer noturftig werdent, oder bedurffent an geuerbe |, und darumbe ze einem offen urkunde, so habent wir für uns und unser erben, inen und iren erben unserü Insigel ge | henkt offenlich an disen brief, ze ainer warhait und bezugnuss der vorgeschriben dingen. Dirre brief ist geben ze | Werdenberg do man zalt von gottes geburte drüzehen hundert jar unn dar nach in dem sechzigosten jare an dem | Zistag nach der alten Vasnacht so man singet invocavit.

Beide Sigel hängen.

---

[1] So im Original, muthmaßlich soll es heißen „für uns und unser erben."

[2] Die Burg Greiffenstein liegt in Ruinen bei Villisur. In den alten Verzeichnissen der „Vestinen" des Stifts Cur (Eichh. Cod. prob. p. 158) steht die Notiz: „Item die Vesti Griffenstein ist dem Gotshus worden bei Bischof Hartmanus (II. v. Werdenberg) Ziten a. dom. 1394." Pfandweise besaß dasselbe laut obiger Urkunde die Veste schon vor 1360. Dem Bisthum wurde sie durch schiedsrichterlichen Spruch vom 7. Mai 1421, der in dessen Anständen mit den Vögten v. Matsch durch Herzog Ernst v. Oestreich und die Bischöfe v. Brixen und Trient erlassen wurde, definitiv zugesprochen.

## 88.

### Kaiser Carl

verleiht dem Bischof Peter zu Cur und seinen Nachfolgern das Recht Haller zu münzen und zu prägen.

Datum Nürnberg 4. März 1360.

Wir Karl[1] von gots gnaden Römischer keyser zu allen zeiten merer des Reichs vnd kunig ze Beheim. Bekennen und tun kunt offenlichen mit disem briefe. allen den die in ansehent oder hörent lesen. daz wir haben angesehen die getrüwen steten reblichen dienſte, die der Erwirdig Peter ² Biſchof ze Kur, vnſer lieber Fürſt vnd heimlicher Rat, vns vnd dem heiligen Reiche vnuerdrozzen vnd nüzlichen getan hat vnd teglichen tut vnd wol getun mag vnd ſol in kunftigen zeiten. Darumb tun wir im vnd ſeinen nachkomen Byſchofen ze Kur ſeliche genad mit diſem Briefe, daz er vnd ſi mügen ein haller münz ſlahen vnd müntzen in dem Biſchtum zu Kur an welchen ſtetten es in aller beſte wirdet fügen. Mit ſo getanen Unterſcheide vnd ufgenomen Worten, daz dieſelben haller zu diſem Male geſchlagen vnd gemüntzet ſollen werden in der güte vnd wirde. Als daz Korn iſt dar | uff der Erwirdig Marckwart Biſchof zu Auspurck haller daſelbes ſlecht vnd müntzet furbas mere ewiclichen ſol derſelbe Biſchof von Kur vnd ſein nachkomen haller ſlahen vnd müntzen, in aller der maẓe wirden vnd güten, als denne in kunftigen zeiten von des Reichs wegen an anderer Stetten man haller ſlecht vnd müntzt. Darumb gebieten wir allen Fürſten Grafen Freyen Herren Stetten allen Rittern vnd Knechten ernſtlichen vnd veſticlichen bei vnſern vnd des Reichs hulden, daz ſie den egenanten Peter Biſchof zu Kur vnd alle ſein Nachkomen an ſolichen genaden die wir in getan haben nicht irren noch hindern in deheine weiſe mit vrkund diz briefes verſigelt mit vnſer keyſerlichen Majeſtät Inſigel. geben ze Nürnberg nach Criſtus geburt 1300 Jahr vnd in dem 60ſten Jar (1360) an Sant Lucientag ³ vnſer reiche in dem 15 ten Jare, vnd des keyſertums in dem 6 ten.

---

Abſchrift aus dem großen Chartularium auf dem biſchöflichen Hofe zu Cur.

¹ Carl IV.
² Peter der Böhme.
³ Ohne Zweifel Lucius Papa (4. März) und nicht der in Deutſchland weniger geläufige rätiſche Heilige Lucius, deſſen Tag der 3. December wäre.

## 89.

Herzog Rudolf IV. von Oesterreich
nimmt den Grafen Rudolf VI. von Montfort-Feldkirch
sammt dessen drei Söhnen in ewigen Schuz.

Dat. Wien 23. Juni 1360.

Wir Rudolf der vierd von gots gnaden Ertzherzog, ze Oesterrich ze Steyr, vnd ze Kernden, fürst ze Swaben, vnd ze Elsazzen, Herre ze Krayn auf der Marich, vnd ze Portnaw, vnd des heiligen Römischen reichs, obrister Jegermaister Tün kunt Daz wir, die Edlen, vnser lieben getrewn, Graf Rudolfen, von Montfort, herren ze veltkilch. den eltern vnd sein Sune, Graf vlrichen, Graf Rudolfen, vnd Graf Hugen, gebruder von Montfort, die vnser man, vnd ewig diener sint, vnd ouch alle ir Erben, enphangen vnd genomen haben, als wir pillich solten, Emphahen vnd nemen si ouch, mit disem brief ewichlich, in vnser, aller unserer prueder, vnd Erben schirm, vnd dienst, also, daz wir in gelobt, vnd verhaizzen haben, vestiklich mit vnsern trewn, vnd gnaden, vnd verhaizzen in ouch, mit disem brief, wissentlich, für. vns, vnser prüder, vnd erben, daz wir, dieselben Grafen, vnd alle ir erben, nu, vnd hienach, ewiklich, bi allen iren herscheften, purgen, steten, Lüten, vnd gütern, die si nu habent, oder hienach, mit recht gewinnent schirmen vnd halten süllen vestiklich, mit macht vnsrer lande Argow, Turgow, Glarus, der March, vnd des Swartzwaldes, vor allem gewalt, vnd vnrecht. wider allermeniklich, nieman ausgenomen. vnd süllen ouch alle vnser Lantvogt. vnd phleger in den ietzgenanten vnsern Landen. welhe die ie ze den ziten sint, an vnsrer stat, offen haben alle zeit denselben Grafen, vnd iren erben, alle unser vesten, vnd Stette in den ietzgenanten vnsern Landen, vnd inen, ouch, behulfen sein, mit aller vnser macht daselbs, wider alle die die in vnrecht tun wolten, als fü-

berleich, vnd als enblich, als ob vns, die sach selber angieng, Mit
solchem vnderscheide, als hienach geschrieben stat, Des ersten süllen
wir, vnd vnser erben. in dem namen als bo vor, ben egenanten
Grafen, vnd iren erben, schirmen vnd hanthaben, allez, das, des
si iezunt, in nutzlicher gewer sitzent, vnd daz si fürbazzer, mit
recht gewinnent, vnd were, daz si ieman, vmb Leut, Gericht, oder
guet, oder um rhain ander reblich sache, darumb si, vnser helffe
bedörften, icht an zesprechen hette, oder gewunn, in künftigen ziten
daz süllen si verantwurten, nach rate, vnser selbers. Daz ist nach
vnserm, vnsrer prüder, oder unsrer erben rat, oder nach rate, un=
sers obristen Lantvogts, in Ergow, vnd in Turgow, wer der ie ze
ben zeiten ist, Oder si süllen aber, vor vns ober vor demselben
Lantvogt, an vnsrer stat, vnd vor vnsern geschwornen Ratgeben,
in ben ietzgenanten Landen, Ergow, vnd Turgow recht, tün vnd
nemen, vmb alle sach, als ander vnser man, vnd diener, an alle
widerrebbe, vnd geuerde, vnd waz si, also, nach vnserm ober vn=
sers Lantvogts rate, verantwurttent, oder waz si vor vnser aint=
weberm, vnd vor vnserm gesworen Rate, als vor bescheiden ist
behabent, mit bescheidenheit, vnd bem rechtem, nach gelegenheit,
der sachen, babi, süllen wir, si, schirmen, vnd in behulfen sin, mit
macht der egenanten vnsrer Landen, daz si, gentzlich da bi beleiben,
also das in niemant chain gewalt noch vnrecht, das an tü, Da
wider, süllen aber, die vorgenanten Grafen, vnd alle ir nachkömen,
vnd erben, ewiklich gehorsam sin, wartten vnd bienen, getrewelich,
vns, vnsern pruedern vnd ernen vnd allen vnsern nachkomen ewik=
lich, mit der purg, vnd der Stat, ze veltkilich, mit der al=
ten Montfort, mit der welchischen Ramswag, vnd allen
andern iren vesten. Leuten, vnd gütern, die si nu habent, oder
hienach gewinnent, daz ist, mit aller irr macht, wider aller menik=
lich, nieman ausgenomen als bik vnd als ofte, wir, oder vnser
Lantvögte, vnd phleger, in dem namen als bo vor si, darumb
manen, mit briefen, oder mit gewissen poten, als ouch si, barombe,
so inen, vnsrer helfe, not beschicht, manen mügen, vns oder die=
selben vnser Lantvögte, Doch zü teglichen, vnd snellen vfleuffen.

füllen wir, vnd vnser Lantuögte die vorgenanten Grafen, vnd alle ir biener. Leut, vnd güter, schirmen, vngemant, vnd süllen ouch si, vns, vnsern Lantuögten vnd allen vnsern Leuten vnd bienern behulfen, vnd beraten sein, vnd dienen, vngemant, als fürderlich, als ob bedenthalb darumb gemant wer, an alle widerred. vnd geuerbe. Ouch sullen vns, vnd vnsern prüdern, vnd allen vnsern nachfomen vnd erben, ewifklich, vnd ouch allen vnsern Lantuögten. Houptleuten. Phlegern, vnd bienern, die vorgenanten Grafen, vnd alle ir nachfomen, vnd erben, offen haben ewifklich, die obgenanten ir vesten, vnd Stete, vnd alle ander Pürg, vnd Stette, die si nu habent, oder furbazzer iemer, gewinnent, also daz si vns, vnd die vnsern, darin, vnd bar auz lazzen, vnd da inne enthalten süllen, ewifklich, zu allen vnsern sachen, vnd notbürften wider aller menifklich, nieman ausgenomen, als oft vns des not beschicht, an alle widerrede. vnd geuerbe, Were ouch, daz wir oder vnser prüder vnd erben, oder nachfomen. hienach in dem Lande ze Churwalhen icht[1], ze schaffen gewunnen, darumb wir. mit iemant friegen wolten, so süllen vns, die vorgenanten Grafen, zu allen getzögen, eins igleichen snellen reitens, gehulfen sein, mit aller irer macht, ze Rozzen vnd ze füzzen, in ir selbers Kosten, Wolten aber wir, da ein gesezze haben, vnd iemant besitzen, oder wolten wir, einen teglichen Krieg besetzen, vnd iemant ze Lantwer, an dhainen stetten, in demselben Lande legen, Darzü süllen si vns, aber nach gelegenheit der sachen, mit aller irr macht helffen, vnd dienen, getrewelich vnd vngeuerlich, vnd süllen wir dann, inen. vnd iren erbern dieneren. Rittern, vnd knechten, kostgeben, als wir dennezemal, andern vnsern dienern tün, an geuerbe, Was aber des füzuolfches ist, das sol ich selber verkosten, als das sitlich, vnd gewonlich ist. Were ouch das wir, in dem namen als da vor, hienach, in dhainen, künftigen zeiten, ober churcz, oder ober lang bedürfende würden, der vorgenanten Grafen, oder irr erben vnd nachfomen, helfe vnd dienstes, ausserhalb des Landes ze Churwalhen, in den egenanten vnsern Landen, vnd fürbazzer ze Swaben, vnd ze Elsazze, oder wa ez wer, So süln si vns, helffen vnd dienen, nach gelegenhait der sache, vnd des kriges, mit aller irer macht als si pest mügen, vnd süllen wir inen, darumb geben, solt vnd kost, als wir dann zemal andern vnsern dieneren tün, vnd waz si ouch dane, rechter, vnd redleicher verlust nement, an Rozzen vnd an Hengsten in vnserm dienst wizzentlich auf dem velde, die süllen wir in gelten, alle Zeit, nach vnsers vatters seligen, vnd vnserm alten gewonblichem anslag, als wir ouch denne zemale. andern vnsern dienern tün, an geuerde. Dar vber habent ouch, die vorgenanten Grafen, für sich selber, vnd alle ir nachkomen vnd erben, gelobt, vnd ouch gesworn gelert aybe ze den heiligen, daz si vns, vnsern Prudern, vnd allen vnsern nachkomen. vnd erben, ewiklich getrew, vnd gewer sein, allen vnsern schaden wenden, als verr (ferne) si mugen, vnd vns ouch do vor warnen, vnsern nuz vnd vnser ere furbern, wider aller menblichen, vnd das si vns ouch, halten vnd volfuren sullen, getrewelich vnd vngeuerlich allz das hie vor an disem brief begriffen vnd verschriben ist. wan ouch wir si, in dem namen als do vor, vor allem gwalt, vnd vnrechte schirmen sullen vnd wollen, wider aller menlich, in aller der mazze, als vorgeschriben stat an alle geuerde. Ouch haben wir baidenthalb ausgenomen daz heilig Römisch Reich. Were aber das vns ieman, wolte vnrecht tun, wer der were, in welhem wesen, oder in welher wierdigkeit vnd höhe, er were, wider denselben sullen wir einander behulfen sein, also das wir, die egenanten, von Montfort, schermen, vnd si vns helfen, vud dienen, als wider ander, die vns vnrecht tetten, ane alle geuerd, aber wir der vorgenante Hertzog Rudolf, von Oesterreich für vns. vnd all vnser prueder vnd erben, haben sunderlich ausgenomen, die durchleuchtigen hochgeboren fuersten, vnser lieben Pruder. hern Ludwigen Kuenig ze vngern vnd hern Ludwigen 2, Marchgrafen ze Brandenburg vnd Hertzogen ze Obern Bayrn, die hochgeborn fuersten, vnser lieben Dheim. den Hertzogen von Lutringen, vnd den Grafen, von Savoy, die edeln, vnser lieben Deheim. Eberhart vnd Ulrich Grafen von Wirttenberg. die Stett. Basel. Zürich vnd Solotorn. alz lang, alz wir ze denselben herren, vnd Stetten verbunden sein.

vnd darüber, ze vrchund, haben wir vnſer fürſtlich Inſigel gehenchet, an diſer briefen zwene gelihe, die, die vorgenanten Grafen alle vier, mit ir Inſigeln, zuo dem unſern, verſigelt habent, als hienach beſcheiden iſt. Wir der vorgenante Graf Rudolf von Montfort herre ze Veltkilch, der elter, vnd wir die egenanten ſein Sün, Graf vlrich, Graf Rudolf, vnd Graf Hug, geprueder. von Montfort. Veriehen, mit ſampt dem egenanten vnſerm vatter, vnuerſcheidenlich. für vns, vnd fuer alle vnſer nachkomen, vnd erben, ewiklich, ieklichs ſtukes ſunderlich, vnd aller pünde vnd artikel gemeinlich, die hie, vor, an diſem briefe, von vns, geſchriben ſtent vnd tuen kunt, das vnſer ieklicher ſunderlich, vnd wir alle viere, gemainlich, mit rechter wizzen, nach rat, vnſerr freunden, mannen, vnd diener, durch vnſern redlichen nutz, vnd wizzentleiche notburft, vnd ſunderlich, durch vnſer, vnd aller vnſrer nachkomen vnd erben, vfnemens. vnd wachſens willen, in kunftigen zeiten. an eren, vnd an guete, vns, gegeben, vnd genayget haben williklich, vnd gerne, in der vorgenanten vnſrer herſchaft von Oeſterreich, ewigen dienſt, vnd daz wir geſworen haben, wizzentlich gelert aybe, ze den heiligen, ſtet ze haben, vnd zu volfueren getrewelich vnd vngeuerlich, allez das, ſo hie vor, an diſem brief, von vns geſchriben ſtat. vnd pinden ouch dartzu veſtiklich. alle vnſer nachkomen, vnd erben ewiklich. Vnd darueber ze einem waren veſten offenem, vnd ewigem vrchunde, hat vnſer ieklicher ſunderlich, vnd wir alle gemeinlich, vnſre Inſigel, fuer vns, vnd alle vnſer nachkomen, vnd erben, gehenkchet, zuo des obgenanten vnſers gnedigen herren Hertzog Ruedolfes. von Oſterrich Inſigel, an diſer briefen zwene, gelihe, der, die obgenanten vnſer herren von Oeſterrich, einen vnd wir in dem namen. als da vor, den andern ewiklich behalten ſullen, Diſe briefe ſind gegeben ze Wienne, an ſand Johans abent ze Sunnbenden.

Nach Chriſtes gebuerde Tauſent. Drewhunndert Jaren. vnd darnach in dem Sechtzigiſtem Jare. Vnſers des vorgenanten hertzog Ruedolfs. alters. in dem ains vnd zwaintzigiſtem; vnd vnfers Gwalts in dem andern Jare. — † Wir der vorgenant herzog Ruodolf sterken disen prief. mit. dirr (dieser) vnderschrift vnser selbs hant. †

Et nos Johannes [3] dei gratia. Electus et Confirmatus Ecclesie Gurcensis prefati domini nostri Ducis, primus Cancellarius recognouimus prenotata.

Ista remaneat Comitibus Montisfortis. LL. SS.

---

[1] Iht auch icht, subst. neutr. etwas, irgend ein Ding; verneinend nicht.

[2] Dieser Ludwig vermählte sich am 18. Februar 1342 auf dem Schlosse Tirol mit der Margaretha Maultasch, und starb am 18. September 1361; deren einziger Sohn Mainhard III. starb am 13. Jänner 1363 und ruht in Meran; worauf Herzog Rudolf IV. zum Besitze von Tirol kam.

[3] Dieser Kanzler H. Rudolph's IV. Johann von Platzheim aus Lenzburg (nicht aus Schlackenwerth in Böhmen) wurde zu Ende des Jahres 1356 zum Bischofe von Gurk, dann 1363 zum Bischofe von Brixen gewählt und starb am 6. August 1374.

Anmerkung. Aus dieser Urkunde erhellet, wie Ernst es dem jugendlichen Staatsklingen Herzog Rudolf IV. war, sich diese durch ihre Lage so wichtigen Grafen von Montfort zu verbinden, bevor er noch zum unerwarteten Besitze von Tirol (am 26 Jänner 1363) gekommen war. Diese Herrschaften vor dem Arlberg waren für die wachsende Hausmacht Habsburg-Oesterreich's von großer Wichtigkeit als Brücke zu seinen Vorlanden. Herzog Rudolf gelobt mit der Macht seiner Lande Aargau, Thurgau, Glarus, der March (am Züricher See) und des Schwarzwaldes diese Grafen zu schirmen; dagegen sollen die Grafen und ihre Erben dem Hause Oesterreich zu jeder Zeit gehorsam und dienstgewärtig seyn mit der (Schatten-) Burg und Stadt Feldkirch, Altmontfort und Welsch-Ramschwag und ihren andern Burgen und Städten; der Herzog bedingt für sich, seine Brüder und Erben auch diesen Schutz und Hilfe in einem etwaigen Kriege im Lande zu Churwalhen, ja sogar in Schwaben und im Elsaß — mit Ausnahme des h. römischen Reiches, des Königs Ludwig I. von Ungarn ꝛc.

---

Sammt den Noten abgedruckt aus Jos. Bergmann's Urkunden der vier vorarlbergischen Herrschaften und der Grafen v. Montfort XXXII. (S. 40—45).

## 90.

**Herzog Rudolf IV. von Oesterreich
gelobt denselben Grafen Rudolf VI. mit seinen drei Söhnen
gegen die von Werdenberg zu schirmen.**

Dat. Wien 26. Juni 1360.

Wir Ruedolf von gotes genaden herzog ze Oesterreich ze Steyr vnd ze Kernden, fuerst ze Swaben vnd ze Elsazze, Tuen kunt, Ob das geschicht, daz die Edeln, vnser liben getrewn Graf Ruedolf von Montfort, herre zu Veltkilch, der Elter, vnd sin Sune, uelrich, Ruedolf, vnd hug Grauen von Montfort gebrüder, volfürent di Teyding, die der vorgenant Graf Ruedolf ir vatter, newlich ze wienne, mit vns obertragen, vnd gefürt hat, vnd daz si in gegenwurtikeit, vnserr liben Peslein, vrown agnesen [1], weilnt Küniginne ze vngern, oder vor etzlichen vnsern amptlüten, vnd Ratgeben, die bi egenant vnser Päsel, oder vnser Lantuogt darzuo schikchent, Swerent alle vier, stät ze habenn, die zwen Puntbriefe, die wir, zwischen vns, vnd inen ze wienne, an sant Johans abent ze Sunewenden, der nv nähst was, verschriben vnd mit vnserm grozzem anhangendem Insigel versigelt haben vnd daz ouch si alle viere, diselben brief baid versigelnt, mit irn hangenden Insigeln, zuo dem vnsern, vnd si, der einen behaltent, vnd den andern also versigelten, mit irn insigeln, zuo dem vnsern antwurttent, der vorgenanten vnserr Päslein der Künigin von vngern oder vnserm Lantuogt in Ergow, zuo vnsern handen, als ez zwischen vns baidenthalben beredt ist, daz wir danne, gebunden sein wellen, die vorgenanten Grafen ze schirmenn, vnd ouch si, herwider gebunden sein sullen, vns ze wartenn, vnd ze dienen, als die egenanten puntbrief beweisent, vnd sullen ouch wir darnach behulffen sein, den vorgenanten Grafen von Montfort, nach sag der obgenanten puntbriefe, wider alle die die in vnrecht tuon wolltten, vnd sunderlich ießunt, wider Graf Albrecht den Eltern vnd sinen Sun Graf Albrecht den Jungern von Werdenberg vnd wider alle ir helffer vnd diener, vmb das offenn vnrecht vnd den gewalt so diselben von werdenberg gar vureblich getan habent an den egenanten von Montfort die si entwert hant freuelich vnd vnpillich wider aller Lande recht vnd gewonheit, der kinde, Lüten, vesten, vnd Güter, die gelazzet hat, wilent, der edel Graf haug sälig von Montfort, hie vor herre ze Tosters, der elicher prüder was, des obgenanten Grafen Ruodolf von Montfort des eltern, der ouch darumb, ein rechter erblicher vnd wizzenchafter vogt, der egenant sins Brüder selig Chinden, billich ist, vnd ze recht sin sol, dauon er ouch diselben kinde vnd alle ir vesten, Lüt, vnd Güter, die inen der egenant ir vatter selig gelazzen hat innehaben, vnd ir phlegen solte, in vogts wise, vntz (bis) daz die Chinder zuo irn tagen kämen, vnd beraten wurden, alz das gewondlich vnd recht ist, Dauon emphelhen vnd gebieten wir ernstlich vnserm getrewen liben hertzog fridrichen von Teck, vnserm Lantuogt in Swaben, vnd in Elsazze, oder wer ie ze den zeiten di sind oder werdent, die vnsrer Lande Ergow Turgow, Glarus, der March vnd des Swartzwaldes phlegent von vnsern wegen, daz si mit aller macht, derselben vnsrer Lande behulfen sin den vorgenanten Grafen von Montfort, nach sag der vorgenanten puntbrief, wider alle die, die in vnrecht tuon wolten, vnd sunderlich ießunt, wider die vorgenanten von Werdenberg vnd ir helffer, alz lang, vntz daz die egenanten von Montfort in gewalt vnd gewer komen, der vorgenanten Kinde, vesten, Lüten, vnd Güter, der si vnbillich mit gewalt vnd an recht entwert sind, vnd daz in ouch nach rate, vnser selbers, oder an vnser stat, vnser Lantuogts, vnd vnserr gesvornen Ratgeben in Ergow vnd in Turgow, abgelegt, gepezzert, vnd widertan werde, alles das vnrecht vnd die schaden, die inen in diser sache von den egenanten von Werdenberg geschehen sint, Wenne auch die vorgenanten vnser dyener die Grafen von Montfort, in gewalt vnd in gewer koment, der vorgenanten Kinde, vesten, Lüten, vnd Güter,

habent banne, die obgenanten von Werdenberg, oder yman andrer.
icht darzuo ze sprechen. darumb sullen in die egenanten von
Montfort, rechtes gehorsam sin vor vns, oder an vnsrer stat vor
vnserm Lantuogt vnd vnserm gesworenen Rate, in Ergow, vnd in
Turgow, wan was, diselben von Montfort in der Sache iezunt,
oder in andern sachen hienach, behabent, mit dem rechten, vor vns
oder vor vnserm Lantuogt, oder vnserm Rat als iezgesprochen ist,
da bey sullen vnd wellen wir si schirmen, alz die vorgenanten
puntbrief sagent, die wir bedenthalben einander gegeben haben, ob
diselben briefe, mit ayden geuestent, vnd mit Insigeln volfuert,
werdent, alz vorgeschriben stat. wenne ouch das geschicht, so sol
vnser Lantuogt in den vorgenanten vnsern Landen ze rede setzen,
vmb die vorgeschriben sache, die vorgenanten Grafen von Werden=
berg, die ouch vnser diener sind, vnd sol, an si, vordern von vn=
sern wegen, daz si, den egenanten von Montfort, die vnser Man,
vnd dyener sind, wider antwurten. vnd in geben die vorgenanten
Kinde, vnd vesten, Luet, vnd Gueter, der si an recht entwert sind,
vnd ouch denselben von Montfort ablegen als vorgeschriben stat,
daz vnrecht vnd die schaden, die si von derselben sache wegen,
von in enphangen hant, vnd ist, daz des, die vorgenanten von
Werdenberg, gehorsam werdent, Das, wellen wir, vnd sol es ouch
vnser Lantuogt, von vnsern wegen, von in, aufnemen, vnd fuer
guot haben, vnd sol ouch des, die vorgenanten von Montfort
benuegen, wolten aber des, diselben von Werdenberg, vngehorsam
sein, so sol inen,· der vorgenant vnser Lantuogt, vnuerzogenlich,
entsagen, vnd widerbieten, von vnsern wegen, erberlich. vnd sol
darnach, ane allez saumen, vnd verziehen, behulfen sein, mit
macht, der egenant vnsrer Lande. den vorgenanten Grafen von
Montfort, in aller der mazze, als vorgeschriben stat, Mit vrkunde
ditz briefs versigelt, mit vnserm Chlainem anhangendem Insigel,
Der geben ist ze Wienne an dem nächsten freytag, nach sant

Johans Tage, ze Sun wenden, nach Kristes geburt, Tusent, Druhundert iar, darnach in dem Sechzigistem Jare. —
**Comitibus Montforte.**

L. S.

¹ Agnes, Tochter K. Albert's I., seit 1301 Witwe vom K. Andreas III. von Ungarn, die mit ihrer Mutter Elisabeth († 1313) das Kloster Königsfelden stiftete, war des Herzogs Rudolf Tante (Bäslein); sie starb hochbetagt am 10. Juni 1364.

Sammt den Noten abgedruckt aus Jos. Bergmann's Urkunden der vier vorarlberg. Herrschaften und der Grafen v. Montfort XXXIII. (S. 45—48).

## 91.

Kunigunde v. Toggenburg und ihre Söhne reversiren dem Bischof Peter von Cur für die Pfandschaft der Veste Fridau und Zugehör.

Dat. Mayenfeld 5. September 1360.

"Wir kunigund von Vaz erborn, Gräfin von Toggenburg Gräff Fridrich der jüngere Gräff Donat Gräff Kraft vnd Gräff Diethelm gebrüder von Toggenburg kundent vnd verjehent offenlich mit disem brief. Wan vns der erwürdig ... Byschoff Peter von gottes gnaden ze Cur die Burg Fridow¹ den grossen Mayger Hoff ze Zizers vsgenommen sechs vnddrissig schöffel Gersten die vormals den Tumben² vnd ir erben dar uff versetzt sind die ... Mayger Höff ze Jins³ vnd ze fryns⁴ lüt vnd guot all nuz vnd rechtung die zuo denselben burg vnd in dieselben Höff gehörend enend dem Hag vnd Aspermont unz in die lenguwar⁵ ietwederhalb dez Rins ze ainer rechten werenden pfant in gesetzt hett. Mit willen wissen vnd gunst der Erwürdigen Herren des Tuombrobst des Degans vnd

deʒ Capitels ʒe Cur vmb vier hundert vnd vierzig Mark cur-
wälſchen Marken. je acht pfunt mailiſch für ain Mark gerait die
wir im vnd ſim Goʒhus bar verlihen habend vnd in ſines Goʒ-
hus offen nuʒ komen ſind als die brief wol bewiſend die wir da-
rumb von im haben, daʒ wir vnd vnſer erben ob wir nit wärend.
dem obgenanten Byſchoff Petern ſinen nachkomen vnd Goʒhus
oder Capitel ʒe Cur ob ain Byſchoff nit wär. die vorgeſagte
Burg Fridow mit allen ir ʒuogehörden ʒe löſen ſöllen geben on
widerred vmb als vil marken als vorgeſchriben ſtat in aller der
wis vnd mit allen den rechten als ſi vnd vnſere erben ver-
ſeʒt iſt wenn wir des von inen gemant werden an allen fürʒug.
Das haben wir die obgeſchribenen Fröw kunigund Gräſin für
vns vnd Graff Fridrich vnd Graff Donat für vns vnd die
obgenanten vnſer Brüder Graf Craft vnd Graf Diethelm für
vns vnſern erben verhaiſſen vnd gelobt mit truw in aids wis
Es iſt aber bedingt vnd beret wenn vns der obgenante Byſchoff
Peter oder ſin nachkommen vnd Goʒhus oder das Capitel ʒe
Cur ob ein Byſchoff nit wär die vorgeſchribenen pfenning richtend
vor ſant Johannestag ʒe Sumwende. ſo ſöllend inen den die vor-
geſchriben Burg vnd Maygerhoff mit allen zinſen vnd nüʒen von
vns vnd vnſern erben genʒlich vnd redlich vervallen ſin. richtend
aber ſi vns die pfening nachdem ſelben ſant Johanstag ſo ſullend
vns die zins vnd nuʒ deʒ jars verfallen ſin on all gewerb. deʒ
ʒe Vrkund geben wir die do obgenanten Frow kunigund Gräſin
Gräf Fridrich vnd Gräf Donat diſen brief beſigelt mit vnſern
Inſigeln für vns vnd für die obgenanten vnſern Bruder Gräf
Craft vnd Gräf Diethelm vnd do wir die obgenanten Gräf
Kraft vnd Gräf Diethelm vns verbinden, wann wir eigen
Inſigel nit haben. Dier brief iſt geben ʒe Mayenveld vnſer
Veſti do man ʒalt von Gottes geburt Mº. CCCº. LX. an ſamſtag
vor vnſer Frowen tag ʒe Herpſt —:—"

---

Abgedr. nach einer Copie in einer ſehr alten Handſchrift im biſchöfl. Archive
ʒu Cur.

[1] Fribau, Burg bei Biʒers.

² Tumben v. Neuenburg bei Untervaz.
³ Jenins.
⁴ Fryns, wohl Fryus oder Frühaus.
⁵ Lanquart.

Mitg. durch den hochw. Herrn Hofkaplan Fetz zu Vaduz.

## 92.

Erblehenbrief von Anna v. Haldenstein für Minisch von Sayes und dessen Weib.

Dat. Trimmis 28. September 1360.

Orig. im bischöfl. Archiv.

Auszug. Anna v. Haldenstain, Haldenstains von Trümus selige Tochter, thut kund daß sie mit Willen und Hand ihres lieben Vetters Uolrichs v. Haldenstein, ihres rechten Vogts und Pflegers, dem erbern Knechte Minisch von Sayens und Berthen seiner Wirthin, das Haus gelegen ze Vulpent nebst Hofraiti, Wiesen und Aekern zu Erblehen gegeben habe, die derselbe vormals von ihrem sel. Vater als rechtes Erblehen empfangen hatte. Dafür sollen er und seine Erben jährlich auf Martini fünf Scheffel Korn zinsen. Zu dessen Urkund sigelt der vorgenannte Ulrich v. Haldenstein. Geben ze Trümus do man zalt von gots geburt drüzehen hundert und sechzig iar an sant Michels abend.

Das Sigel hängt.

## 93.

Indulgenzbrief
zu Gunsten der St. Florinscapelle zu Tinzen.

Dat. Avignon 25. October 1360.

Orig. im Archive der Gemeinde Tinzen.

Vniversis sancte matris | ecclesie filiis ad quos |presentes littere peruenerint. Nos miseracione diuina Paulus Girapetrensis. Cosmas Traphasonensis. Iohannes Ayto | nensis. Richardus Risaciensis. Augustinus Salubriensis. Iohannes Armibotensis. Franciscus Tribuniensis. Bertoldus Cisopolensis. Philippus | Lanadensis. Robertus Dauacensis. Raphael Archadiensis. Albertinus Surmanensis. Lazarus Boutrontinensis. Franciscus Lampsacensis. An | dreas Castoricensis. Arnaldus Suriensis. Andreas Balacensis. Iohannes Carminensis. Iohannes Cutaniensis. Richardus Naturensis Episcopi. Salutem | in domino semper. Splendor primi luminis qui sua mundum ineffabili claritate illuminat. pia vota fidelium de clemencia et eius maiestate spe | rancium. Tunc enim praecipue fauore benigno prosequitur cum deuota ipsorum humiliter sanctorum meritis et precibus adiuuatur. Cupientes igitur ut cappella sancti *Florini* in Tinetzon *Curiensis* diocesis congruis honoribus frequentetur et a Christi fidelibus iugiter ueneretur. Omnibus vere penitentibus | contritis et confessis qui ad dictam cappellam in singulis sui patroni festiuita | tibus videlicet natiuitatis domini. Circumcisionis. Epiphanie. perasceues. pasce. Ascensionis. Penthecostis. Trinitatis et corporis Christi. In | uentionis et exaltacionis sancte Crucis. Sancti michahelis. Sanctorum Iohannis Baptiste et | Evangeliste et omnium aliorum Evangelistarum. Et quatuor sancte Ecclesie doctorum in festo omnium sanctorum et commemoratione animarum. dicteque capelle dedi | cationibus. Sanctorumque Stephani. Laurencij. Georij. Blasij. pancracii. viti. modesti martirum. martini. Nicolai. Galli. Anthonij. Lu | cij confessorum. Ac sanctarum marie magdalene. marthe. Anne. Katherina. barbare. vrsule dorothee. Appolonie. margarethe. affre. Eli | sabeth. Lucie. per octavas festiuitatum predictarum: octavas habentium singulisque diebus dominicis et festivis. causa deuocionis. orationis aut peregrinacionis accesserint. vel qui missis. vesperis. matutinis. predicacionibus | aut aliis diuinis officiis ibidem interfuerunt. vel qui in serotina pulsacione campane flexis genibus ter que maria deuote dixerint. vel qui ad fabricam dicte capelle. luminaria. ornamen | ta. libros. calices. aurum. argentum. vestimenta. donauerint. donari vel legari procurauerint. seu quouis alio modo dicte capelle manus porrexerint adiutrices. vel qui pro salubri statu domini Episcopi | presencium confirmatoris. Ac pro domino *Iohanne* presbitero horum impetitore. nec non omnibus presentibus amicis et | benefactoribus suis in purgatorio existentibus pie deum orauerit quaecumque. quocienscumque et ubi | cumque premissa vel aliquid premissorum deuote fecerint. de omnipotentis dei misericordia et beatorum petri et pauli apostolorum eius auctoritate confisi. Singuli nostrum quadraginta dies de iniunctis eis penitenciis mise | ricorditer in domino relaxamus. Dummodo diocesani voluntas ad id accesserint et consensus. In cuius rei testimonium sigilla nostra presentibus sunt appensa. Datum Avvinionij XXV. die mensis Octobris. Anno domini Millesimo. Trecentesimo. Sexagesimo. Pontificatus domini Innocentii diuina prouidencia pape sexti. Anno Oc—ta—uo.

## 94.

Kaiser Karl IV. bestätigt dem Bischof Peter. I. von Cur alle Privilegien und Regalien seines Hochstifts.

Datum Nürnberg 17. December 1360.

Orig. im bischöfl. Archiv zu Cur.

In nomine sancte et individuo trinitatis feliciter amen. *Karolus* quartus diuina fauente | clemencia *Romanorum* imperator semper augustus et *Boemie* rex. Ad perpetuam rei memoriam. Si de cunctorum | fidelium, felici prosperitate nostra gaudet serenitas, ad illorum tamen commoda feruentius nostra deliberatis aspirare consueuit, qui | pre ceteris ad nostras et sacri imperii promouendos honores, fidelioribusque studiis intenderunt. Sane, cum venerabilis *Petrus Curiensis* episcopus, princeps, consiliarius et deuotus noster dilectus, a nobis et sacro imperio, regalia ecclesie sue *Curiensis* accepit, nobisque tamquam romani | imperii prestitit fidelitatis et obediencie solita iuramenta. Nos attendentes sue fidei, quam erga nos et sacrum gerit imperium | omnimodam puritatem, animo deliberato, non per errorem aut improuide, sed de certa sciencia, sibi et successoribus suis et ecclesie *Curiensi* | omnia et singula priuilegia, litteras, iura, libertates, immunitates, et gratias que vel quas a diuis *Romanorum* imperatoribus seu regibus, | predecessoribus, nostris, aut a nobis super quibuscumque rebus, usibus aut negotiis, obtinuisse noscuntur, in omnibus | suis tenoribus, sentenciis, punctis et clausulis de uerbo ad uerbum, prout scripta seu scripte sunt, etiam | si iure vel consuetudine, de ipsis debetur fieri mentio specialis, sub omni, eo modo ac si presentibus inserta uel | inserte existerent, approbemus, ratificamus, et auctoritate imperiali plenissime confirmamus. Nulli ergo omnino hominum | liceat, hanc nostre approbacionis ratificacionis et confirmationis paginam infringere seu ei quovis ausu te | merario contraire, sub pena mille marcarum auri purissimi, quas ab eo, qui contrafecerit, tocies | quocies contrafactum fuerit, irremissibiliter exigi volumus, et earum medietatem nostri imperialis erarii | siue fisci, residuam uero partem, iniuriam passorum usibus, applicari. Signum serenissimi ac | inuictissimi principis et domini, domini *Karoli* quarti, *Ramanorum* imperatoris semper | augusti, et gloriosissimi regis *Boemie*. Testes huius rei sunt illustres *Rudolphus* | *Saxoniae* dux, sacri imperii archimarescallus, consanguineus noster, et *Rudolphus Austrie, Styrie* et *Karinthie* dux, gener | et filius noster carissimus, venerabilis *Iohannes Luchonus* sen. sacre imperialis | aule cancellarius, *Iohannes Olomucensis, Marquardus Au* | *gustensis Theodricus Mindensis*, et *Iohannes Gurcensis* ecclesiarum episcopi, spectabiles *Burghardus* burgrauius *Maydeburgensis*, *Albertus* burgra | uius *Nurembergensis*, et quam plures alii principes, comites, et nostri fideles presentium sub imperiali nostre maiestatis sigillo testimonio litterarum. Datum | *Nuremberg* anno domini millesimo trecentesimo sexagesimo, indict. XIII. XVI. Kal. Ianuarii, regnorum nostrorum anno quinto decimo, imperii uero sexto.

Das ziemlich wohl erhaltene Sigel hängt an einem Pergamentstreifen.

---

Wörtlich abgedruckt nach dem Orig. Eichhorn kannte das Diplom nicht. Guler (**Rätia 150 b.**) spricht mit zwei Worten davon.

## 95.

### Verkauf
der beiden Höfe zu Sevelen an die Abtei Pfävers durch Graf Rudolf v. Werdenberg-Sargans.

Dat. 21. Januar 1361.
Orig. im ehmaligen Archive von Pfävers.

Ausz. Graf Rudolf von Werdenberg, Herr zu Sangans, und Graf Johann sein Sohn, verkaufen dem Abt und Convent zu Pfävers um 70 ₰ Pfennig Const. Münze, ihre beiden, oberhalb Seuellen, (Sevelen) nächst bei St. Ulrich gelegenem Höfe Blankenhusen und an Blatten, auf deren einem Cuni von Funtnas und sein Bruder Gerung, auf dem andern Cuenzi Kisling und Gaudenz Mayer gesessen waren und welche zwei Höfe einen jährlichen Zins von 13 Scheffel Waizen Werdenbergermaß und 4 Hühnern ertrugen; sodann auch mehrere Zinsgüter zu Bilters und Wangs. Des Grafen Rudolfs Gemahlin, Ursula v. Vaz, erklärt, daß dieser Verkauf mit ihrem guten Willen und Gunst vollführt worden sei, daher sie durch die Hand ihres Sohnes, des obgenanten Grafen Johanns v. W., den sie mit Zustimmung ihres Gemahls für diesen Act zum Vogte angenommen hatte, auf alle Rechte und Ansprachen, welche sie selbst oder jemand der ihrigen an den bemelten Hüfen und Gütern je erlangen möchte, förmlich Verzicht leistet. Dat. an St. Agnesentag. Sigel der beiden Grafen v. Werdenberg und der Gräfin Ursula v. Vaz.

Abgedr. aus Wegelin's Reg. der Abtei Pfävers und der Landschaft Sargans Nr. 231.

## 96.

Heinrich Richel von Cur übergibt dem Convent zu St. Lucius die Sagmühle jenseits der Plessur, zum Heil seiner Seele.

Dat. Cur 22. Mai 1361.

Orig. im Archiv zu St. Lucius.

Allen dien die disen brief sehent, kund ich Hainrich Richel burger ze Chur mit disem brief, das ich mit gesundem libe unn

mit vorbedachten muote, luterlich dur got, unn dur miner sel unn
aller | miner vordern unn nachkomen selen heil willen, hab aigen=
lich uf gegeben unn gib uf recht unn redlich mit disem brief | den
erbern unn gaistlichen herren dem probst unn dem convent ge=
mainlich des closters ze sant Lutzen, ze Kur | min sag müli,
dü mir aigen ist, unn dü gelegen ist ze Chur bi der stat, enent
der Plassur [2], unban an dem berg, | mit allen den nützen, rechten
unn gewonhaiten ... dü zuo der selben seg müli gehörent, unn |
als ich si ungbar gehebt unn genossen han, mit wisen, mit garten,
mit hofstetten ... unn zuoge | hörden, unn die vorgeschriben seg-
müli ... hab ich der obgenant Hainrich Richel von den vor-
benempten | herren dem probst unn dem convent ze sant Lutzen,
ze einem rechten libgebinge enpfangen mir unn minem sun Mar-
tin | unn nieman füro, alss unn mit sölichem gebinge, das ich,
oder der vorgenant min sun Marti ob ich enwär, ... | den
obgenanten herrenn von sant Lutzen | ierlich uf sant Martins
tag, richten unn geben süllen, vier phunt mai | lesch, dero sond si
dü drü phunt geben an ain liecht das brinen sol vor sant Lutzen
alter in der Gruft in sant Lutzen | münster, unn das vierd
phunt mailesch sond si geben an aim jarzit, das si da mit began
sond, als an ir jarzit buoch geschri | ben stat, ... und wenn wir
obgenanten Hainrich Richel, unn min sun Marti nüt sind,
so sol die vorgeschriben | segmüli ... dem probst unn dem convent
ze sant Lutzen gentzlich ledig unn | gefallen sin, ... mit sölicher
beschaidenhait das dannanhin die herren unn probst | 2c. von dem
gelte unn von dem zinse, den inen dü vorgeschriben sagmüli giltet
unn gelten mag, ierlich | geben sond zwelf phunt mailesch an ain
liecht, das eweklich tages unn nachts brinnen sol vor dem vorge-
nanten sant | Lutzen altar in der cruft, unn des übrig des vor-
geschribnen geltes unn zinses, sol alles hören an zwain jarzi-
ten ... unn ze ainer waren urkund ... hab ich der vorbenempt
Hainrich Richel gebetten, den erbern herren den | richter des
chors ze Chur unn den beschaiden man Gaudentzen Zucgen
kantzler ze Chur, das sü des gerichtes, unn der kantz | lery ze

Ҡur ingesigel gehenkt hand an disen brief, wan ich aigens in=
gesigel nüt han ꝛc. der geben ist ze Ҡur do man zalt 1361 an
dem nechsten Samstag vor sant Urbans tag.

---

Beide Sigel hängen. Das zweite trägt im Schilde einen einfachen Adler
mit ausgebreiteten Flügeln, mit der Umschrift: †. S. GAVDENTII. ZVCG. . .
NCELLARII. CVRI . . .

[1] Sie schrieben sich auch Ruchel und kommen noch 1406 vor.
[2] Sie lag vor der Stadt „by der Plaffur under dem brunnen von Binair.
flofft unnen an bärg von sant Hylarien u. f. w." und war von Frau Ursula
v. Plantair und deren Söhnen erkauft worden. Urf. Cur Freit. n. St. Hilar.
1344.

## 97.

Kaiser Karl IV. entsezt den Barnabas Visconti von
Mailand aller seiner Würden, und verhängt über ihn als
Rebellen die Reichsacht.

Dat. Prag. 29. Mai 1361.

Orig. im bischöfl. Archiv zu Cur.

*Karolus* quartus diuina fauente clementia *Romanorum* im-
perator semper augustus et *Boemie* rex. Notum fecimus tenore
presentium vniuersis. Quod quamvis littere *Barnabonis de Vi-
cecomitibus Mediolani*, dudum processerint, | nobilis *Sagremors
do Pomeriis* militis sui familiaris aduentum, in quibus idem
*Barnabos* nostre serenitati spondebat, quod dictus *Sagremors*
e uestigio veniret ad nostram presentiam, ad compromittendum
in f . . . *Bononiensi*, quod ad presens inter | sanctam matrem
ecclesiam ab vna, et eundem *Barnabonem* parte ex alia venti-
latur, in personam nostram et serenissimi principis domini regis
*Ungariæ*, ea sufficienti potestate munitus. quam ipsemet *Barna-*

*bos* habere posset, si adesset propria in persona, | Ipse tamen *Sagremors* veniens prosequendi premissa, nullam a prefato *Barnabone* penitus attulit potestatem, cum tamen merito dictus *Barnabos* magna diligentia intendisset ad hoc, propter litteras huiusmodi, quas non solum nobis, sed etiam | prefato regi *Ungarie* destinauit, et quamvis in hoc animum nostrum grauiter satis commouerit, nobisque materiam tribuit indignandi, habito tamen respectu ad preterita sua seruitia, et illum singularem affectum quo celebris memorie *Henricus* | quondam *Romanorum* imperator, auus noster carissimus domum dicti *Barnabonis* innate sibi pietatis clementia prosequi dignabatur, ipsum in persona spectabilis *Iohannis* lantgrauii *Leuchtenbergensis*, consiliarii familiaris et secretarii nostri dilecti | quem ad hoc faciendum, specialiter nostra transmisit serenitas, ex superhabunti ad hoc requisiuimus, hortati fuimus et monuimus seriose, quatenus iuxta sue promissionis continentiam, et sicut fidei et honori suo congruebat, instrumenta | compromissionis super antedicto foro *Bononiensi*, in personam nostram et dicti regis *Vngariæ*, nostre magestati dirigeret, omni difficultate remota, sub forma sicut de sapientum consilio vnquam fieri poterat meliori, in hoc se ostendens; sicut vellet quod | operarius mereretur sui operis studio comendari, et ut sinceritatem. sui affectus sentiret imperialis serenitas, dum rite, et secundum sacrarum legum ordinem in nos et prefatum regem *Vngarie* compromittetur de premissis, et quod ad mandatum prefati lantgrauii *Leuchtenbergensis*, ad hoc singulariter missi sicut premittitur, ymmo verius nostrum cuius nomine et auctoritate sibi precepit treugas pacis cum ecclesia sancta et cum ven. ipsius legato finaret et stabiliret, eo modo sicut predictus | *Lantgrauius* virtute litterarum auctoritatis sibi in hac parte concesse, sibi duceret indicendum usque ad festum S. Martii futurum prosime, ut medio tempore possemus, vna cum predicto rege *Vngarie* de finali concordia dicti negocii decenter, et viis salutaribus | cogitare, alioquin nisi a tali gwerra, quam S. matri ecclesie mouere noscebatur, omnino resipisceret et cessaret. et nisi castra, fortalicia et loca comitatus *Bononiensis*,et alia que ad ecclesiam sanctam pertinent restitueret, et eidem | S. matri ecclesie, de omnibus dampnis que occasione talium gwerrarum sustinuit ad plenum satisfaceret sine mora infra certum tempus, sibi tunc specifice exprimendum contra ipsum exigente iusticia et crescente ipsius contumacia vellemus | procedere viis et remediis oportunis. Quia vero sepedictus *Barnabos* prout veridica dicti Lantgrauii relacione comperimus pia mansuetudivis nostre monita surda aure pertransiens, premissa adimplere contempsit, et sic in sua contumacia spiritu | permansit et permanet indurato, Nobisque et sacro imperio non obedit nec erubuit nec erubescit, promissorum que nobis fecit continentiam pertinaci negligentia preterire Omnium Electorum principum tam ecclesiasticorum quam secularium accedente | consilio quorum rata sententia liquido diffiniuit, quod ipse *Barnabos* aduersus honorem sacri imperii manifeste deliquit ipsum animo deliberato non per errorem aut inprouide, sed de certa nostra scientia, omnibus vicariatibus, quos pro nobis | et sacro Imperio hactenus gesisse dinoscitur, priuamus, ac deponimus ab eisdem. Adimentes ei omnem potestatem auctoritatem et Bayliam quibus quauis ratione uel causa nostris et sacri Imperii vice et nomine fretus est hactenus aut fungi poterit | quouismodo. Omnes etc. (sic) et singulas litteras quas desuper a nostra magestata, aut quovis alio obtinuisse probatur, in omnibus suis tenoribus, summis, punctis et clausulis de verbo ad verbum, prout scripte sunt, etiam si de hiis, iure uel consuetudine | deberet in presentibus fieri mencio specialis, aut tenor ipsarum ex integro deberet in presentibus contineri de certa nostra scientia et de imperatorie potestatis plenitudine reuocamus Eumque velud nostrum et Imperii sacri rebellem et hostem publicum necnon auxiliatores | valitores complices et subditos ipsius et omnes simpliciter adherentes eidem cuiuscunque nobilitatis status gradus nacionis uel honoris existant proscriptioni et banno imperiali subicimus proscribimus et edicto imperatorio forbanimus (sic) decernentes | quod idem *Barnabos* et sui auxiliatores valitores, complices et sibi adherentes predicti quicunque cuius etiam nobilitatis, status, gradus, nacionis, seu condicionis existant, ut premittitur, omnibus feodis que a sacro tenent imperio | et omnibus priuilegiis, gratiis, libertatibus, et iuribus, que et quas ab eodem obtinuerunt imperio ex nunc in antea sint indigni, eisque careant omnino perpetuis temporibus affuturis. Hunc preterea nostrum processum et imperialem sentenciam | in notam dedecoris sepedicti *Barnabonis*, per omnes ciuitates *Alemannie*, et alias regiones subiectas Imperio publicari precipimus, et sub imperialis magestatis nostre sigillo valuis pallatiorum in singulis urbibus *Alamannie* affigi notarie | vt in penam sibi sit sua temeritas, qua et imperialia mandata contempnere et a promissis suis recedere non expauit, talisque sua presumptio pateat multorum noticie, et vexatione intellectum sibi dante in semetipso cognoscat quam sit | decentius superiorum mandato parendum et quibus debeat Imperalis auctoritas reuerentius honorari. Ad alia nichilominus grauiora si dicti *Barnabonis* temeritas illud exegerit suadente iustitia processuri. Presentium sub imperialis | magestatis sigillo testimonio litterarum. Datum *Prage* anno Dom. millesimo trecentesimo sexagesimo primo, indict. quartadecima. IIII. Kal. Juni. Regnorum nostrorum anno 15 Imp. vero septimo.

---

Das große kaif. Infigel in Wachs hängt an einem Pergamentstreifen.

Ich glaubte diesem Mandat, das dem Bischof von Cur als Fürsten des Reichs mitgetheilt wurde, eine Stelle in dieser Sammlung gönnen zu sollen, wenn schon dasselbe der Geschichte Graubündens fremd ist.

## 98.

**Güterverkauf**
von Gaudenz v. Canal, Bürger zu Cur, an das Kloster Curwalden.

Dat. Cur 23. Juni 1361.

Allen den die disen Brief sehent oder hörent lesen. kund Ich Gaudenz von Canal burger ze Chur vnd vergich offenlich mit disem brief. Das ich gesunt libs vnd mutes mit guter vor= betrachtung zu koffen geben han recht vnd reblich für lebig aigen. dem erwirdigen minem gnädigen herrn Probst Cunrat dem Conuent vnd dem gothus ze Curwald premonstratenser ordens. min aigen gut. Das man nempt prau de cresta. vnd ist gelegen in dem tal ze vmbligs. mit wun. mit waid. mit wasser. mit holz. mit velb mit steg. mit weg. mit aller zugehörd vnd mit allen nutzen. Als ichs vnd min vordren vntz herr inne gehebt vnd genossen habent. Vnd stoset das obgeschriben gut. vornen zu an mins heren von Toggenburg gut. das man nempt Curtoeber. hin= ber zu an die gemein waid gen Runcalier. obrenthalb bis an den stain. da die gemein waid hinstosset. vnd vnderthalb an der vor= genanten heren von Churwald wisen die man nempt prau de spedal vnd an der Chorheren von Chur wisen. der man spricht prau de preuers. vmb zwainzig march. acht phunt mailesch für ie ain march ze raitend die ich von Jnen alle bar empfangen han vnd in min reblich nutz vnd notburst bekert. Jch der ob= genant Gaudenz von Canal vergich och offenlich mit disem brief. das ich disen obgeschriben koff vnd ding getan vnd volfürt han mit Nesen meiner elicher wirtinen guten willen vnd gunst vnd mit allen den worten vnd werchen die darzu von recht ober von gewonhait hörtend. vnd ze dien ziten vnd an den stetten da es kraft vnd macht mit recht wol haben mocht vnd mit aller gehügde. Ich der obgenant Gaudentz von Canal vnd min erben sullent och betz obgeschriben guts der obgenannten mines gnädigen heren des Probstes. des Conuentz vnd des Gotzhus ze Churwalb gut weren sin nach recht für ansprach an gaistlichen vnd an weltlichen gerichten wo vnd wie sü sin notdurftig werdent mit guten trüwen an alle geuerde. Vnd ze ainem offenen vrkund vnd stäter warhait aller diser vorgeschribnen dinge hab Ich der obgenant Gaudentz von Canal min Jnsigel gehenkt an disen brief vnd darzu ze merer sicherhait dieser vorgeschrieben Ding hab ich gebetten den erbern man Gaudentzen jugga kantzlern ze chur. das er der kantzley ze chur Jnsigel gehenkt hat an diesen brief. Ich der vorgenant Gaudentz jugga kantzler ze chur. durch det willen des obgenanten Gaudenzen von Canal vnd ze merer sicher= hait diser vorgeschriben ding. hab der kantzley ze chur Jnsigel gehenkt an disen brief. Vnder die baidü Jnsigel ich die obgenannt Nesa des vorbenempten Gaudenzen von Canal eliche wirtin wan ich aigens Jnsigels nüt han. mich verbunden han vnd ver= bind ainer stäter warhait aller der dinge so hie von mir geschriben stand an disen brief der geben ist ze chur do man zalt von gotz geburte drüzehenhundert Jar darnach in dem ain vnd sechtzigosten Jar an sant Johans abend des töffers.

---

Nach der legalisirten Abschrift im Chartul. des Klosters Curwalden, Fol. 43.

## 99.

### Kaiser Karl
gibt dem Bischof Peter von Cur für seine geleisteten Dienste 500 Mark Silber und sezt dafür die Reichssteuer der Stadt Lindau zum Pfande.

Dat. Prag 3. August 1361.

Wir Karl¹ von Gotsgnaden Römischer Keyser zu allen Zeiten merer der Reichs vnd kunig zu Beh e m. Bekennen vnd tun kund offenlich mit diesem briefe allen den die in sehen oder horen lesen. daz wie durch die nuzen achtber dienste die vns vnd dem heiligen Rich der Erwirdige Peter² vnd seine vorfarn Bischoue zu Kur offt vnuerbrozzenlich getan haben vnd er vnd seine nachkomen an demselben Stiffte fürbaz tun sullen vnd nmüg in küenftigen Zeiten. dorvmb so haben wir im fünfhundert Marg Silbers gegeben vnd geben vor dieselben seine dienste in diesem gegenwürtigen briefe. Vnd haben douor versezet vnd versezen auch phandesweis im vnd seinen nachkomen Bischouen zu Kur mit rechter wizzen die Jerliche Stewr. die vns vnd dem heiligen Riche die Stat lindaw pflichtig ist zu geben, also daz er vnd seine nachkomen. vorgenant dieselben Steuer vfheben vnd nemen sullen ane abschlag, vnz als lange daz wir ober unser nachkommen an dem Rich Romsche Keiser. ober Kunige syn. vor die vorgenannt summe gelts gelosen vnd wellen ouch daz der Burgermeister Rat vnd Stat gemeinlich do selbs zu Lindaw im vnd seinen nachkomen dieselb Steuer reichen geben vnd bezalen sullen Jerlich uff solche Tage als ez gewonlich vnd herkommen ist. sunder allerley Hindernuß, vnd verziehen mit vrkund diz Briefs versigelt mit vnser keiserlichen Majestat Insigel. Geben zu Prage nach Cristus geburt 1300 Jar dornach in den Ein vnd sechszigisten Jar an sant Stephanstag als er funden wart. Vnser Reiche des Romischen in dem 16ten, des Behemischen in dem 15ten vnd des Keisertums in dem 7ten Jare.

Abschrift aus dem großen Chartularium im bischöflichen Archive zu Cur.

¹ Karl IV.

² Peter der Böhme.

## 100.

### Kaiser Karl IV.

gebietet allen Städten des Reichs, insbesondere denen in Oberschwaben, den Bischof Peter von Cur und dessen Land und Leute in allen Nöthen zu schützen und zu schirmen.

Dat. Prag, 3. August 1361.

Original im bischöflichen Archive zu Cur.

Wir Karl von gots gnaden romischer keiser zu allen zeiten merer des reichs vnd kunig zu Beheim, Bekennen vnd | tun kunt, offenlich, mit disem brieue, allen den die in sehen oder horen lesen, daz wir haben angesehen getruwen wil | ligen Dinst des erwirdigen Peter bischoues zu Kur, vnsirs lieben fursten, den er vns, vnd dem heiligen rich offt vnuer | drozzerlich getan hat, vnd noch tun mag in kunftigen zeiten, vnd nemen in, vnd sein gotshus zu Kur, mit leuten, gu | ten, vesten, landen, telren, vnd allen zugehörungen, in vnsern vnd des heiligen richs schirm, vnd meinen vnd wollen | in, vnd seinen Stift, mit denselben leuten,

guten, vesten, landen, vnd telren, zu irem rechten, als offt des not
wirdet gne | declich zu vertebingen, vnd zu versprechen, vnd gebieten
allen vnsern vnd des richs stetten, ervstlich vnd vesteclich bei | vnsern
hulden, vnd bei namen den stetten in obern Swaben, daz si
dem vorgenenten Bischoue, vnd seinem stifte getrwelich | beigestan-
den vnd beholfen sein, wieder allermenlich, niemans ausgenom-
men, als offt sie des von inen sampt obir besunder | ermant
werden, on allerlei verzog vnd wiederrede, glich als ob wir sie
daz mit vnsern brieuen geheizzen vnd gebot | ten hetten. Mit
vrkund diß brieues versieglet mit unsirer keiserlichen majestat in-
sigel, geben zu Prage nach Chrisstus geburt drutzenhundert Jar,
darnach in dem ein vnd sechzigisten Jar, an sant Stephanstag,
als er funden wart, | vnser reiche des romischen in dem sechtzen-
den des behemischen in dem funftzenden vnd des kaisertums in
dem | sybenden Jare.

---

Das Sigel hängt zum Theil zerbröckelt in einem Säckchen an einem Per-
gementstreifen.

Nach dem Original abgedruckt; weder bei Eichhorn noch Guler wird
dieses Diplom citirt.

## 101.

**Revers um die Wiederlösung des verpfändeten großen Zehenden zu Kazis, zu Gunsten der Gebrüder Ulr., Burkh. und Albr. v. Schauenstein.**

Dat. Cur, 14. Oktober 1361.

Orig. im Arch. des Domkapitels.

Allen den die disen brief ansehent, lesent oder hörent lesen
künd ich Symon Benagab | vnd vergich offenlich an disem
brief, das min lieben öhaimen Uolrich vnd Burkhart

v. Schowenstain gebrüder für sich und ir bruobers säligen Albrechts v. Schowenstain sint, und für ir aller erben, mir und minen erben ob ich nit wer, zu ainem rechten..... phant hat in gesetzt den grossen zehenden zu Katz an der äbni nnd uf dem berg, mit allem dem so dar zuo gehöret um hundert und sechzig mark kurwälscher marken in acht phunt mailäsch für ein mark zu raiten, die si mir zu geben schuldig waren, und hond ouch globt, und loben mit disem brief daß ich und min erben ob ich enwer, den selben zehenden mit allen sinen zuo gehörben sullen zuo lösen geben den vorgenanten unsern öhaimen und ir erben ob sie nit weren umb die e geschriebenen hundert und sechzig mark, wenn ich oder min erben des ermant werden an widerred, und han kainerlay ufzug, in aller wis und mit der bū= schaidenhait, als die brief bewisent, die mir und das obgeschriben phant geben sint. Des zu urkund geb ich diesen brief besügelt mit minem insigel für mich und für min erben. Der geben ist zu Kur do man zalt von gottes geburt drizehenhundert und sechzig jar, dar nach in dem ersten jar, an Donstag vor sant Gallen tag. —

Vom Sigel hängt nur ein kleines Stück.

## 102.

### Erblehenbrief
### des Domcapitels zu Cur zu Gunsten Richen Laurenzen
### in Montafun.

#### Dat. 31. Januar 1362.

Ich Graf Rudolf v. Montfort der Jung, tumprobst ze Chur vnd Herr Rudolf tegan vnd das Capitell gemainlich ze Chur kündent vnd vergehent an disem offen brief alle den die in ansehent oder hörent lesen. das wir recht vnd reblich zu ainem

rechten Erblehen verlühen habent. Dem beschaiden Mann dem
Richen Laurentzen in Montafon vnd sinen Erben. ob er
enwer. vnsern widmen¹ in Montafon ze sant Bartholomeuskilchen.
vnd mit dem geding daz vns der vorgenant Laurentz alb sin
erben ob er enwer Jährlich ze zinß geben sol uff Sant Martis
tag. ain pfunt pfennig Costentzer münz. vnd wer ob er den zinß
nit richti uff sant Martistag an geuerd er alb sin erben, so hat
er darnach frist uff den nehsten zwelfften tag, alb sin erben ob
er enwer. So ist das vns der vorbenempt widem zinßfellig an
alle widerred vnd fürzug. Vnd des ze waren offner vrkund vnd
stäter sicherhait. So henk ich der vorbenempt Graf Rudolf v.
Montfort der jung tumprobst ze Chur min aigen Insigel an
disen brief. Vnd ich Herr Rudolf tegan vnd das Capittel ge=
mainlich ze Chur henkent vnser aigen des Capittels In Sigel
an disen brief. Der geben wart ze Pludentz in der Statt des
Jares do man zalt von gottes geburt 1362sten Jar an dem nech-
sten Mentag vor vnser frowentag der liechtmeß.

Abschrift aus dem großen Chartularium, Fol. 271, im bischöflichen Archiv zu Cur.

¹ Pfarrgut.

## 103.

### Bischof Peter und das Capitel
zu Cur geben der Gräfin Kunigunde v. Toggenburg geb.
v. Vaz und den Gebrüdern Friedrich, Donat, Kraft und
Diethelm v. Toggenburg die Burg Friedau sammt Meyer=
höfen zu Zizers, Yins und Fryus um 440 Mark als
Pfand mit Wiederlösung ꝛc.

Datum Maienfeld 3. Sept. 1362.

Wir Kunigund (von Vatz erborn) Gräfin v. Toggen-
burg. Gräff Fridrich der jünger. Gräff Donat. Gräff Kraft.
vnd Greff Diethelm gebrüder v. Toggenburg kundent unn

verjehent offenlich mit disem brief. won vns der erwirdig Her Byschoff Peter von gottes gnaden ze Cur die Burg Fridou¹, den großen maygerhoff ze Zützers vß genomen sechs vnn drißig schöffel gersten die vormals den Tumben vnd ir erben, dar uß versetzt sind die maygerhöff ze Zins² vnd ze Fryus³ lüt unn gut all nuß vnd rechtung die zu der selben burg vnd in dieselben Höff gehörend enend dem Hag von Aspermunt⁴ vnd in die Languuar intweberhalb deß Rins ze ainem rechten werenden pfant ingesetzt hatt, mit willen wissend vnn gunst der Erwirdigen Herren, des Tumprobst des Tegans vnn deß Capitels ze Cur vmb vier hundert vnn vierzig mark Curwälsch marken, in acht pfunt mailesch für ain mark gerait die wir im vnn sim Gotzhus dar verliehen habend vnn in sines Gotzhus offen nutz komen sind als die brief wol bewisend die wir darvmb von im haben, daz wir vnn vnser erben ob wir nit wärend, dem obgenannten Byschoff Petern sinen nachkomen vnn Gotzhus oder Capitel ze Chur ob ain Byschoff nit wär, die vorgeschrieben burg Fridou mit allen ir Zugehörden ze lösen söllen geben an widerred vmb als vil marken als vorgeschrieben stat in aller der wiß vnn mit allen den rechten als si vns vnd vnseren erben · versetzt ist wann wir des von inen gemant werden an allen fürzug. daz haben wir die obgeschrieben Frow Künigund Gräfin für vns vnd Graf Friedrich vnd Graff Donat für vns vnd die obgenanten vnser brüder Graf Kraft vnd Graf Diethelm für vns vnd vnser erben verhaißen vnn gelopt mit trüw in aids wiß. Es ist aber bedinget vnn beredt wenn vns der obgenant Byschoff Peter ober sin nachkomen vn Gotzhus oder das Capitel ze Cur. ob ain Byschoff nit wär die vorgeschriben pfening richtend vor sant Johans tag ze Sunwend, so söllend inen die vorgeschriben Burg vnn mayerhoff mit allen zinsen vnn nutzen von vns vnd vnsern Erben, genzlich vnd redlich veruallen sin Richtend aber si vns die pfennig nach demselben sant Johanstag so süllend vns die Zins vnd nütz des Jars veruallen sin an all geuerb. Deß ze Urkund geben wir die dü obgeschriben Frow Künigund Gräfin Graf

Friedrich vnd Graf Donat disen brief besigelt mit vnsern Insiglen für vns vnd für die obgeschrieben vnser brüder Graf Kraft vnd Graf Diethelm vnd dů wir die obgenampten Graf Kraft vnn Graf Diethelm vns verbinden, won wir aigen jnsigel nit haben. Der brief ist geben ze Mayenueld in vnser vesti do | man zalt von gottes geburt M ccclx secundo am samstag vor vnser frowen tag ze Herbst.

---

Abschrift aus dem alten Urbar in 4° im bischöflichen Archive zu Cur.

[1] Friedau: der große viereckige, noch bedachte Thurm steht mitten im Dorfe Zizers unterhalb der Landstraße.

[2] Pins. Wahrscheinlich Igis, vulgo Giis. Das Sisinnij in der Urkunde Nro. 28 der I. Bandes des Cod. Dipl. liegt nahe und ist vielleicht eben das jezige Igis.

[3] Vielleicht bei dem Schlosse Friewis oder Früaus bei Mastrils.

[4] Ob der Molinära, kommt auch als „nůw Aspermunt" vor.

## 104.

### Compromißbrief
zwischen dem Capitel zu Cur und Conrad v. Remüs betreffs der St.-Valentins Kapelle.

Dat. Schluderns 7. Sept. 1362.

Anno Domini MCCCLXII Jnd. XV. die Mercury 7 die mensis Sept. Actum in *Sluderns* in domo q. *Rüpli..i de Sluderns*. Jn praesentia domini *Nicolai* militis de *Liechenberg*[1] Dom. *Johannes de Reichenberg*, Dom. *Hainrici* honesti sacerdotis plebani in *Las* et dom. *Anthony* plebani in *Glurns* et aliorum testium rogatorum. Ibique Dom. *Johannes* dictus *Senger de Machelinshouen* Canonicus *Curiensis* cum plena potestate totius capituli canonicorum *Curiensium* ex parte una et Dom. *Conradus de Ramussche* ex parte altera compromiserunt in nobilem Dominum *Ulricum* Advocatum seniorem *de Mätsche*, ita quod ad se sumeret et acciperet quinque honestos homines quos ad se recepit videlicet Dom. *Hainricum de Reichenberch*. Dom. *Hainricum* Clauigerum castri *Tyrolis*. Dominos *Conradum Panigad*, *Erasmum de Colraun* et *Lantzolctum de Glurns* per omni lite et actione quas prescripte partes simul habent occasione Capelle et hospitalis Sancti V*alentini* et ejus bonorum et censuum exprimendum inter ipsas partes amicabilem compositionem vel ius super eorum juramento. Qui arbitri auditis allegationibus processibus et literis utriusque partis exprimerunt jus super eorum juramento in hunc modum, quod quecunque pars dicta dictorum arbitrorum firma non conservaret, eadem pars teneatur solvere ipsis arbitris marcas 50 denariorum monete *Meranensis*. Et quoniam litere predicti domini *Conradi* quas habz (sic!) a prescripto Capitalo dicebant, quod in quibuscunque litibus prescriptis ipse partes non essent concordes debent habere recursum ad dominum *Herrmannum de Nantzingen* Canonicum *Curiensem* et q. dominum *Rupretum* plebanum in Sluderns et *Hainricum Zingibelin*, olim magistri *Curie* dni Episcopi *Curiensis* per omnibus prescriptis litibus componendis. Et si dicte partes dictos arbitros habere non poterint, tunc prenominatus nobilis Dominus *Ulricus* habet auctoritatem alios homines communes arbitros ipsis partibus dare. Item pronuntiant et exprimunt quod ambe partes per amicabilem compositionem vel per ius super eorum juramento debent in eorum dictis contentari. Dantes mihi auctoritatem plenam hoc instrumentum arbitrationis scribendi et meliorandi ad consilium duorum arbitrorum.

Ego *Ulricus* notarius fil. q. Domini *Laurenty de Reichenberch* predictis omnibus interfui et rogatus scripsi.

---

Abschrift von Fol. 31 des großen Chartulars im bischöfl. Archiv zu Cur.

[1] Ohne Zweifel Lichtenberg. Die gleichnamige Burg und das Dorf Lichtenberg liegen im Vinstgau, zwei Stunden unterhalb Glurns, an der Etsch.

## 105.

### Güterschenkung
### an das Kloster Curwalden, durch Eglolf und
### Friedrich v. Juvalt.

Datum Cur 24. Februar 1363.

Allen den die disen brief lesen oder hörent lesen künden wir Eglolf vnd Fridrich von Juualt gebrüder vnd veriechen offenlich das wir mit guter vorbetrachtung gesund libs vnd muts durch Got vnd durch vnsern vordern vnd vnser sele hails willen geben haben vnd geben mit disem brief für vns vnd für vnser erben den erwirdigen geistlichen heren dem Probst vnd dem Conuent des closters zu kurwald premostrater ordens die wisan ob kurwald gelegen geheißen Rabacasca stoset oberhalb gegen lentz an den hof Saletz des selben closters vnd vnderhalb gegen Cur an die wisen des selben closters geheisen praun de coira vnd ze beiden siten och an des selben gotzhus wisen vnd ein wisan heiset praun de Girliang stoset ze ainer siten an ein wisen die buwet Augustin von lentz gehört zu der vesti Griffenstein vnd zu den andren siten stoßet die selb wiß an des obgenanten Gotzhus wisen haißent Brabruscana du selben guter hand gulten von alter vier schilling an werd an käs. Also

das der Probſt vnd Conuent deʒ ſelben cloſters dů ſelben güter
haben ſullen beſetzen vnd entſetzen als ir eigen güter. Es iſt aber
bedinget vnd beredet das vnſer bruder **Ulrich von Juvalt**
Kloſterherr des obgenanten Gotzhus. Die obgenanten güter vnd
alles das davon kumen mag haben vnd nießen ſol ʒe einem lib=
ding die weil vnd er lebt an ſumung vnd intrag des obgenanten
Probſts vnd ſines nachkomen vnd Conuentʒ Beſchech aber das der
ſelb **Ulrich** vnſer bruder dem Probſt Conuent vnd dem Orden
widerſpenig wurd vnd vngehorſam daʒ gott wend vnd in des
ordens gehorſam nit lebte als billich vnd recht iſt. ſo ſol er
dannenhin dů obgenanten güter fürbaʒ nit nißen noch haben vnd
ſullen die ſelben güter dem ſelben gotzhus alle glich denn fürbaʒ
warten Vnd ſol der Probſt vnd der Conuent des ſelben Gotzhus
**ʒu kurwald** die ſelben güter denn fürbaʒ eweglich haben nießen
vnd beſitzen an all den ſelben vnſers brubers **Ulrichs** vnd vnſer
vnd aller vnſer erben widerred klag veintſchaft ſumen Jrren vnd
anſprach. wir die obgenanten **Eglolf vnd Fridrich von
Juualt** gebrüder vnd vnſer erben ſullen och des obgenanten
Probſtes Conuentʒ vnd cloſterʒ vmb die obgenant güter gut wer
ſin nach recht an geiſtlichen vnd weltlichen gericht. vnd an allen
ſtetten da ſy deʒ notburftig werdent. Vnd deʒ ʒe vrkund ſo gib
ich der obgenant **Eglof von Juualt** diſen brief beſigelt mit
minem Jnſigel. Jch der obgenaut **Fridrich von Juualt** wan
ich eigens Jnſigels nüt enhan hab ich erbetten den wolbeſcheiden
**Wilhelm penagaben** den eltern daʒ er ſin Jnſigel für mich
gehenckt hat an diſen brieff wann ich mich darunder verbunden
hab Jch der obgenant **Wilhelm penagab** durch bett deʒ ſelben
**Fridrichs von Juualt** han min Jnſigel gehenkt an diſen
brieff der geben iſt ʒe **Cur** in dem Jar do man ʒalt von Gotʒ
geburt Trůʒehenhundert Jar darnach. in dem drů vnd ſechʒigoſten
iar an ſant mathistag deʒ heilgen ʒweffbotten.

Nach der legaliſirten Abſchrift im Chartularium des Kloſters Curwalden,
Fol. 17.

## 106.

Graf Rudolf v. Montfort zu Feldkirch
verkauft dem Bruder Conrad zu Bendern einen Weingarten.

Dat. Feldkirch 12. März 1363.

Orig. im Archiv zu St. Luzi.

Auszug. „Ich Graue Rudolf v. Montfort[1] Herr
ze Veltkilch künd vnd vergich offenlich, das ich nach Rat miner
erben, vnd Amptlüten han ze koufen geben, dem erbern Herrn
vnd gaistlichem manne Bruoder Cunraten von Pender, wi-
lent Jäklis Murers säligen sun, den wingarten vnd Infang
gelegen am Kapf, obrenthalb Graf Albrecht von Wer-
denberg Wingarten, ze rechten aigen für ledig vnd los, vmb
drißg phunt phennning guter vnd ganger Costentzer münss. Ze
warer vrkund mit minem Insigel behenkt, geben ze Veltkilch
drüzehenhundert vnd drü vnd sechtzig Jar, an sant Gregorien tag
in der Vasten."

---

Das Sigel hängt wohlerhalten.

[1] Ohne Zweifel der Sohn des am 10. August 1310 bei Schaffhausen er=
mordeten Hug. Rudolf starb 1373.

## 107.

**Frau Ursula, Gräfin v. Werdenberg-Sargans und ihr Sohn, Graf Johann, verzichten zu Gunsten des Grafen Friedrich v. Toggenburg und seiner Gemahlin Kunigunde auf das Thal Schanfigg.**

Datum Cur den 22. März 1363

Original im Archiv zu St. Peter.

Allen den die disen brief ansechent oder hörent lesen, künd ich Liechtenstein v. Haldenstein vogt der stat ze Cur und vergich offenlich mit disem brief, daz für mich sament, an offen gerichte, da ich an offener früer des richs lantstraße offenlich ze getichte saß, die edel wollgeboren frow fro Ursella geborn v. Vatz gräuin v. Werdenberg von Sanegans, und der edel her graf Johans ir sun, und offenetent mit fürsprechen vor mir vor gericht, sie werent eines rechten reblichen koffes über ein kommen mit dem edelen herren graf Fridrichen v. Thoggenburg dem elteren, und mit der edelen wolgebornen frowen fro Kungunden gebornen von Vatz gräuin von thogenburg, und mit allen iren kinden, uff einen widerkoff umb al vil gut und uff so vil tag als die brief die darumbe von des selben koffs wegen geben wurdent wol bewisent, umb das tal daz geheißen ist Schanfigg lüt un gut als die koff brief sagent werdent uud battent in an einer urteil ze erварn, wie si sich disselben gut entzichen und uffgeben söltent, und in derwegen herrn v. thoggenburg und fro Kungunden hend bringen sölt als

recht wer und hie nach kraft hette, und da ward mit ge=
rechter gesammelter urteild erteild uff den eid daß die obgenant
frow fro Ursella greuin von Werdenberg v. Sanagans
einen vogt neme wenn sie wölte, und daz si sich mit ir und mir
desselben ir vogts hand des vorgeschriben guz Schanfigge en=
tzige an des gerichtes stab, und dasselb der egenant graf Johans
och tete, daz tett och daze mal die obgenannt frow fro Ursella
gräuin v. Werdenberg von Sanegans, und erkösse ze vogt
über dis sache Ulrich v. Halbenstein, und entzeche sich
fürbaß nach der urteild mit ir und mit irs vorgenanten erkornen
vogts handen, und der egenant graf Johans mit sin selbs hande,
an des gerichts stab, als in das recht und urteild geben hant,
und brachtent es fürbaß von des gerichts stab in des obgenanten
edelen herren v. Thoggenburg fro Kungunden gräuin siner
elichen würtinnen und in ir kinden hende, als recht und urteild
geben hat, und des ze einen waren offen urkunde der vorgeschriben
dingen so gib ich der obgenant vogt Lichtistein v. Halben=
stein durch ernstlicher bett willen der vorgeschriebenen beider teilen
min insigel an disen brief daz ich von des gerichtes wegen und
von recht thun sol, und mir darumbe erteilet wart. Dis geschach
und ward der brief geben ze Cur in der statt da man zalt von
gottes geburt 1300 iar und darnach in dry und sechzigesten iare
in der nächsten mitwuchen vor dem balmtag.

---

Das Sigel hängt.
Ein Regest dieser Urkunde findet sich in v. Mohr Regesten der Landschaft
Schanfigg Nro. 18.

## 108.

**Kaufbrief**
durch welchen Ursula Gräfin v. Werdenberg-Sargans
geb. v. Vaz und ihr Sohn das Thal Schanfigg dem
Grafen Friedrich von Toggenburg und seiner Gemahlin
veräußern.

Dat. Mennenvelb¹ 24. März 1363.

Original auf Pergament im Archive zu St. Peter

Wir Ursella geboren von Vatz gräfin v. Werdenberg von Sanegans und ich graue Johans ir sun, verjechent und tugent kunt offenlich und menklich mit disem brief daz wir willklich und gern mit guter vorbetrachtung nach erber unser fründen rat habent recht und redlich ze koffen geben dem edelen herren graf Friderich v. Thogenburg dem eltern und der edelen wolgebornen frowen, fro Künigunden geboren v. Vaz grefin v. Thogenburg und allen iren erben unsern lieben gutten fründen, daz tal, daz da geheißen ist Schanfigge gelegen in Curer bistumb, mit lüt mit gut, mit zwinge mit benn mit allen gerichten stokk und galgen mit wun mit weid mit holtz mit velb, mit aker mit wisen mit wasen mit zwi mit waffer mit waffer rünst mit steg mit weg mit wildbann fliegentz fliechentz und flieffentz mit allen nutzen und rechten und gewohnhaiten und ehafti und mit aller zugehörend als wirs da her bracht ingehept und genoffen habent an allein alle von Unberwegen, Johansen Schanfiggen Annen sin schwester und Bellinen genannb Schanfigg seßhaft ze Emptz die mit namen in den koff nit hören sont und wir uns selber vorus benempt habent, umb tusend pfund pfenning guter und genemer costenzer müntz, und die wir alle von

in empfangen habent und in unsern guten redlichen nutz komen
und bewendet sint, und habent och wir die vorgenanten gresin
Ursella v. Werdenberg v. Santgans und ich der vorge-
nant graf Johans ir sun und unser erben deegenanten stuk
aller von einem an das ander gelobt und süllen derselben stuck
gut weren sin an geistlichem und an weltlichem gericht nach recht,
und wa und wenne si sin bedürffent oder notürftig wurdent an
geuerde, eigen nach eigem recht lechen nach lechentsrecht. Wir die
vorgeschriben Ursell greuin v. Werdenberg v. Sanegans
han och gelopt mit guten truwen, und ich der egenant graf Jo-
hans han och gesworen einen eid zu den heilgen mit gelerten
worten und mit uffgehabner hand, also were daz es sich erpfunde
daz under den egenanten stufen in demselben tal Schanfigg keyn
stuf lechen wo wenne wir denne oder unser erben von inen oder
von iren erben des ermant werdent, daz selbe stuf dar umbe wir
denne gemant sint, daz denne lechen ist, daz sullent wir inen denne
vertgen, und darnach . . . . . und . . . . . . . . . sin bi der-
selben gelübbe nach lechens recht an alle geuerde. Wir die ege-
nannt greuin Ursella v. Werdenberg v. Sanegans ver-
jechent an diesen brief daz wir disen vorgenanten koff und allü
stuk als vorbeschaiden ist mit des erbern knechts Ulrich v. Hal-
benstein guten willen und gunst getan und volfürt habent wan
er umb dis sach und koff uns mit gericht und mit urteild ze einem
erkornen vogt geben ward, als urteild und recht gäb und habent
denselben Ulrichen v. Halbenstein erbetten, daz er sin insigel
gehenkt hat an disen brief ze einer bezügnuß der vorgeschriben
dingen, wir Ursella gräuin v. Werdenberg v. Sanegans
und ich graf Johans ir sun die ebenempten verjechent offenlich
alles des so hie vor uns an disen brief geschriben stat, stet ze
hanne alles daz bi der selben gelübbe als hie vor geschriben stat
und darumbe so haben wir unserü insigel offenlich gehenkt an di-
sen brief ze einer steten sicherheid der vorgeschriben dingen. Ich
Ulrich v. Halbenstein vergich daz ich von bette wegen der
edelen minner genebigen frowen greuin Ursella v. Werdenberg

12

v. Sanegans min insigel gehenkt han an disen brief in vogtz wiss, wann ich ir mit urteilb und mit recht ze einem erkornen vogt über disz sach geben und erteilet ward, und daz derselbe koff mit minem guten wollen und gunst genzlich beschechen und volfürt ist. Dire brief ist geben und ward dire koff volfürt ze Mennenfeld da man zalt von gottz geburt drüzechen hundert jar und dar (nach) in dem brü und sechzigosten jare an dem nechsten fritag an unser frowen abend zer ern in dem Merzen.

Die Sigel Ursula's v. Werbenberg geb. v. Vaz, Johann's v. Werdenberg und Ulrich's v. Haldenstein hängen.

Ein Regest dieser Urkunde findet sich in Nro. 19 der Schauzigger Regesten von C. v. Mohr abgedruckt.

[1] Mennenfeld ist zweifelsohne Maienfeld.

## 109.

Vergleich des Freih. Ulr. Walth. v. Belmont mit dem Convent zu St. Lucius, Betreffs des Hauses Gretschins zu Cur.

Dat. Cur 7. April 1363.

Orig. im Archiv zu St. Lucius.

Ich Bolrich Walther von Belmont[1] künd vnd vergich offenlich mit disem brief Allen dien die in sehend oder hörend lesen, das ich mit den erberen gaistlichen | Herren — — dem Probst, vnd dem Conuent gemainlich des Closters ze sant Lutzen ze Chur, lieblich vnd gütlich über ain kommen bin, vnd gänzlich mit | inen bericht bin, umb alle die stöss vnd misshelle, die ich mit inen hat, von des huses vnn Hofstat wegen das man nempt

Gretſchins, vnn gelegen iſt | ʒe Chur in der ſtat, ʒe Salas, alſo, das ich den vorgenannten Herren, dem Probſt vnn dem Conuent ʒe ſant Luʒen aigenlich vfgeben han, vnn gib | recht vnd redlich mit diſem brief, allen den tail, vnn allü dü recht, die ich ʒe dem vorgeſchriben hus vnn Hofſtat ʒe Gretſchins vntʒ vf diſen hüttigen | tag als dirr brief geben iſt, gehabt han, ober hernach, ich ober min erben gehaben möchten. Vnd verʒih mich mit diſem brief für mich vnn für min erben | aller recht, vordrung, vnn anſprach, die ich ʒe den vorgeſchriben huſe vnn hofſtat ʒe Gretſchins vntʒ uf diſen hüttigen tag gehabt han, ober | her nach ich ober min erben gewinnen möchtent an alle geuerud. Und dar vmb hand mir die vorgenanten Herren der Probſt, vnn der Conuent ʒe ſant Luʒen | geben nün Mark, ie acht phunt maileſch für ein mark ʒe raitenn, die ich von inen bar empfangen han, vnn in minen reblich nuʒe bekert, Ich der | vorgenant Volrich Walther v. Belmunt, vnd min erben, ſüllen och vnſers tails, vnn alles des rechtes ſo ich hat ʒe dem vorgeſchriben Huſe vnn Hofſtat | ʒe Gretſchins, der vorgenanten Probſtes vnn Conuentes ʒe ſant Luʒen, gut weren ſin nach recht, an gaiſtlichem vnn an weltlichem gerichte | vnn an allen den ſtetten, da ſi ſin notburftig werdent, mit guten trüwen an alle geuerbe. Vnd ʒe ainem waren vnn offen Vrkund, dirr vorge | ſchriben dingen, hab ich der vorgenant Volrich Walther v. Belmunt, für mich, vnn für min erben min Ingeſigel gehenkt an diſen brief. Der geben iſt ʒe Chur, do man ʒalt, von gottes geburte drüʒehenhundert iar, dar nach in dem drü vnd ſechsʒigeſten Jare, an | dem nehſten fritag nach ſant Ambroſientag.

---

Das Sigel des Freih. Ulr. Walth. v. Belmont iſt abgeriſſen.

1 Nach J. U. v. Salis-Seewis hinterlaſſenen Schriften ſtarb er 1390, was nicht einſchlägt, da er ſchon 1374 todt war, — der leʒte ſeines Geſchlechtes.

## 110.

**Bischof Peter von Cur**
gibt dem Hans Köderlin, Amman von Cur und dessen Erben
drei Tavernen zu Cur nebst dazu gehörenden Gütern
zu Lehen.

Dat. Cur 23. Juni 1363.

Wir Peter von gottes gnaden Bischof ze Chur kündent vnd
verjehent offentlich mit disem brief allen dien, die in ansehent
oder hörent lesen, das wir dem beschaiden knecht Hansen Kö=
berlin ammann ze Chur Margarethen siner elichen Wirtinen
vnd allen iren erben eweklich ze ainem rechten erblehen verlihen
haben vnd lihent recht vnd redlich mit vrkynd diß briefs dry tauer-
nan mit allen iren rechten vnd zugehört. Die erst Tauern ist ge=
nant Richels tauern vnd hört dazu. LIII mammat wisen vff
Brugger wisen haißent praw robùn. stoßent vorzu an der von
sant Luzien wisen. Item fünf manmat wisen ligent darvnder
abhin, haißent praw da naif, vnd stoßent och ain halb an vnser
wisen. Item II Juchart acker. ligent vndrent Nigrol. Da man
hin gat gen Empz vnd stoßent Empz halb och an vnsern aker.
Item ain Juchart aker lit ennet Nigrol enzwüschent baiden we-
gen da man gen Empz gat, Item ain Hofstatt lit vor Hansen
Hus v. Port. Dis ist die ander Tauern, die man wilont nempt
Hainrich's tauern von Schams vnd hört darzu VI manmat
wisen ligent ze prauserin[1] vnd stoßent ain halb an Hansen
wisen v. Ratels. Item I manmat wisen lit vff bruggerwisen
vnd stoßet ain halb an der von sant Lucien wisen. Item III
an mal aker ligent ze dem vndren tor. vor dem crütz vnd stoßent
den gemeinen weg. Item I juchart acker lit barob in Gailla robunba-

Item II mal aker lit ze malairs. Item ain Hofstatt lit an dem obern markt vnd stosset an Algoß hus. Dis ist die dritt tauern, die man wilont sprach Hainrich's tauern von Curtweber vnd hört dazu ain Juchart aker. Item II mal aker ligent ze Danen stossent ainhalb an Albrechts v. Schowenstain aker. Item II mal aker ligend in der vsser quaber vnd stossent och an vnsern aker. Ist och daz sich hie nach besint daz etlichü güter mer, zu den obgeschribnen tauernen ze recht gehörent daz sond sü vnd ir erben och haben vnd niessen, besetzen vnd entsetzen in allen den rechten als diß obgeschriben güter. vnd haben inen daz also gelihen mit dem gedingt, daz der obgenempt Hans Köberli Margareth sin elich wirtin vnd iro erben sont vns vnd vnsern nachkommen von den obgeschribnen tauernen vnd güter si sigent benempt oder vnbenempt iärlichen ze zins richten vnd geben an allen vfzug ie von ainer tauern dero dry sint fünfzehen krinnen käs ain wert suder Höws vnd IIII Juder mist 1 lib. mailesch vnd VIII ß. mailesch. Das sol er vnd sin erben vns vsrichten in dem iar so es vns vnd inen füglichen ist, an alle geuerd, des ze ainer waren vrkund vnd guter sicherhait vest vnd stät ze halten dis obgeschriben gedingt haben wir Bischof Peter vnser Insigel gehenkt an disem brief der geben ist anno etc. LXIII an sant Johans abent des töffers.

Abschrift aus dem registr. de feodis Fol. 91 im bischöflichen Archiv zu Cur.

[1] Heut zu Tage noch Prasserin; auch die Bezeichnung Bruggerwiesen existirt noch.

## 111.

### Bischof Peter von Cur
versezt dem Amman Hans Köderlin von Cur drei Tavernen daselbst nebst Anderm um 61 Mark.

**Dat. 23. Juni 1363.**

Auzug. Wir Peter ꝛc. tun kunt daz wir die obgenemten dry Tauerna zwo Juchart aker vnd ain Hofstatt demselben Köderlin vnd sinen Erben versetzt haben vmb LXI Mark kurwälsch Mark. Wir habent och gewalt die obgenempten pfandung ze lösen wenn wir wend. Dat. ut supra.

Abschrift aus dem registr. de feodis Fol. 93 im bischöflichen Archiv zu Cur.

## 112.

### Erblehenbrief
Bischof Peter's von Cur zu Gunsten Hans Köderlin's, Bürgers zu Cur, um zwei Juchart Acker zu Cur gelegen.

**Ohne Tag (wahrsch. 23. Juni), 1363.**

Wir Peter ꝛc. tund kunt ꝛc. das wir dem beschaiden aman Hans Köderlin, burger ze Chur vnd sinen erben ze ainem rechten erblehen verlihen habent zwo Juchart akers gelegen ze Chur do man spricht ze Salisch stosset vorzu an der Custri ze Cur wisen vnd hindenzu an Vlrich Sellofen säligen wurtinen wisen. vorzu an ain wisen bü hört in ain tauern die der selb Köderli von vns ze lehen hat vnd vndenzu an Rud. Broggen säligen aker. Also daz der vorgenant Hans Köderli vnd sin erben vns vnd vnsern nachkommen dauon iärlich vf sant Martis ze rechtem zins sond geben fünf scheffel korn on alle fürzug vnd geuerd. Vnd des ze vrkund so henken wir vnser Insigel an disen brief. (Ohne Dat., aber unzweifelhaft des Nämlichen wie die Urkunde Nro. 111.)

Abschrift aus dem registr. de feodis Fol. 92 im bischöflichen Archive zu Cur.

## 113.

### Erblehenbrief
von Bischof Peter von Cur zu Gunsten Hansen Köderlin's und seiner Ehewirthin um zwei Juchart Acker und eine Hofstatt vor dem obern Thor.

Ohne Tag (wahrsch. 23. Juni), 1363.

Wir Peter x. tund kunt. daz wir Hansen Köderlin Amman ze Chur Margarethen siner elichen Wirtinen vnd iren erben ze ainem erblehen verlihen habent. Die vorbenempten (s. d. vor. Urk.) zwo juchart aker vnd ain Hoffstatt. gelegen vor dem obren tor zwüschent zwain wegen: da man gen sant Saluator gat vnd gen Empz vor dem Hus do man spricht Bouorgga ;davon si iärlich zinsen sond fünf scheffel korn vnd I viertel korn ze sant Martistag. Dat. ut supra.

Abschrift aus dem registr. de feodis Fol. 92 im bischöfl. Archive zu Cur.

## 114.

Lehenbrief

von Domprobst und Capitel zu Cur, zu Gunsten Hansen Brügel's von Cur um die Mühle oberhalb der Mezg.

Dat. Cur 4. Juli 1363.

Original im Archive der Stadt Cur.

Wir Graf Rudolf v. Montfort Tumprobst, Rudolf v. Veltkilch Tegan, vnn das Capitel gemeinlich ze Kur | künbent vnd versechent allermenklich mit disem brief, das wir dem erbern knecht Hansen genant Brügel | dem Müller, burger ze Chur, Iten siner elichen wirtinen vnd allen iren rechten liberben, die von inen baiden | künftig sind, gelihen habent vnn lihent recht vnn reblich ze ainem rechten erblehen vnser Mülj¹ die gele | gen ist ze Chur in der Stat ze Args obrenthalb der Metzj, mit der Hoffstatt, vnn mit allen ir rechten | vnn zugehörden, vnn stosset dieselb Mülj vornan vnd hindenantzu vnn ze der ainen siten an den gemainen | weg, also mit die gebing, das die obgenanten Hans Brügel, Ita sin elichü wirtin, vnn ir liberben, vns | vor der vorgenanten Mülj ierlich vf sant Martinstag, ze rechtem zins richten vnn geben sond fünf | undzwanzig scheffel gut gersten, an alle geuärd, tätind si das nüt, oder das si darumb mit vnserm oder vnsers Ammans, wer denn vnser Amman ist, guten Willen vns belibend, so sol vns die vorgenant Mülj | mit aller zugehörd gentzlich von inen ledig vnn zinsfellig sin, an alle widerred. Wir söllent och | der vorgenanten Mülj, der obgenanten Hansen Brügels, Iten siner wirtinen, vnd ir liberben, gut weren | sin nach recht, an gaistlichen vnd an weltlichen gericht vnd wa si sin not=

durftig werdent an alle geuerd, | vnd ʒe ainem waren Vrkund der vorgeschriben dingen, haben wir die obgenanten Tumprobst | vnn Capitel ʒe Chur vnsern Ingesigel gehenkt an disen brief, der geben ist ʒe Chur, do man zalt | von Gottes geburt 1363 sten jar an sant Vlrichstag |. — Sigel fehlt.

---

In der Urkunde Nro. 80 vom 8. März 1359 wird die Mühle oberhalb der Metz auch Chorherrenmühle genannt und möchte demnach die jetzige sog. Münzmühle sein. S. auch Urk. vom 5. Aug. 1382.

## 115.

### Andreas Planta

schenkt dem Convent zu St. Lucius ein Haus zu Cur, damit seine, seiner Frauen Bertha, seines Sohns und seines Bruders Jahrszeiten begangen werden.

Dat. Cur 11. März 1364.

Orig. im Archive zu St. Lucius.

Allen dien die diesen brief sehend oder hörent lesen, künd ich Andres Planta, vnd vergich offenlich | mit disem brief, das ich gesunt libs vnd mutes, luterlich durch got aigenlich vfgegeben | han, vnd gib offenlich mit disem brief dien erberen gaistlichen Herren, dem ... Probst | vnd dem Convent des klosters sant Luʒen, alles das geʒimber, gmür vnd | allü dü recht, die ich oder min erben gehept habent. oder her nach gewinnen möchtent, an dem | Huse das gelegen ist ʒe Chur in der stat, bi dem brügglin da man hingat gen der | brediern closter ʒe Chur, vnd stoßet vor zu an die gemainen straße bi vorgeschriben | brügglin, hinda zu an Dietrichs des kramers seligen Hus, ʒe der ainen siten an dem | mülibach, vnd ze der andren siten an dem gemainen weg, ze haben vnd ze niessen ewecklich als anber ir eigen gutt, Also mit dem gebinge, das si min, vnd mines sunes | Hansen, vnd mines brubers Herren Johansen Ritters, vnd Berchten, miner elichen Husfrowen | seligen Zarzit Järlich began sönd, in ben fronvasten, die in ber vasten komment | mit guten trüwen an alle geuerbe, vnd ze ainer waren Vrkund aller birr | vorgeschriben bing vnd gebing, han ich ber vorgenant Anbres Planta min | aigen Insigel gehenkt an bisen brief ber geben ist ze Chur bo man zalt von | gottes geburte brüzehenhundert Jar, bar nach in bem vier vnd sechszigosten | Jaren an bem Mentag nach sant Agnesten tag.

---

Das Sigel ist abgerissen.

[1] Die Genealogie der Familie von Planta wird burch biese Urkunde vervollständigt. Von diesem Aubreas stammen der Fürstbischof Thomas v. Planta und ber vor wenigen Jahren zu London ohne männliche Nachkommenschaft verstorbene Unter=Staatssekretär Joseph v. Planta, von Süs.

## 116.

### Verpfändung
der Vogtei zu Pfävers an ben Abt und Convent daselbst durch Graf Johannes v. Werdenberg=Sargans.

Dat. 17. April 1364.

Orig. im ehmaligen Archive von Pfävers.

Auszug. Graf Johannes von Werdenberg, Herr zu Sangans, verpfändet dem Abte und Convent zu Pfävers die Vogtei desselben Gotteshauses über Leute und Güter, um 400 Gulden von Florenz und um 25 kurwelsche Marken, je 4 ℔ Bilian[1] für eine Mark gerechnet, mit der für sich und seine Erben eingegangenen Verpflichtung, das Gotteshaus Pfävers und dessen Leute und Güter auch während der Dauer dieser Pfandschaft in allen Treuen zu schirmen, „alß ob die vogty in miner hand stuendi vnd mir ledig vnd loß wäri." Der Graf verspricht zugleich die Rückzahlung der Pfandsumme, wenn er von Abt und Convent dazu gemahnt würde, innert den nächsten drei Monaten zu bewerkstelligen. Das Recht der Wiederlösung behält der Graf sich ebenfalls vor, wenn aber diese Lösung von ihm geschieht, so soll der desselben Jahres von der Vogtei abfließende Nuzen dem Abt und Convente noch zu gut kommen. Ursula, Gräfin von Vaz, Wittwe Graf Rudolfs von Werdenberg und Mutter des Grafen Johannes, erklärt auch hier, daß dieses Alles mit ihrem guten Willen und Gunst vollführt worden sei. Dat. Sangans, Mittwoch vor St. Georientag. Sigel der Gräfin Wittwe, dasjenige des Grafen Johannes ist nicht mehr vorfindlich.

Abgedruckt aus Wegelin's Regester der Abtei Pfävers und Landschaft Sargans Nro. 538.

[1] Aus imperialis verkezert, also kaiserliche Pfunde.

## 117.

### Walther der Mayer von Altstätten
schenkt dem Domcapitel zu Cur eine Leibeigne zu Schlins.

Dat. Neu=Schellenberg 15. Oktober 1364.

Orig. im Archive des Domcapitels zu Cur.

„Ich Walther der Maiger von Altstetten der elter, künd und vergih offenlich an disem brief, allen die in sehent alder hörent lesen, | das ich gesunt libes und muotes, luterlich durch Got, und durch unser frowen er (Ehre) willen, und durch miner sel, und durch allen miner vordern und ouch nachkomen selan hail willen han ufzegeben aigenlich und gib ze rechtem aigen t disem brief ben | ersamen herren den — Chorherren und dem cappitel ze Chur. Annen Rütnerianen die ietz ze Lüns¹ seßhaft ist, und | dü da her min recht aigen gewesen ist, mit lib mit guot, mit ligendem guot und varendem guot, besuohtem und uebesuo ! htem, und mit allen den rechten, als ich die selbeu frawen Annen unz her für aigen innegehept han, und entzih mich | mit disem brief, aller rechten und anspruch, die ich alder min erben an der obgedahten frowen gehept habint, alder noh | gewinnen möthind an alle gevärd. Vnd des ze waren urkund han ich min insigel gehenkt an disen brief für | mich und für min erben. Und ward dür brief ze der newen Schellenberg geben, do man zalt von Cristes geburt drüze | henhundert iar und vier und sehßig iar an sant Gallen abent.

Das Sigel hängt.

¹ So ist das Wort geschrieben; in der Ueberschrift aus späterer Hand steht Schlins.

## 118.

### Cessions=Vertrag
zwischen Anna v. Obercastel und Conradin v. Marmels.
#### Dat. Cur 3. März 1365.

Orig. im Besitze des Hrn. Oberst Em. v. Salis=Soglio.

**Auszug.** Anna v. Obrencastel, Rud. v. Unterwegen eheliche Wirthin trifft mit Conradin v. Marmels ein Einverständniß Betreffs des „gemureten Huses das wiland was Margrethen der Gansnerin" zu Cur gelegen. Der v. Marmels richtet sie aus für den Drittheil von 36 Mark, die sie auf dem Hause hatte und sie überläßt ihm dafür diesen Drittheil. Dieses geschah mit Willen ihres Ehewirths und durch Hand ihres Vogts Otten Castelberg. Dat. Cur am 3ten Tag ze irgendem Merzen.

O. Castelberg's Sigel hängt.

## 119.

**Kaiser Karl IV.**
bestätigt dem Bischof Peter alle von König Conrad II. ertheilten Privilegien, wie auch die Schenkung des Klosters Disentis.

Dat. Wratislaw 29. Mai 1364.

Jn nomine sancte et individue Trinitatis feliciter amen Karolus quartus divina favente clementia Romanorum Imperator semper Augustus et *Boemie* Rex. Ad perpetuam rei memoriam. Quamvis felicissima Christi advocatia sacrosanctum videlicet Romanorum Imperium cui Deo auspice feliciter presidemus. tunc preclaro cultoribus secundum recte rationis dispensationem manus defensorias porrigit pariter et dativas. precipue tamen divine solis in aspectu Romana probatur aquila generose ludere volatu cum Imperiales alas majestatis zelo pietatis super Christi ecclesias protendere conspicitur ecclesiasticasque personas. Sane venerabilis *Petri Curiensis* episcopi Principis Consiliarii Secretarii et devoti nostri dilecti supplex petitio maiestati nostre cum debita devotione oblata continebat. quatenus sibi successoribus suis Episcopis et ecclesie *Curiensi* literam infrascriptam recolende memorie diui *Cunradi* secundi Romanorum regis antecessoris nostri approbare ratificare innovare de novo concedere auctorizare et confirmare auctoritate cesarea dignaremur generose. Tenor vero dicte litere sequitur per omnia in hec verba: In nomine sancte et individue trinitatis dei gratia Rex *Cunradus* invictissimus. Scimus bene nec ignorare nos convenit cum quo ingenio qua peritia qua vel omnium virtutum administratione regni gubernacula tractanda sint ea namque si minus caute minusque sapienter Imperatorum quisquam regimini se diversis rerum tempestatibus commotum perturbatur facile omnium malorum fluctibus subruitur. Oportet igitur ut omnium rerum subtili pertractatione diligenter servemus quid cui credendum quid negandum sit perpendimus, verum tamen fidelium nostrorum duntaxat honestis petitionibus obtemperantes mansuetudinem comite benivolentia non obliviscamur. Quam obrem hoc retro maiorum nostrorum exemplo inducti omnibus nostris fidelibus tam presentibus quam futuris notum esse volumus. quod nos ob interventum Cancellarii nostri *Henrici* nec non et aliorum fidelium nostrorum sancte *Curiensis* ecclesie presuli venerando *Uldoni* successoribusque ipsius prefate sedis futuris Episcopis Monasterium *Disertine* cum omnibus pertinentiis donavimus ac quidquid de eo ad regalem pertinuit potestatem irrefragabili donatione concessimus. Et ne aliqua in regno nostro magna vel parva persona ius potestatemque eiusdem loci et monasterii cum omnibus pertinentiis suis prefato nostro fideli et Episcopo *Uldoni* suisque decessoribus contradicere presumat firmiter precipimus. Quod ut verius credatur ab omnibusque diligentius observetur manu propria confirmavimus et nostro sigillo insigniri jussimus. Nos igitur habita consideratione status Imperialis in quem nos Dominus omnipotens quamvis insufficientibus nostris meritis sua benignitate prefecit, et ex eius ordinato regimine commodis Ecclesiarum et Monasteriorum pre ceteris nobis commissis ob honorem Dei altissimi ac gloriose Marie intemerate virginis genitricis eius preesse tenemur. Considerantes etiam proprie salutis compendia ac etiam multiplicia merita probitatis et preclare devotionis insignia quibus prefatus *Petrus* et sui antecessores *Curienses* Episcopi sacrum romanum Imperium dignis quidem studuerunt honoribus venerari, presertim etiam cum supplicatio predicta de fonte rationis emanet et juste petentibus non sit iuris via denegandum assensum animo deliberato non per errorem aut improvide seu de certa nostra scientia principum Ecclesiasticorum et secularium Comitum Baronum nobilium et procerum et Imperii sacri sano et maturo sepius revoluto prehabito consilio litteram suprascriptam in omnibus suis articulis sententiis punctis et clausulis sicut superius expressatur auctoritate cesarea et de plenitudine imperialis potestatis sicut digne possumus aliorum juribus salvis approbamus ratificamus innovamus ac de novo concedimus auctorizamus et gratiosius confirmamus. Nulli ergo omnino hominum liceat hanc nostre maiestatis paginam infringere aut ei ausu temerario quomodolibet contraire. Si quis autem contrarium attemptare presumserit ultra id quod attemptata quelibet cunctis viribus eo ipso carere decernimus, legalis sanctionis pena subjaceat et indignationem sacri Imperii penamque centum marcarum auri puri quarum medietatem jam dicto imperio. Residuam vero partem quoties contrafactam se noverit ipso facto irremissibiliter incursurum. signum Serenissini Principis et Domini, Domini Karoli Quarti Romani Imperatoris invictissimi et gloriosissimi *Boemie* Regis. Testes hujus rei sunt venerabiles *Iohannes Olomucensis*. *Pritzlaus Wratislauiensis* Ecclesiarum Episcopi Illustres. *Ratzmirus Stettinensis. Ludovicus* et *Henricus lignicenis*. *Bolko Swiduicensis. Bolko Falkembergensis* et *Bolko Opuliensis* Duces. Nobilis *Bursa* junior de *Risembury*, *Wilhelmus de Hafenburg* Magister camere nostre. *heinricus de tzegelheim* magister coquine nostre Et quam plures alii nostri Imperii Sacri fideles p. . . . sub imperiali nostre majestatis sigillo testimonio literarum. Datum *Wratislavie* A⁰ Dom. millesimo trecentesimo sexagesimo quarto. Ind 2ᵈᵃ IIII Kl. Junii Regnorum nostrorum A⁰ 18 Imperii vero decimo.

---

Abschrift aus dem großen Chartular im bischöflichen Archive zu Cur. Regest Nro. 126 der Disentiser Regesten von Th. v. Mohr, mit diesem Beisatz: „Die Synops. annal Dis. erwähnt dieses Diploms mit folgenden Worten: Ultimam hoc anno machinam evertendae Disertinae admovit Petrus Curiens. episc. proferens quasdam litteras Wratislawiae a Carolo imp. datas hoc anno IV. Kal. Jun. quibus confirmare et in gratiam dicti Petri episcopi ratificare asserebatur donationem monasterii Disertinensis olim a Conrado rege Waldoni episcopo Curiensi factam, verum haec omnia falsitatis arguuntur in

## 120.

### Abtretung eines Hauses
vor der St. Martinskirche und eines bei der Mezg zu Cur, durch Margaretha Ball an ihren Sohn Johann.

**Dat. Cur 31. Januar 1365.**

Judex ecclesie *Curiensis* omnibus presentium inspectoribus subscriptorum notitiam cum salute. Constituta coram nobis anno domini M. CCC. LX quinto feria sexta proxima ante festum purificationis beate Marie Virginis... ante porticum ecclesie *Curiensis* personaliter judicii in figura *Margareta* uxor *Rudolfi Ball* sana corpore atque mente prehabita deliberatione matura resignavit tradidit et donavit cum manu et consensu *Gaudentii Ganal* civis *Curiensis* Aduocati sive tutoris eius tunc astantis consentientis et facientis hoc ipsum. *Johanni* filio *Mar-*

---

annalibus fusiore calamo, ubi et ipse Carolus IV. imp. ab hac impostura vindicatur. l. c. fol. 19 b."

Anmerkung. Waldo I war Bischof zu Cur vom Jahre 914 bis 949 (Eichhorn); Waldo II von 995 bis 1002.

König Conrad I regierte vom 8. November 911 bis 23. Dezember 918 (Böhmer, Regesten); dagegen Conrad II, König 6. Juni 1002; Kaiser 26. Mai 1027, starb 4. Juni 1039, und zur Zeit dieses letztern war kein Waldo (Uldo) Bischof zu Cur, — wohl aber Udalricus I von 1002 bis 1026 (Eichhorn 59). Sollte Uldo Udalricus bedeuten?! Er war der Handlung allerdings fähig, indem er z. B. zum Nachtheil des Domcapitels die Kirche des h. Florin zu Remüs einzog.

Aber nirgends eine urkundliche oder geschichtliche Spur, daß Udalrich I Disentis besessen habe! — Wohl aber Waldo I. Vergl. Eichh. 47 und 227. Sprech. Rätia p. 67. Guler Pallas p. 104, die ausdrücklich behaupten, daß König Conrad dem Waldo die Abtei gegeben habe.

*garetha* predicti tunc presenti ac recipienti ac presentibus in recompensam rerum eidem *Johanni* suo filio consumptarum in antea per *Margaretham* eandem tradit resignat et donat pure ac simpliciter propter deum domum suam sitam in Civitate *Curiensi* ante ecclesiam beati *Martini* ab inferiori latere domui dicti *Rangier* contiguam et ab anteriori et superiori parte strate publice confinantem quam nunc *Iacobus Kramer* [1] inhabitat. ac aliam suam quandam domum sitam prope macellum *Curiense* domibus jam dictis contiguam ab uno latere et ab uno superiori latere domui altaris *S. Pauli* in ecclesia *Curiensi* quam edituus ecclesie *Curiensis* inhabitat confinantem ac strate publice prelibate cum crucibus seu areis ac aliis annexis seu pertinentibus domibus prelibatis sibi *Iohanni* habendas et possidendas ac in suos usus convertendas tanquam proprias in eternum ad placitum sive vendendas et etiam obligandas. Renunciavit insuper omni jure suo si quod ei competere potuerat in domibus et areis sepedictis cum annexis eisdem transferens ea in *Iohannem* prescriptum eius filium simpliciter et in toto. Dat. *Curie* anno die et Indict. prescriptis.

---

Abschrift aus dem großen Chartularium im bischöflichen Archive zu Cur.

[1]. Kommen noch 1399 vor, wahrscheinlich zu Cur verbürgert.

## 121.

### Joh. Seiler von Cur
resignirt dem Capitel von Cur ein Haus vor der St. Martinskirche.

Dat. Cur den 21. März 1365.

Judex ecclesie *Curiensis* presentium inspectoribus universis subscriptorum notitiam cum salute. Noverint quos nosse fuerit opportunum, quod sub annis Dom. Mccclxv 21$^{ma}$ die Martii hora quasi sexta diei eiusdem ante porticum ecclesie *Curiensis* coram nobis notario publico infrascripto et testibus subnotatis personaliter constitutus *Johannes* filius quondam *Petri Sayler* ciuis *Curiensis* judicii in figura, prehabita deliberatione idonea et matura resignavit ac donavit ac presentibus resignat et donat honorabilibus in Christo dominis Capituli ecclesie *Curiensis* omnia sua jura sibi *Johanni* modo quocumque competentia ac ejus existentia in domibus infrascriptis videlicet in domo sita in civitate *Curiensi* ante ecclesiam beati *Martini*, ab inferiori latere domui dicti *Rangier* contigua et ab anteriori et superiori parte strate publice confinante, quam domum *Jacobus Kramer* nunc inhabitat.[1] Ac in domo alia sua jura sita prope macellum *Curiense* domibus prescriptis a retro et a latere niflon (sic) contigua et a latere superiori domui altaris *S. Pauli* in ecclesia *Curiensi* quam *Bartholomeus* edituus ecclesie *Curiensis* inhabitat confinante et strate publice ab anteriori parte domus ejusdem cum areis seu curtibus eorundem et aliis sibi annexis ac appendiciis quibuscumque simpliciter et in toto eisdem dominis de capitulo prelibato possidenda, constituenda, destituenda, locanda perpetuo et habenda, ac in eorum usum prout voluerit convertenda modo quocumque renuntians dictus *Johannes* omni juri suo in domibus areis seu curtibus ac aliis sibi annexis si quid ei competere potuerat vel competebat aliqualiter in eisdem. In quorum omnium et singulorum testimonium Judicii nostri una cum signo Notarii publici subnotati presentibus subnotato duximus presentibus appendendum. Dat. *Curie* A°. et die prescriptis Ind. tertia.

    Ego quoque *Vlricus Kotmann* de *Constantia*
      publicus auct. Imp. notarius etc. etc.

---

Abschrift aus Fol. 161 des großen Chartulars im bischöflichen Archive zu Cur.
[1] Vergl. die vorgehende Urkunde.

## 122.

**Schwicker von Remüs**

verspricht, nachdem Erzherzog Leopold von Oesterreich ihn mit seinem Bruder Conrad ausgesöhnt, seinen halben Theil der Veste Remüs ewig für Tirol offen zu halten.

Dat. Bozen 26. April 1365.

Ich Schweiker v. Ramis und ich Schweiker sein Sohn verjachen und thun kundt offentlich mit diesem Brief allen denen, die ihn sehend, lesend oder hörend lesen vmb Stöß Rueg und Außlauf, die zwischen Cunrad v. Ramis, mein des vorgenannten Schweiker Bruder und uns gewesen sündt, untz auf diesen heutigen Tag, als der Brief geben ist, daß uns der hochgeborne Fürst unser lieber gnädiger Herr, Herzog Leopold, Herzog zu Oesterreich, zu Steur, zu Cärnten und zu Crain, Graf zu Tyrol ꝛc. und seine Räth an der Etsch darumb guettlich mit einander bericht und veraint haben und haben Wür uns und unsere Erben mit unserm Theil an derselben Vest Ramis verbunden und verbinden auch Ewiglich Landt zu warten und gehorsam zu seyn dem Durchleuchtigen Herzog Rudolphen, Herzog Albrechten und dem obgenannten Herzog Leopold gebrueder, Herzogen und Herren der obgenannten Landt und Ihre Erben also das in (ihnen) unser halb Thail an der ehegenannten Vest soll offen seyn zu allen ihren und des Landts Nothbürften, wider allermäniglich niemand ausgenommen, ohne unsern und unserer Erben merklichen Schaden ohne gefährd, ob wür daryber oder unser Erben kainer, andern Herrschaft dienten oder den ehegenannten unsern Herren den Herzogen und ihren Erben, die Vest nicht offen hetten, oder ob dem das Gott nicht gab, von uns oder unsern Erben kein Schad oder Widerwertigkeit verstuhndt, so soll unser Thail an der Ehegenannten Vest Ramis und Leut und Guett, da darzue gehörent, auf der statt verfallen seyn den Ehegenannten unsern Herrn den Herzogen und ihren Erben; auf ihr fürstl. Gnad und durch besser Sicherheit, haben wür für unser Erben zween stark Aidt geschworen, mit gelehrten Worten, zu den Heiligen mit aufgereckten Händen statt zu halten die vorgenannten Pündt und Gelübb und nimer darwider zu thon, weder mit Worten noch mit Wercken und haben gebetten unsern lieben Ohem Ehrhardten den Kholen, daß Er biser gegenwärtigen Taiding gezeug ist und hat sein Insigl an diesen Brieff gehenckt und ich derselb Erhardt der Kholl vergich und bekenne, daß ich bei der Taidingen gewesen bin und zu zeugnus der Wahrheit süz ich mein Insigl hencken an diesen Brieff mir und meinen Erben ohne Schaden, davon geben Wür vorgenannter Schweicker von Ramis und auch Schwückl sein Sohn für uns unser Erben bissen offnen Brieff gewestnet und gestercket mit unsern und unsers obgenannten Ohems anhangenden Insigln, der geben ist zu Botzen am Samstag nach St. Geörgen Tag, da man zelt von Chr. Geb. 1365. Jahr.

Abschrift aus Burklehner's Rät. Austr. Msc. Fol. 82.

## 123.

### Pax inita
inter homines et Commune de Burmio et homines et Commune de Tavate.

Dat. 18. Mai 1365.

In nomine omnipotentis Domini Amen. Anno Domini a nativitate ejusdem millesimo trecentesimo sexagesimo quinto, Ind. tertia, die dominico decimo octavo mensis May, Ibique Dom. *Joannes* fqm. Sr. *Antony de Albertono* et *Joannes* fqm. Sr. *Martini de Claro*. *Albertus* et *Joannes* fratres fqm. Sr. *Jacobi Delfina* et *Petrus* fqm. *Francisci Petroboni* del *Lagna* omnes de *Burmio*, agentes eorum nomine et nomine omnium hominum et personarum et totius communitatis terrae *Burmy* et in ea habitantibus omnes, ex parte una et domini *Jacobus* Ministral de *Thauate* fqm. *Mathe Thavate*, *Joannes* fqm. *Antony Stetter*, *Joannes Rit*...; *Giulielmus* fqm. *Antony de Disman*[1] et *Joannes Xavrer* fqm. *Antony Xavrer* omnes de *Tavate* agentes eorum nomine et nomine omnium hominum personarum et totius communitatis Vallis *Thavate* et in ea habitantibus, omnes, ex parte altera de propria ac benivola eorum voluntate fecerunt ac faciunt inter eos plenam liberam benivolam et firmam pacem et plenam liberam concordiam et liberam perdonationem una pars alteri et altera alteri, nominative et generaliter super omnibus litibus questionibus, robariis, violentiis, iniceriis (incendiis?), omicidiis, amisionibus, furtis et de omnibus aliis malis et damnis per ipsos de *Burmio* factis illatis istis de *Tavate* et specialiter per ipsos de *Tavate* istis de *Burmio* usque in praesenti die et specialiter de omicidio facto per istos de *Tavate* super personam ..... de terra de *Burmio*, Ita et eomodo quod haec pax semper et perpetualiter teneatur et habeatur per utramque partem liberam, ratam et firmam omni modo iure et forma prout propria pax esse debet, Insuper isti de *Burmio* promittant et conveniant obbligando omnia eorum bona et bona totius communitatis de *Burmio* pignori presentia et futura et simile isti de *Thavate* promittant et conveniant obligando omnia eorum bona ac etiam bona totius communitatis de *Thavate* pignori presentia et futura una pars alteri et altera pars alteri, semper et ad imperpetuum per se, et dicto nomine observare, attendere et manutenere praescriptam pacem eorum posse bona fide et sine fraude nec molestare nec inquietare una partem alteram, nec altera alteram istis de causis ullo modo nec tempore et hoc cum omnibus suis damnis et interesse et sine damnis defendendi et interesse partis attendentis et observantis hanc pacem et in poena et sub poena florinorum nonaginta ..... bon. et pondere dandorum et solvendorum per partem non attendentem parti attendenti et observanti hanc pacem et nihilominus praescripta pax sit firma et rata et insuper ad majus robur et ad majorem affirmationem hujus praesentis pacis isti de *Burmio* juraverunt corporaliter ad sacra dei evangelia et similiter isti de *Tavate* juraverunt ut supra praescriptam pacem perpetualiter et semper observare, attendere et manutenere eorum posse bona fide, sine fraude et nunquam convenire nec permittere convenire aliquam aliam personam eorum posse ut supra. Propterea si advenit quod si aliquis istorum de *Burmio*, aut si aliquis istorum de *Thavate* frangerent et non attenderent hanc pacem, quod praescriptum Comune de *Burmio* teneatur ipsam, seu ipso, capere eum seu eorum personam seu personas et bona.... Nihilominus haec pax sit firma et rata sine aliqua exceptione et similiter praescriptum Comune de *Tavate* teneatur ut supra et si facerent fugam quod banniantur per suum Commune ita quod non possint habitare in dictis partibus ad imperpetuum sub poena amissionis personae, quia sic inter eos convenit et que pax tractata fuit per Dom. *Joannem* Ministralem de *Sus* fqm. Sr. *Julfini* de *Sus Vobricium* de *Guarda* fqm. Sr. *Agenaty* habitante *Sus* et *Etelum* fqm. Sr. *egani de Bettano* [2] *Vallengedina*, de velle stare praesenti, quae pax acta et facta fuit in terra de *Sussio Vallengedine*, in strata publica ipsius terrae. Praesentibus istis, *Antonio* fqm. alterius *Antony Stetter Thauate*, *Johanne* filio *Antony d'Tom Thavate* et *Johanne Madoch* fqm. *Jacobi Gualti d'Arman* Pbr.[3] de *Sussio Alberto Xalcho* fqm. *Jo.* de *Zernetio*... et *Antonio* della *Vidua Thavate* omnibus ibi spr.[4] rogatis et vocatis.

L. T. Ego *Joannes Delfina* not. *Bormiensis* fqm. Sr. *Jacobi Delfino* de *Burmio* hanc cartam seu instrumentum hujus pacis de voluntate istarum ambarum partium rogatus tradidi, finivi et scripsi.

L. T. Anno 1759 Ind. 7 die Sabb. 12 mens. May *Burmii*. Ego *Jo. Augustinus* fqm. D. *Jo. Bapt. Chinali* etc. etc. not. publ. Imp. ac totius *Vallistellinae* etc.' etc. fidem facio et attestor istam copiam a me desumptam

ex suo proprio originali et cum eo concordare inveni
mea scientia et pro fide me subscripsi ac signavi.

Abschrift nach der vidimirten Copie im Landesarchiv.
[1] Dischma, ein bekanntes Seitenthal der Landschaft Davos.
[2] Vielleicht Vettano.
[3] Wahrscheinlich presbiter.
[4] super.

## 124.

### Spruchbrief
entzwischen dem Capitel zu Cur und Gaudenz v. Plantair wegen eines Lehens.

Dat. Cur 25. Mai 1365.

Original im Archiv des Domkapitels Cur.

Wir Bruder Cunrad Prior des Conuents der Predier[1] ze Chur vnd Johans v. Sengen Schulherr ze Chur gemaine Schidlüt ze diser nachgeschriben sache. kündent vnd versehent offenlich mit disem Brief. Allen den die in sehent oder hörent lesen. das für vns kament dis nachbenempten erber lüt. Die Erwirdigen Herren die Chorherren vnd das Capittel ze chur ze ainem tail. vnd Gaudentz v. Plantair burger ze Chur ze dem andren tail. vnd baten vns beydenthalb ernstlich. Das wir vns annämint vnd vnderwundent aller der stöß vnd mißhelli die si mit einander hettint vmb ain lehen das man da nempt Guntramen lehen. vnd das wir sie darvmb mit einander veberain brächtind. vnd wie wir sie darvmb mit ainander berichtind. es wäri mit der minne oder mit dem rechten. Das lobtend si vns baydenthalb mit ir trüwen stät vnd gantz ze haben an alle geuärd. Des haben wir vns durch bayden tail bett willen angenommen vnd nach der red vnd kundsami, die wir obgenannten Schidlüt darvmb von baiden tailen erhört vnd ingenommen habent. vnd och nach des vorgenannten Gaudenzen v. Plantair vergiht haben wir vns ainberlich erkennt vnd vßgesprochen als hienach geschriben stat. Des ersten sprechent wir. daz das obgeschriben Guntramen lehen. es seyent hüser, hofstett, acker oder wisen benempt vnd vnbenempt. gesucht vnd vngesucht. Das Guntram selig von den obgenannten Kapittel ze Kur hievor ze Lehen hat die obgenannten Chorherren vnd das Capitel ze Chur mit allem recht angehört. vnd das Gaudenz v. Plantair noch sin erben mit demselben lehen nüt me zeschaffen sond han vnd das Gaudenz v. Plantair. noch sin erben die chorherren vnd das Capitel ze chur an dem obgeschriben lehen hintanhin für vngeirret vnd vngesumit sond lan. Wir sprechent och von minne. vnd nüt von recht das Gaudenz von Plantair das hus das vor sant Regulakilchen lit. daz och in des obgenannt lehen hört. haben vnd niessen söl die wil er lebet vnd soll davon den obgenanten chorherren ze chur iärlich ze Zins richten vnd weren sechzehn schilling mailesch. Vnd wenn er nüt ist. So sol dazselb hus den Chorherren vnd dem Capitel von im vnd von sinen erben mit allen zugehörd los vnd lebig sin. Wir sprechent auch von minne vnd nüt von recht vmb den versessen Zins, der den obgenannten Chorherren von dem obgeschriben lehen uallen sollt von drißig Jar her vnd nüd gericht ist. Darumb si auch baidenthalb vf vns baid schidlüth saffend vnd gesetzt hant. Daz derselb zins gäntzlich ab sol sin vnd wett sol sin. an alle geuerd. Vnd dis ussspruchs vnd aller dise vorgeschriben Ding ze warem Vrkund vnd stäten warheit haben wir die obgenannten schidlüth. Prior vnd schulherr ze chur vnsere Ingesigel gehenkt an disen brief. Dis geschah vnd ward dir Brief geben ze chur da man zalt von Gots geburt 1300 vnd darnach in 65. Jar an sant Urbanstag.²

---

¹ Prediger, nämlich das Kloster St. Nicolai, Predigerordens in der Stadt Cur.
² Aus der Urkunde dat. Cur, Samstag vor aller Manne Vasnacht. 1376, die später folgt, ist zu entnehmen, daß der Streit durch obigen Spruch noch keine definitive Erledigung fand.

## 125.

### Gütertausch zwischen dem Convent zu St. Luzius und Heinz v. Sattains.

Dat. Cur 20. Juni 1365.

Original im Archiv zu St. Luzius.

Wir Jacob v. Nenzingen Probst, vnn der Convent gemainlich des Closters ze sant Luzen ze Chur gelegen, kúndent | vnn veriehent offenlich mit disem brief Allen den die in sehent oder hörent lesen, das wir mit den erbern lüten Haintzen | v. Sattains[1] vnn Margareten siner elichen wirtinnen, lieplich vnn gütlich aines rechten wechsels veberain komen sient, vnn recht | vnn redlich mit ainander gewechslet habend disü nachgeschriben güter, Also das wir die obgenannten probst vnn conuent | den vorbenempten Haintzen von Sattains burger ze Chur, vnn Margareten siner wirtinnen aigenlich vf gegeben habent, vnd | gebent vf recht vnn redlich iemer me eweklich ze haben vnn ze niessen als ir aigen gut, ain acker ist ze Chur gelegen vnder | sant Hylarien wisen vn stosset ober zu an die selben sant Hylarien wisen vnn vnderzu an die gemainen waid vortzu an ain | bühel, vnn hinderzu och an die waid vnn ain wisli lit vnder dem brunnen von sant Hylarien vnn stosset dasselb wisli | rmb vnn vmb an die waid, vnn der vorgeschriben ackers vnn wisen sollen wir die obgenannten - - probst vnn conuent ze sant Lutzen, der vorbenempten Haintzen v. Sattains, Margareten siner wirtinnen, vnn ir erben guot weren sin rc. | so hand vns die vorgenannten Haintz von Sattains vnn Margaret sin wirtin, ze ainem rechten | wider wechsel auch eigenlich vfgeben - - für recht aigen zwo manmat an wisen ligent in | Turist[2] vn stossent ober zu an der Chorherren ze Chur wisen vnn vnderzu an des h. Crützes Altars ze Kur | wisen, vortzu an ain rúvi, vnn hinderzu

an ain wisen hört in der Maiierhof von Pheuers. - - Geben
ze Chur in vnserm Closter do man zalt | - - drüzehenhundert
iar darnach in dem fünf vnn sechzigsten iar an dem nächsten Fritag
vor sant Johansen Tag des Töfers. — Die beiden Sigel des
Propsts und des Convents sind abgerissen.

[1] Genannt Gerster s. nachfolgende Urk.
[2] Heute noch Trist genannt.

## 126.

**Wechselbrief zwischen der Stadt Cur und Heinz v. Sattains um die Weide unter St. Hylarien.**

Dat. Cur 18. Aug. 1365.

Orig. im Archiv zu St. Lucius.

Wir der amman, vnd der rat vnd die burger gemainlich der stat ze Chur kündent vnn versehen offenlich mit disem brief Allen den die in ansechent oder hörent | lesen, daz wir mit bedachtem mut vnn guter vorbetrachtung, durch der Stat bessrung willen, habent ain ewigen, gelichen, | rächten wächsel getan, vmb dise nachgeschriben | güter, mit dem beschaiden knecht Haintzlin von Sant Tains,[1] den man nempt Gerster. Vnd ist dir ewiger wächsel, also beschähen, das wir habent gegeben vnser wayd | die ze Chur gelegen ist vor der stat, vnn stozzet obenan zu an Sant Hylarien wysen vorzu an denselben acker, darumb diser wächsel beschehen ist, vnbnen zu an des | obgenanten Haintzlis von Sant Tains wisen, vnn habent bis vorgeschriben wayd geben umb ain

Das Sigel der Stadt hängt.

[1] Knecht bedeutet hier Dienstmann. Das zu Cur eingebürgerte Geschlecht der Gerster, früher v. Sattains genannt und ohne Zweifel von daher stammend, wird von Sprecher und Guler zu den alten Landesgeschlechtern gezählt. Ulrich Gerster war 1529 Burgermeister der Statt Cur.

acker, der da bigelegen ist, als der brief sait vnn vnser bewist, den wir dar umb von im inne habent. Vnn habent dem obgenannten Haintzen von Sant Tains vnn sinen erben, die obgeschriben wayd, aigenlichen gegeben, mit allen den rechten, nuzzen vnd | gewohnhaiten, als wirs bisher inn hant gehebt, vnd sol er von sin erben, die obgeschriben wayd hinanhin besetzen vnn endsetzen, haben vnn nießen, als ander iro aigen | güter, vnn entzichent vns vnn unser nachkommen, aller der aigenschafft, so wir zu der obgeschriben wayd, enkains wegs haltend, küntent vnn mochtent haben, vnn habent disen obgeschribnen obigen wächsel, ainhelleklichen getan in dem rat, da wir all zegegen warend. Des ze ainem guten vrkund vnn merer sicherhait, daz der obgeschriben ewiger | wächsel vest vnn stät, vnd also ewig belib so haben wir, der amman vnn der rat gemainlich ze Chur, der stat insigel gehenkt an disen brief. Der geben ist ze Chur | do man zalt von Christes geburt drüzehenhundert jar, darnach in dem fünf vnn sechzgosten jar. An dem ersten mentag nach vnser frowentag ze mitten | ogsten.

## 127.

Papst Urban V gibt dem Abte zu St. Gallen den Auftrag, die von den Aebten des Klosters Disentis bewerkstelligten Veräußerungen dortiger Besitzungen zu untersuchen, und dafür zu sorgen, daß alles unrechtmäßiger Weise entfrembete Eigenthum demselben erstattet werde.

Dat. Ammia 23. März 1366.

Auszug. *Urbanus V.* mandat Abbati *S. Galli*, ut propter alienationes factas ab Abbatibus monasterii *Disertinensis* decernat, per omnia prout in litteris Honorii IV. 1252. 6 Id. Julii. Datum *Ammiæ* X. Cal. Apr. Pontificatus anno 4.

Das Orig. fehlt. Obiges Regest findet sich in Abt Placid. v. Einsiedl.

Litt. Disert. Nro. 17. Vergl. die Bulle Papst Honor. dat. 10. Juli 1285. Band II. Nr. 33 dieser Sammlung.

Papst Urban V wurde am 27. Sept. 1362 gewählt, die Erwählung jedoch erst am 27. Okt. ihm eröffnet. Sein viertes Reg. Jahr entspricht dem Jahre 1366.

## 128.

### Hausverkauf zu Cur.

Dat. 18. Juni 1366.

Orig. im Archiv zu St. Luzius.

**Auszug.** Anton Lamphirt der Jüngere und sein Weib Margaretha, Bürger zu Chur, verkaufen der Frau Catharina Katzettin ebenfalls Bürgerin daselbst, ein Haus in der Stadt Cur am obern Markt, — um 60 Churwälsche Mark.

Geben zu Cur 1366 an dem ersten Donstag vor St Johann dem Täufer.

Sigler: Gaudenz Zuck, Kanzler von Cur, dessen Sigel hängt.

## 129.

Ulr. v. Schauenstein, Domherr zu Cur, bescheinigt, daß der seinem Großvater Eglolf verpfändete Hof zu Riams eingelöst worden sei.

Dat. Cur 3 Dec. 1366.

Orig. im Archive des Domkapitels Cur.

Ego *Volricus de Schovenstain* canonicus ecclesie *Curiensis* fateor publice per presentes, michi de decem | et octo marcis curiens. estimacionis, octo libris mezanorum pro marca qualibet computatis, pro quibus duodecim | solidi mercedis, septem videlicet in grano, et quinque in caseis curiensis ponderis et mensure de curte | seu curia in *Ryams*, in annuis redditibus, olim

*Eglofo de Schovenstain* auo meo et eius | heredibus, ab ecclesia *curiensi* racione seruiciorum per eundem quondam *Eglolfum* auum meum dicte ecclesie inpen- | sorum, titulo pignoris fuerant obligati, fore et esse per venerabilem dom. *Bertholdum Ringg* | canonicum et vicarium in spiritualibus, pro tunc sede vacante ecclesie *curiensis*, de mandato et ordinacione ca- | pituli ecclesie memorate, plenarie et integraliter satisfactorum in prompta et expedita pecunia numer- | ata, vnde ipsam ecclesiam, pro et super prescripta pecunia absoluo presentibus atque quito, dictumque pignus | pro me et meis heredibus redemptum esse fateor presencium per tenorem. In cuius rei testimonium sigillum | meum presentibus esse appensum. Datum et actum *Curie* anno domini m.ccc.lx sexto iij. die mensis Decem- | bris. Ind. xv.

---

Das Sigel enthält einen - durch die Mitte des Schildes wagrecht liegenden Balken, über welchem schief von der Linken zur Rechten ein anderer liegt, mit der Umschrift: †. S. VLRICI. D. SCHOVESTAIN.

## 130.

### Verpflichtung
### Bischofs Peter von Cur gegen die Herzöge von Oesterreich betreffs Offenhaltung des Schlosses Fürstenburg.

Dat. Nürnberg 6. Dec. 1366.

Wir Peter von gots gnaden Bischoff ze Cur, verjehend vnd tunt kunt offenlich mit disem brief, Allen den die in sehent lesent oder hörent lesen. won vns die Hochgeborn fürsten, Herzog Albrecht vnd Herzog Lupold Gebrüder, Herzogen ze Oesterrich ꝛc. haben lebig gelaꝛen die bünd vnd gelübt die wir wilond Margraffen Ludwigen v. Brandenburg mit vnſer veſt Fürstenburg tun muſten, haben wir mit rechter wize gesworn, einen ſtarken gelerten ayd zu den Heiligen in gegenwürtikeit dero egenempten vnser Herren der Hertzogen, das wir in vnd iren erben süllen die obgenempt Vest offen haben, sü vnd die iren dar in vnd dar vf ze lazzen, vnd och darinne ze enthalten, zu allen iren notdurften, an vnsern vnd vnsers Gotzhus merklichen schaden, vnd mit nam, das wir durch keinerlay sach willen mit derselb vnser vesti, wider der egenennt vnser Herrschafft iemer getun in dhain weg, all die wil wir leben, vnd dhain ander Bistum nit gewinnent an all geuerd. Wenn wir aber abgen, das got lang wend, oder ob wir ain ander Bistum gewunnen, welcher pfleger oder Burggraff, dann die vest Fürstenburg innhat, der sol bi dem ayd, den er darüber getan hat, weder vnserm nachkomm noch ieman anderm die selben vesti in antwurten noch ingeben, es hab denn vnser nachkomm, wer der ist, in gegenwürtikeit der egenempten Hertzogen oder iren erben ains, oder ains Hoptmanns ze Tyrol vnd an der Etsch, vorgesworn, mit der egenempten Vest, das wir da mit geschworn haben, vnd brief darvber geben, die disem gegenwürtigen brief gelich sagend. Vnd sol das alweg beschechen, wenn vnser Gotzhus ledig wirt, vnd ainen nuwen Bischoff gewint. Als offt och wir oder vnser nachkommen dieselben Vest besezzen mit ainem pfleger vnd Burgrafen der ain erber vnd ain gelobhaftiger man ist, vnd dem ze globen vnd ze truwen sy, der sol vor ee er sich der Vest vnderwunden hab, in der Statt ze Glurns da hin ain Hopmann ze Tyrol vnd an der Etsch dan komen, vnd da gegenwürtig sin sol, sweren das er die obgenennt Vest der Herrschaft von Österrich vnd ire erben offen hab vnd stät hab die gelübt vnd bünd die da obnen geschriben stend. Das man och tun sol, als die pfleger vnd Burgraffen verkeret vnd verändert werdent. Ob aber der pfleger oder Burggraff ze Fürstenburg abgieng, oder gefangen wurde ee er die obgenempt Vest Fürstenburg geantwurt hat, so söllen sin diener burgknecht vnd huzgesind der egenempten gelübt vnd bünd von der vesti wegen verbunden sin, vnn die stet haben. vnd sol aim jegklicher pfleger vnd burgraff ze Fürstenburg die sinen sweren vnd halten haizzen das die egenempt Herrschaft vnd ir erben vsser sölichen geschicht wol gesichert vnd versorget werdent.

Mit vrkund dis briefs. Geben ze Nürenberg an sant Niclaus tag Anno domini M.ccc.lx sexto.

Abschrift aus dem Registr. de feodis Fol. 39

## 131.

### Vereinbarung
und Einverständniß entzwischen dem Gottshaus Cur und den Herzögen Albrecht und Lüpold von Oesterreich über Wiedererstattung des Schlosses Fürstenburg.

Dat. Nürnberg 7. Dec. 1366.

Wir Albrecht vnd Leupold Gebrüder von gots gnaden Herzogen ze Oestreich ꝛc. ꝛc. veriehen vnd tunt kund. wan vns der Erwirdig vnser lieber fründ Herr peter Bischof ze Cur für sich vnd sin nachkommen wol persorget hat von der Vesti wegen ze Fürstenburg, das vns vnd vnsere erben die offen sin sol, zu allen vnsern vnd des Landes notdurften ane des Bischofs vnd sins Gotzhus merklichen schaden vnn geuerd. vnd wie der obgenempt Bischof jez dar umb gesworn hat, ze gelicher wise sol ain ieglicher siner nachkommen, vnd och ain ieglicher Burgraf ze Fürstenburg das selb sweren, ee man in (ihnen) dieselb vest hat ingeantwurt, als die hantvest sagt, die vns der ehgenant Bischof darüber geben hat. haben wir den egenempten Bischof von Cur vnd sin Gotzhus ledig gelazzen der täding vnd gelübt die bi vnserm lieben öhen Margraff Ludwigen seligen v. Brandenburg, von der obgenempten Vest wegen beschehen sint, vnd wellen die brief, die darüber gemacht sint wider geben vnd wider schaffen, an alles geuer. Ob darüber dieselben brief, vmb die vorder täding iemer fürkämen wider den egenempten Bischof vnd sin Gotzhus, so süllen sie tod vnd ab sin, vnd dem egenempten Bischof, sinen nachkommen, vnd sinem Gotzhus kain schaden bringen in dhain weg. Och haben wir die egenempt vest Fürstenburg besunderlich in vnser, vnser erben gnad vnd schirm genommen. Darvmb empfelen wir ernstlich allen vnsern Hoptlüten, pflegern vnd Amtlüten ze Tyrol, vnd an der Etsch, si sigint gegenwärtig oder künftig, vnd schaffen och, das si die egenennt Vesti Fürstenburg bi ire Lüten vnd gütern, vnd bi allen rechten vnd nützzen, die bar zu gehörent vesteklich halten vnd schirmen vnd dem obgenempten Bischof von Cur vnd sinem Burggraff biständig vnd beholfen sien, ob si iemer dawider bekrenken vnd besweren wolt, an all geuerd. Mit vrkund bis briefs. Geben ze Nürnberg am montag nach sant Niclaustag. Anno domini M.ccc.lx sexto.

Abschrift aus dem Regist. de feodis Fol. 39.

## 132.

**Die Herzöge Albrecht und Leopold von Oesterreich bekennen von Bischof Peter von Cur das Schenkenamt von Cur zum Lehen empfangen zu haben und versichern dagegen dem Stift ihren Schirm.**

Dat. Nürnberg 8. Dec. 1366.

Wir Albrecht und Leupold Brüder von goz Gnaden Herzoge ze Oesterrich. ze Steyr, ze Kernden vnd ze Krain Grafen ze Tirol ꝛc. Tun kunt daz wir von dem erwirdigen vnserm lieben fründe Hern Petern Bischofen ze Chur ze lehen empfangen haben recht vnd reblich das Schenkenampt ze Chur vnd alles das wir alz Grafen ze Tyrol von dem egenanten Gotshause ze Chur ze lehen haben wo das gelegen vnd wie das genant ist. Das er vns alles fründlich verlihen hat. vnd wollen wir darumb in vnd daselb Gotshus schirmen in vnsern Landen günsticlich vnd freundlich vor aller gewalt vnd vnrecht; als wir billig sullen. vnd so wir bestmügen ane alles geuer mit vrchund diz briefs. Geben ze Nürnberg an eritag[1] nach sand Niclaustag nach Cristi geburt 1300 Jar, darnach in dem 66. Jar.

Abschrift aus dem großen Chartul. im bischöflichen Archive zu Cur.
[1] Eritag oder Erentag ist Dienstag.

## 133.

### Vogt Ulrich v. Mätsch
empfängt seine Lehen von Bischof Peter zu Cur.

Dat. Burgeis 20. Jan. 1367.

(Wörtliche Copie.) Anno Domini M.ccclxxvii mense Januarii die xx Dominus *Ulricus* Advocatus *de Amacia* recepit feoda sua a domino Petro Episcopo *Curiensi*. Bona autem erant illa, quæ dixit de suo feodo.

Primo territorium de *Burmio*.[1] Item territorium de Bosclaua.[2] Item advocatiam bonorum ecclesie *Curiensis* ex ista parte montium.

Item dimidium castrum *Curberg*. Item Curias, saluis tamen aliis conditionibus ambarum partium, de hiis promisit se litteras ostensurum. Interfuerunt Abbas *montis S. Marie*. Nobiles viri, ambo *de Richenberg*. Domini *de Lichtenberg*. Dominus *Nicolaus miles* et *Wilhelmus* dictus *Rikershofen* et alia magna multitudo nobilium et ignobilium qui predictis interfuerunt in villa *Burgus* prope plateam communem.

Aus dem Registr. de feodis im bischöflichen Archive zu Chur.

[1] Worms.
[2] Puschlav.

**134.**

Vertrag und Einverständniß
zwischen dem Domcapitel und sämmtlichen Gotteshausleuten
über einige das Gotteshaus betreffende Punkte.

Dat. Cur 29. Jan. 1367.

Orig. im bisch. Arch. zu Cur.

Allen dien, die disen brief sehent, lesent, oder hörent lesen, künden wir.. der degan und das capitel ze Chur gemainlich, dienstlüt, tellr (Thäler) und die burger ze Chur gemainlich und versechent offenlich mit | disem brief, das vnser erwirdiger her bischoff Peter uns allen mit sinen briefen enbotten hatt, das wir zuo im gen Sernetz kämint, da wölt er mit uns reden und ze rat werden von sins gotzhus | wegen, was im und uns, und dem gotzhus das best und das nützzest wär, do wir da zu Sernetz all ze gegni warent, do baten wir all gemainlich unser obgenannten gnädigen herrn bischoff Petern, | das er selber bi uns wär, und uf sinem Bistum säss, won er wär als lang von uns gesin, das wir gemainlich, und das gotzhus sunderlich, da von grossen gebresten und schaden enpfiengint | und hettint, das wir ze Got trüwbint, wär er bi uns gesin, wir hettint mit siner hilf und mit unser hilf fürkomen und gewend. Won er uns des nit volgen wolt and also an (ohne) end und | usrichtung von uns schied, do kamen wir aber all gemain, von des Gotzhus notdurft wegen zuo ananbren, das capitel, Rudolf von Erenvels, Egloff von Schowenstein, Albrecht und | Rudolf von Schowenstein gebrüder, Symon Panigab, und ich Egloff von Juvalt, für uns und all Gotzhuslüt in Tumläsch und in Schams; Cunradin von Marmels, und Hainrich von Fontana, für uns und all gotzhuslüt, edel und unedel ob dem Stain. Uolrich Propst[1] podestat, Uolrich Minüsch, Jacob von | Castelmur, Jacob Schu-

ler, Hans von Stampf, und Hans Salisch von Süls,
für uns und die commun gemeinlich in Balbriggell², edel und
unedel, ob port und under port; Itel Plant; | Jacob und
Hainrich Planten, für uns und all Planten, und der com-
mun gemainlich im obren Engadin, ob pont alt; An-
selm Mor ammann, Lutz von Sernetz, für uns und all
Gotzhuslüt | edel und unedel, im undren Engadin, undrent
pont alt; der rat und die burger gemainlich der stat ze Chur
und gemainlich all gotzhuslüt, wie und wo sie gesessen sint, usge-
nomen | die gotzhuslüt, die gen Fürstenburg hörent. Sint wir
die obgeschribnen capitel teler burger und dienstlüt, mit bedachtem
muot und guter vorbetrachtung, ainheliklich, durch des | gotzhus
nutz, frum und besserung, des überain komen, das wir all, die hie
geschriben stand, uns zesament verbunden und globt hand, das wir
all, die wil und ietz unser her bischoff | Peter lebt und bischoff
ze Chur ist, kain ze vicarien, noch ze pfleger in weltlichen sachen
über das Gotzhus ze Chur, nemen noch empfahen süllen, an unser
aller obgeschribner gemainem | willen, gunst und rat, alwend unsers
herrn des bischoffs recht und unser aller obgeschribner recht usge-
nommen und behalten, und wer uns dar über umb bis sach an
dhainen Dingen | angriffen und mügen wölt mit gewalt oder mit
recht, da süllen wir all gemainlich an anbren beholfen sin, mit
rat, lieb und guot in unsrem bistum, mit guten trüwen an all
geverd. | Es hand ouch die obgeschribnen herren von dem capitel
verhaissen und gelobt, das sie die wil, unser obgeschribner herr
bischoff Peter unser bischof ist ze Chur mit des capitels in-
sig . . . . . . | sond . . . .³ des gotzhus gut dem obgenanten gotzhus
emphrömb werd mit versetzen noch mit verkouffen, an unser aller
rat, wissen, willen und gunst. Es ist ouch under uns beret und |
sint der gemainlich überain komen, was kost und zerung von des
vorgenanten gotzhus vestina⁴ wegen, die wir innhand, uf genb wirt,
ze spisen, und ze besorgen, von disem hütigen Tag hin | als der
brief geben ist, dar an süllen wir des ersten des gotzhus gut geben,
wo wir das vindent und uns inwerben mag, an die vorgeschriben

zerung und kost. als vil und als verr als | das erlangen und erschießen mag, und wa das gebrist und abgat, so sullen wir das übrig an derselben kost und zerung gelten und usrichten, also und mit der beschaidenhait, daz wir darzuo süllent | sitzzen und mit gutem rat tailen und uf uns all gemainlich, phaffen und layien, edel und unedel, arm und rich, ungevarlichen legen, indem man nach sinen statlen ze gelten und ze geben | mit guten trüwen an all geverd. Wir sint ouch des überain komen, ob daz beschäh, das dhainerlay sach nüwrung, und ufslöff von des gotzhus sach und notdurft wegen, uns die obgeschribnen, die hie | disent dem gebirg gesässen sint, ankäm ober anluff, so süllen wir die sach ansehen, und erkennen, schirmen und verziehen, so wir lengost mugend, an ermanung der andern enned dem gebirg; | dasselb söllen och wir die enned dem gebirg gesässen sint tun, bien, die disent dem gebirg gesässen sint, ob sölich sach und nüwrung an unsri comun gebracht wurd, und süllent | in allen sachen an andren schonen, müiung und arbeit überheben, so wir iemer lengost mugend, mit guoten trüwen an all geverd. Wenn aber uns die ennend dem gebirg, oder nur die disent | dem gebirg gesässen sint, dunkti, das uns die sach ze schwär und ze häfftig wär, dem ain tail an den andren uszerichten, so sullen wir an andren tagen wissen, und ermanen als die sach | dann geschaffen ist, und süllen ouch dann zuo an anander komen anandren geraten und beholfen sin, mit lib und mit guot, als vorgeschriben stat, mit guoten trüwen an all geverd. Und des | ze merer sicherheit, so haben wir all die obgeschriben und ieglicher sunderlichen, unser trüw an aids stat geben, war und stät ze halten alles, das hie ob an disem brief geschriben stat, mit guoten trüwen | an all geverd. Des ze warem und offen urkund, so haben wir die obgenannten das capitel ze **Chur**, unsers capitels insigel, wir **Rudolf von Erenvels, Egloff von Schowenstein, Albrecht** | und **Rudolf von Schovenstein** gebrüder, **Simon Panigab,** unsrü insigel für uns, und ich **Egloff von Juvalt** für mich und all gotzhuslüt in **Tumläsch** und in **Schams,** min insigel, wir **Conradin von Marmles** vogt ze Ryams, Nanus von Marmles, Gaudentz von Marmles, Hainrich von Fontana, für uns all gotzhuslüt, edle und unedel ob dem Stain unsern insigel, | Uolrich Probst potestat für mich und das comun gemaint in Val brigell, ob Port und Underport, unsres comuns insigel, Thomas Plant ammann, für mich und all Planten, und | das comun gemaint im obren Engadin und ouch im undren Engadin, darumb sie mich gebetten hand, unsers comuns insigel, Anselm Mor amman, für mich und all gottshuslüt undrent pont alt im undren Engbin min insigel und der obgenanten comuns im obren Engadin insigel, darumb wir si gebetten hand, der rat und die burger | gemainlich der stat ze Chur der stat insigel gehenkt an disen brief. Wir wellend ouch und sint des gemainlich überainkomen, ob das beschäch, daz dero vorgenant insigel nit | allü an disen brief gehenkt wurdint. als vorgeschriben stat. so sol dannocht dier brief gantz, und alli ding und gedingt, bunt (Bünde) und Artikel under uns vest und stät beliben | als vorgeschriben stat. Dis geschah und wart dirr brief geben ze Chur, da man zalt von Christus geburt drizehenhundert siben und sechzig iar an dem | nächsten Fritag vor unser Frowentag ze der lichtmiß.

Fünfzehn Siegel sollten hängen, es hängen aber blos noch, sehr übel conditionirt, sechs.
1 Probst ist eine Abkürzung von Prevost (praepositus).
2 Valbrigell, Vallis Bregallia.
3 Lücken im Original.
4 Burgen und Schlösser.

## 135.

### Verkauf einer Hofstatt zu Cur.
Dat. 12. März 1367.
Orig. im Archive zu St. Luzius.

Auszug. Claus Kobler, Bürger zu Chur, verkauft der Frau Ka-

tharina Katzjettin eine Hofstatt zu Chur — zum Parabis
— um 2 Mark Churwälsch. Auf dieser Hofstatt haften 1 Pfund
Mailisch dem Kloster St. Luzi und 4 Schilling der St. Martins Kirche. — Geben zu Chur am St. Gregorientag 1367.
Sigler Claus Kobler, dessen Sigel hängt.

## 136.

### Die Gebrüder
Heinrich, Hans, Conrad, Rudolf und Peter von Unterwegen
stiften zum Seelenheile ihrer Vorfahren eine Jahrzeit im
Kloster Curwalden.

Dat. 30. April 1367.

Allen den die diesen brief ansehent oder hörent lesen kündent
wir. Haintz. Hans. Cunrad. Rudolf vnd Peter von Vn=
berwegen gebrüder vnd veriechent offenlich das wir mit bedachtem
mut vnd guter vorbetrachtung ainhelllich nach vnser fründen rat
luterlich durch Got vnd durch vnser vorder sel hail willen aigen=
lichen geben haben. Dem Erwirdigen vnd den gaistlichen herrn.
aim probst vnd dem Convent gemainlich des Gotzhus vnd der ge=
stift ze Curwalt. Zem ersten durch vnsers vatters Johannsen
seligen sel willen ain Churwälsch mark ewigs vnd iärlichs gelts
vß vnserm aigen Gut genant Spüles durch vnser muter Els=
beth vnd vnsers bruders Jacobs seligen sel willen ain Cur=
wälsch mark vß vnserm gut da nu der Ber of sitzet in vmblirer¹
tal genant vnder dem Stain vnd durch vnser anen Margarethen
äligen von Vnberwegen sel hail willen. ain schilling an wert
san käs churches wert vß allem gut so wir haben ze Gauaraysen²
das von ir komen als sis och vormals gesetzt vnd geordnet hatt.
Vnd hand das getan mit dem geding das die obgenannt Probst
vnd herren ze Curwald vnd ir nachkomen eweklich sond began
dü jarzeit der obgeschriben. als sitt vnd gewonlich ist sämlicher

lüten jarzit zc began uff die zil vnd die tag als sü in irem jarzit-
buch verschriben stand. Das ze vrkund vnd merer sicherhait vest
vnd stät von vns allen ze halten. So henk ich obgenannter
Hainz von Vnderwegen min Insigel do es wol kraft vnd
macht mocht haben für mich vnd min obgenannten gebrüder vnd
für vnser erben an disen brief der geben ist ze Cur ze vsgendem
Aprellen do man zalt von Cristes geburt drützehnhundert Siben
vnd Sechtzig Jar.

Legalis. Abschrift im Chartularium des Klosters Curwalden Fo. 22.
1 Malix.
2 Calfraisen im Schanfigg.

## 137.

Verzichtleistung
Egen's v. Strada auf ein Gut „vff Valzennas" zu Gunsten
des Domcapitels in Cur.

Dat. Cur 11. Juni 1367.

Ich Johans Köderli Statt Amman ze Cur künd vnd
vergich offenlich mit disem brief, das der erber man Egen v.
Strada vor mir an offenem Gericht ze Cur vfgab alles das
recht vordnung vnd ansprach, das er je gehatt oder je gehaben
mocht ze dem gut haißet Talauadatsch gelegen vff Valzennas[1]
vnd entzeh sich des gar vnd gäntzlich für sich vnd alle sin erben
vnd nachkomen gen (gegen) dem erwirdigen Herren den Tum-
probst dem Tegan vnd dem Capitel des Gotzhus ze Cur, mit aller
der gehugd.[2] worten. werchen vnd getäten, als im mit gesammter
vrtail ertailt wart. das recht wär vnd kraft vnd macht nach recht
wol haben möchti. Vnd des ze offenem Vrkund gib ich min In-
sigel nach vrtailt, als es mir ertailt ist. an disen brief der geben

ist ze Chur. do man zalt von Gots geburt 1367 Jar an sant Barnabastag.

Abschrift aus dem großen Chartularium Fol. 182 im bischöfl. Archive zu Cur.
[1] Baltanna, vielleicht auch Balzeina.
[2] Ein in Urkunden dieses Jahrhunderts öfters vorkommender Ausdruck, der soviel als: Inhalt, Bedingung u. dgl. bedeutet.

## 138.

### Stadtordnungen von Cur.

Zwischen 1368 und 1376.

Orig. im bischöfl. Archiv zu Cur.

Wir der rat, und die burger gemain | lich ze Chur, sient dur der statt | ze Chur nutz und besserung willen über | ain komen bi dem aid den wir der statt | gesworen habent, und mit unser gnadi | gen herren bischoff Fridrichs[1], und des ca | pitels gemainlich ze Chur, rat, und guoten | willen, das ieder man in siner wisen ze Chur, amat (Emb) machen sol, und mag, wenn er sie mit mist, und mit wasser dar zuo | gebracht hat, und bringen mag, und er si ouch umb | gezünet hat, so sol dü wis denn mit dem | amat frid han, untz acht tag nach sant | michels tag. Wär aber dehainer | vih, inrent dem vorgeschriben zil, in siner | wisen fundi, das vih mag er phenden, in aller der wis, als ob ers in dem früien | höw in siner wisen gefunden hetti, us | genomen die wisen Nygrol[2], und dü un | der Prauserin[3], die sont bi ir

[1] Friedrich II v. Menzingen Bischof zu Cur von 1368 bis 1376. Daß diese Stadtordnungen unter seiner Regierung festgesetzt wurden, erhellt aus dem Umstande, daß Hans Köberlin und Gaub. v. Canal laut andern Urkunden, um diese Zeit gelebt haben.
[2] Nigrol oder Rigerol ist heut zu Tage eine unbekannte Bezeichnung dieser Feldgegend. Unwillkürlich denkt man an diejenige, die gegenwärtig „beim Rölleli baum" heißt.
[3] Dermalen Prasserin.

alten rechten | beliben, wir wellent ouch daz dis alles | iemerme
gantz, und stät beliben sülle.⁴

Ich Claus v. Rinuelden ze den ziten Vogt⁵ | ze Chur
tuon mänlichen kund mit disem brief | daz ich an dem nächsten
mäntag nach sant | Anthonien tag ze Chur in der Rat stuben |
von des mertzen lant gerichts wegen offen | lich ze gericht saß,
und da für mich kam Gaudentz v. Canal der peruid⁶ mit
sinem | fürsprechen, von sinen und der aidswerer wegen, und batt
mich ze eruarend an ainer | urtail, ob er, und die aidswerer kain
per | manifest an laitend, ob ieman da wider | reden sölte. Do
kam Hans Köderli ze den ziten werchmaister⁷ ze Chur mit
sinem für | sprecher, von des ratz wegen ouch herfür | und batt
mich ouch ze eruarend an ainer ur | tail, ob ainer ben der peruald,
und die aid | swerer per manifest angelait hettint, für | den rat
kämi, und dem rat die sach un | die schulde für laitt, und sich
denn der rat | gemainlich oder der mer tail under in erkan | ti.
daz die selb sach, und schuld, besser wär | vermitten, abgelan, und
unangelait, denn ge | tan, oder angelait, ob des der rat billig |
gewalt sölt han, und des gewaltig sin, oder | nit. Do gab daz
recht und dü urtail, und | behuob ouch der obgenant werchmaister
an des | rats statt, mit ufgehebten henden, wes | sich der rat ge-
mainlich, oder der mer tail under | in, uff den aid den si ainem
herrn⁸, und der statt ze Chur gesworen hand, über sölich⁹ | oder
ander gemaind, oder acker, oder wi | sen überbuwen sint, oder be-

---

⁴ Hier schließt die erste Seite des ersten Blattes.

⁵ Reichsvogt später Stadtvogt. Ob dieser Claus v. R. der nämliche
sei, der 1398 als Schultheiß v. Seckingen vorkömmt (s. Herrg. gen. Habsb.
Nr. 904) möchte ich bezweifeln.

⁶ Auch Proveid, illo qui providet, später bis herunter auf unsere Tage
der Profektrichter.

⁷ Der Vorsteher des Stadtraths hieß damals noch Werkmeister. Hans
Köderli erscheint öfters um diese Zeit.

⁸ Nämlich dem Bischof.

⁹ Schluß der zweiten Seite.

schlossen, oder suße twinget, daz sol er haißen | wider tuon innert acht tagen vor | dem gericht, oder inrent acht | tagen darnach, swer daz nit tuot der | ist umb schulde geuallen, tuot aber proueiba | daz nit, so ist er selbe ze schulde komen, und | swaz die ait swerer ainest hant an gelait | und geschriben, und der proueiba ainest het | gebotten, daz man es sol wider tuon oder bessern | daz bedarf man nit me ze andern gerichten | gebieten. Doch sol dü schuld nit abe gan. | Doch sont es die ait swerer haissen schriben. |

Es sol ouch ze Malabers sin ain ait swerer, und von Umbligs[10] zweie, und ab dem berg[11] aine und von Zützers zwein. |

Man sol ouch ze vogtes gericht, daz drüte | zaichen also lang lüten, untz die ait swerer | von Zützers koment, von Maßanns, unn die | von Umbligs, unn von Malabers koment | von beiden Sassellen.[12]

Es sont ouch die müllinen in der stat von | dem mülbach wasser genuoges han ob | es drinne ist, und was da übrigs ist, daz sont die ussere müli han.

Die Burger sont ouch han schlaiphe ain ris, | ain ris ze Prabella haisset am Guwella.[13]

Es sol der vogt die dri tag die wil vogtes | gericht wert, dem schriber, und den waibeln | ze essen geben. |

Es sint, der rat und die aitswe | rer ouch ze rat worden und über ain | komen, was ain ieglich man ze Cur inrent | der rinkmur XII. iar an (ohne) clage behebt hat | und inne hat, da sont die ait swerer dan | nan hin nit umb an lezen, noch schriben | es si denne daz man markstain da vinde, | nach der sol man sich richten.

Ir sont ouch wissen, daz der maier von Campz | und die

---

[10] Maliz.

[11] Ich halte dafür, daß hier der Berg Sayes nebst Trimmis gemeint seien.

[12] Ueber dieses Sassella vergleiche die Urkunde Band II Nr. 257.

[13] Schluß der dritten Seite.

von Stallen, und die von Visseuer | an¹⁴, swer da sessehaft ist, sont irü ross hie | han an dem Boual¹⁵ unz an den dritten tag | ob sis bedurfent, an geuerd, wurd in (ihnen) aber | ain ross hie lam, hinkent, daz sol hie sin | am Boual unz an den dritten tag, bannen | hin sol es gan mit den andren rossen. |

Wissent ouch daz dü müli ob der metzi sol | daz wasser den mülbach laiten, und daz | wuor besorgen und behaben von der welbi | Turaschz¹⁶ unz zer brugge zer metzi, daz | selb sol tuon der vitztuommen müli von der | selben brugge unz der brugge da man | zen brebiern gat, daz selb sol tuon der Ganserinen müli von der selben brugge unz zem¹⁷ stäge von der werchmaistrinen huse, daz selb | sol tuon Plantairen müli von dem selben | stäge unz zem wasser daz in dem brül gat, | usserent der rinkmur, daz selb sol tuon dü | müli mulin ba brül von dem selben wasser | unz under die selben müli. |

Wissent ouch daz die burger sont allü iar | geben dem vogt ze vogt stüre XVII lib. mailesch IVß. minder, und die selbe stüren | sont die maier saiden und lesen an (ohne) der | burger schaden. |

Wissent ouch daz der Metziger ze Cur | recht ist, daz alles daz vihe, daz si in der | metzi vermetzigen wend, daz sol in dem boel | ze Cur gan, aber fürst¹⁸ des daz es in den | bouel kunt, so sol man wissen, daz si daz selb | vih nieman verkoffen sont, daz es von der statt | vertriben werd. Tätint aber si es dar über | so sont si ainer ieklicher fürstatt¹⁹ die dar | über clagen wil von ainem ieklichen hopt | daz verkofft wirt ain fräveli gevallen sin. |

---

¹⁴ Die von Stalla und Vicosoprano die vorzugsweise den Gütertransport über den Septmer besorgten.

¹⁵ Boval, ohne Zweifel von bos, bovis, ist eine Weide in der Nähe des Ortes.

¹⁶ Hieß vielleicht der gewölbte Durchgang, der vom St. Martinsplatz hinaus zum Schlachthause führt, so?

¹⁷ Schluß der vierten Seite und des zweiten Blattes.

¹⁸ Fürst, furist, d. h. ehe und bevor.

¹⁹ Haushaltung mit eigener Feuerstätte.

Wiſſent ouch daz alle die hie ze Cur muntmairen [20] ſamnent, es ſient burger | oder gaſt, die ſont von ie ainem hundert | ſchaffen zehen hie lan dien metziern, dů nüt der beſten noch der böſen ſient, umb daz gelt | als es ſi ſtat, an alle geuärde. [21]

Wiſſent ouch daz der Vogt und der Rat | ze Chur hant ſich erkennt, daz wer dem andern ſin holtz nimt, und hin fürt | uff dem ſand, oder anderswo, es ſient | můſilla (sic), oder ander holtz, der iſt ſchuldig und | wirt gephendt, dem vogt umb ain | phunt bilian, der ſtat umb ain phunt bilian | von ie dem holtz, und dem des daz holtz iſt | auch von ieklichen holtz ain phunt bilian. | Und ſol der werchmaiſter phenden, umb daz daz der ſtat, und daz, daz dem des holtz iſt wer | den ſol. |

Man ſol wiſſen, daz ain waſſer grab von | recht ſol ſin drier ſchůch brait der | durch die wiſen gan ſol es ſi von der Plaſ= | ſur, oder von dem mülbach, und ſol ain | ieglich wis der andern waſſers gnuog | geben, ob ſis gehan mag. (Von ſpäterer Hand:) Wer dem andern | ain palära [22] oder ain brett nimpt oder under- grept bueß 1 lib. den. |

Es iſt auch der rat und die gemain | gemainlich ze rat worden, wer | uſſer (aus) ainer grave, oder ainem acker ain | nüw wiſen machen wil, da ſol die elter | wis der nüwen, und ouch dem acker, | wa und wie es an andern ſtoſſet, ouch waſſers gnuog geben, ob mans gehan mag. [23]

Diſü recht hat min her der biſchoff, daz er | und ſin geſint, ſond irü roſſ han ze gras | in Tides [24], dri tag und nacht, und in prau ſe | rein de ſoura als vil, un bin prau ſour pont, als | vil, und in Turiſt [25] als vil, und in Uſuraſch als | vil, und in prau ſar als vil. |

---

[20] Montanèra heißt im Oberländer Romaniſchen eine Heerde Schafe.
[21] Schluß der fünften Seite.
[22] Die heut zu Tage in Cur noch gebräuchliche Bezeichnung einer kleinen Schwelle behufs Wäſſerung in den Wieſen.
[23] Schluß des dritten Blatts and der sechſten Seite.
[24] Haus zu Tage Titt genannt.
[25] Das heutige Triſt.

Der Vogt sol han auf den selben wisen | XXIIII rosse, ain nacht und ain tag ze gras. |

Dis ist der burger waid, gegen Maienveld | gat ir Waide, und in holtz, untz in mitten | Lanquar und gen Trüns[23] uf untz awas spar- | sas, und gen Tumläsch in untz pont Arsetza[24], | und gen Curwald uf untz Canboielle, und | gen Schanvik in untz Striaira.[25]

Die brugge über Rabius[26] da sol der maier | von Gyreida[27] gen (geben) die tramen, und der | spitaler von sant Antönien[28] sol si machen | und behaben, und die brugge von Curwalden | müli so dü selb müli machen und behaben | und die brugge von Ingolden müli sol die selb | müli machen und behaben, und die brugge von Ponteila sol Landolfes müli machen und | behaben, und die brugge über Plassur sond die von Valdens[29] geben zwein tramen allü iar, ain lärchin, und ein tännin, und sond die | [30] antwurten unbenän am berg, und | der maier ennent der brugge sol si her | in füren, die tramen sont sin lang VI clafter, und clain halb, ains wert (werk) schuches | gross, und swenne die selb brugge von | gewalt und von wasser ab gat, so sond si | die burger von nüwem wider machen | und min herr der bischoff sol si behaben | vom zolle. Und die brugge an der metzi | sol der aman machen und behaben, und | die brugge, die gen den brediern gat sol | der werchmeister uff der burger guot machen

---

[23] Trins.

[24] Als Gränzmark des Tumleschgs wird in dem Bundsbriefe der Thalleute in Tumleschg vom 29 Sept. 1423, diese unter der Burg Nieder-Juvalt liegende Brücke Prat Arsitscha genannt.

[25] Strial (von stria, Hexe) ist der Berg Sträla zwischen Langwies und Davos. Striaira ist vermuthlich das Nämliche.

[26] Rabius, Rabiosa heisst das Landwasser das von Curwalden heraus in die Plessur fällt.

[27] Das heutige Gryda.

[28] Ob Cur an der Landstrasse nach Maliz.

[29] Feldis.

[30] Schluss der siebenten Seite.

unn | behaben.³¹ Und die brugge vor der müli | under dem hohen turm sol di müli be pedra | machen und behaben, und die brugge ze | Clafuz sond die burger machen unn behaben. |

Uß Curwalder müli sond allü iar werden | den siechen zu Massanes ain wert swin | und XXIIII masse smaltzes zelassens. Und | den aid swerer ain mal am dienst, und uß aim a | ker von Massanes den nächsten | 1 cäs geltz, und uff der Hoffstat ze Salas | pruwinen II quartanen gersten geltz. |

In dem spital ze sant Antönien sol man be | halten waz siechen ze Cur burger sint, so sol | den siechen da werden von den drien maier | höfen ze Cur, von zwain mins herren des | ³² bischoffs, und von den corherren, von ir ieg | lichem ein pfenning an werbe an strowe. Es sol och in dem selben spital geben werden von sant Lucien ieglichs zehent brot, und | und ieglichü zehent tavelle ³³ smaltzes, und ieglich | der zehent käs, und der zehent zigerling | die uß der alp Ramuz³⁴ koment, und swas | der herren von sant Lucien sterbent, bez gewant | sol dar geben werden daz sich die siechen da mit | bekent.

Wissent och daz die stat sol haben ser ait swerer | und ain proueide, was die haissent an legen | und schriben per Manifest da sol niman wider | reden, noch da für swerren. Swaz sie aber anlegent per aubiü, des mag man sich wol ent | schlahen, und mit dem aid unschulbig werden | . Die selben aid swerer hant den gewalt, swenn | vogtes gericht wirt, daz si sont nemen zwo | schulde, an bluot, ain per manifest, und ain per au | biü swelhe si went. Doch sol der canzler des | ersten ain nemen, den selben aid swerern unn | proueiden sont sant Lucien geben ain Dienst, und Cur= walden ain dienst, und der spital X ß meilesch.

---

³¹ Diese neun Worte sind durchgestrichen und am Fuße der Seite stehen dafür folgende: „Hänni Wallifer von sant Anthönien machen unn behaben uun sin erben von des guts wegen der Almendi so inen die burger gelichen hand."

³² Schluß der achten Seite und des vierten Blatts.

³³ Tafel, tabula.

³⁴ Die heutige Ochsenalp, Eigenthum der Burgerschaft von Cur.

Des Cantzlers recht ist, swenn vogtes ge | richt ist, so sol er
ain schriber dar gen | der die schulba schrib, und er sol ain schuld |<sup>35</sup>
an bluot nemen welh er wil, und vor wen | lichen, er sol ouch
der cantzlerie insigel gen (geben) aim burger gen (gegen) dem
andrem umb XII. bilian |, aber die gest <sup>36</sup> sond beliben mit sinem
willen |, wölti aber er ze hert sin, so sol es stan an | zwain des
rates. |

Die maiier sont ze vogtes gericht han | iegliche sin waibel, und
sont han ie | gliche ain eber, und ain pfarren, unn ain | bock,
und sont vogtes gericht haissen ge | bieten, und swenne ain schäd-
lich man wird | gevangen, so sont die zwein maiier mins | herren
des bischoffs iegliche han ain waibel | die schädlichen lüten iro
recht tüient. Die | sont ouch dri tag schädlich lüt hüten unn dri |
nächt, und die maier sont ouch gen (geben) holtz | ze aim galgen,
und hin uf füren, und pro | ueida sol den galgen machen. |

Dü müli Hanses säligen des Gansers sol gen holtz ze aim
halben blok da schäd | lich lüt in sont ligen. |

Es sol proueide swene vogtes gericht ge | betten wirt, vor dem
gericht acht tag | sol er umb gan, und swa er bevindet, das | an
wegen, gassen, strassen waide, und an | andren dingen, ützit ist un-
recht getan, das die strasse gemaine gassen, wege, waide . . . . . |<sup>37</sup>.

---

<sup>35</sup> Schluß der neunten Seite.
<sup>36</sup> Die Gäte, d. h. die Nichtburger.
<sup>37</sup> Schluß der zehnten und letzten Seite.

Dieses Fragment, das merkwürdige Notizen zur Kenntniß der damaligen Ver-
hältnisse liefert, habe ich vor kurzer Zeit im bischöfl. Archiv, dessen Zutritt und
Benutzung ich der Güte des hochw. Herrn Bischofs Casp. v. Carl v. Hohen-
balken verdanke, aufgefunden. Es besteht dasselbe aus fünf auf beiden Seiten
beschriebenen Pergamentblättern in Oktav, die wahrscheinlich früher zusammenge-
heftet waren, wovon jedoch keine Spur sichtbar ist. Die Anfangsbuchstaben eines
jeden neuen Satzes sind mit rother Dinte geschrieben. Leider ist es unvollständig.

## 139.

### Der Rector der Kirche in Zizers verzichtet zu Gunsten des Klosters St. Luzi auf das „prau" Gemach.

#### Dat. 16. Jan. 1368.

**Auszug.** Der Propst zu St. Luzi heißt Jacobus; der Rector ecclesie in Zizers: Hainricus. Das Effect, auf dessen Ansprache verzichtet wird: „pratum extra muros Cur. Civit. in Tyde¹ situm dictum gemachen wisen." Dat. 1368 XVII Kal. Jan.

Abschrift aus der Urk. Sammlung Fol. 213 im Pfarreiarchiv zu Bendern.
¹ Der Name hat sich bis jezt in „Titt" erhalten.

## 140.

### Anna, Peter's Marendanen Tochter und Conrad Planta's eheliches Weib wird mit Einwilligung des Bischofs von Cur für frei erklärt.

#### Dat. 5. März 1368.

Original im Besitze des Hrn. Nationalraths P. C. v. Planta.

Ich Jory her Ulrich planten seligen Ritters sun vitztum Vergich offenlich mit | diesem priefe daz ich dy colony dy frau anna peters marendanen tochter | chunrat planten elich wib ze luter aygen mach vnd han gemacht für ledigs aygen mit wille der gesellschaft dy zu dem selben gut gehören vnd hab daz gut in | vnd volfürt mit meines genedigen Hern Bischof pets willen gunst vnd haiß | Wir peter von gotes gnaden Bischof ze Chur | Veriechen offenlich mit diesem brief | daz wir besteten vnd vnser will vnd gunst ist daz dy obgenant colony für | ledigs aigen folfürt vnd bestet ist vnd daz ist geschehen mit | des vigtums willen vnd mit der gesellschaft dy zu dem selben hof gehören, vns | vnd vuserm gotzhus an schad Mit urchund diz priefs hengen wir vorgenempt Bischof peter, von chur vnser hangendes Insigel an diesen brief vnd ich | vorgenanter Jory vigtum Heng auch mein Insigl an diesen brief der | geben ist ze zuz an dem Suntag Reminisc. Anno Dom. Millesimo CCCL.XVIII. — Sigel abgefallen.

Unter Gesellschaft sind hier wohl nicht die einzelnen Colonen sondern die Inhaber der Colonie zu verstehen. Einige Aufklärungen über dieses Verhältniß gibt Kaiser, Gesch. des Fürstenth. Lichtenstein S. 147.

## 141.

### Bischof Peter von Cur
nachdem er sich überzeugt, darauf keine Rechte zu haben, verzichtet auf die Capelle St. Valentin zu Mals zu Gunsten des Capitels zu Cur.

Dat. Mautua 6. Juni 1368.

*Petrus* Dei et apostolice sedis gratia Episcopus *Curiensis* presentium inspectoribus universis sinceram in domino caritatem. Ut veritas et justitia maligni et iniquis odiis cessantibus inuidie cantoribus (sic! vielleicht fautoribus?) preferatur a iusto procedit libramine rationis Nouerint igitur omnes et singuli tam posteri quam presentes quos presens tangit negotium vel tangere poterit quomodolicet in futurum. Quod licet nos pridem quibusdam insufficientibus et minus justis mediis et argumentis suffulti, nobis tamquam *curiensi* Episcopo jus ad collationem presentationem aut aliam quamlibet dispositionem Capelle seu hospitalis *S. Valentini*, Vallis *Venuste Curiensis* diocesis inter limites parochialis ecclesie in *Malls* site, cum suis pertinentys competere opinantes, fratres nostros videlicet Prepositum, Decanum et

Capitulum ecclesie nostre *Curiensis* predicte, in perceptione fructuum capelle prefata impedivimus et procuraverimus in debite ac de facto. Nunc vero sufficienti et evidenti simus demonstratione lucide informati capellam seu hospitale S. *Valentini* prescriptam cum omnibus et singulis suis fructibus, reditibus; pertinentys et annexis, ac juribus quibus cunque per Reverendos in Christo patres ac Dominos olim *Johannem* et *Ulricum* nostros in dicta ecclesia *Curiensi* Episcopos immediate predecessores mediante justa vera et legitima apostolice sedis confirmatione mense Capituli ecclesie nostre *Curiensis* prefato dudum fuisse fore et esse incorporatam unitam ac juste et legitime applicatam, prout nos ipsi in literis tam per predecessores nostros Episcopos prelibatos, quam per sedem apostolicam supradictam traditionem et concessionem vidimus perspeximus et consideravimus evidenter! Ideo quod, quod per nos aut occasione nostri per quemcunque seu quotcunque alium vel alios et specialiter per nobilem *Ulricum* advocatum de *Amatia* contra fratres nostros, prepositum decanum et capitulum supradictos in et super impedito receptionis et praecoptionis fructuum prescriptorum est quomodolibet attemptatum nos presentibus penitus et in toto meliori et efficaciori modo et forma qua debemus ac possumus revocamus, recognoscentes nec nobis nec alicui *Curiensi* Episcopo jus quodcunque ad prefatam Capellam seu hospitale S. *Valentini* aut eius redditus, proventus vel pertinentias aut alia jura quecunque a tempore quo mense eorum fuerat ut premittitur, applicata, quovis modo pertinuisse aut quomodolibet pertinere. Promittentes eisdem nostris fratribus in virtute per nos corporaliter prefati juramenti quod nos ipsos aut eorum successores quoscunque ex nunc in antea in et super perceptione et receptione fructuum reddituum et aliorum iurium quorumcunque dicte capelle pertinentium numquam quovis excogitato ingenio vel colore debeamus aut velimus quomodolicet impedire aut consensum vel operam aliqualiter adhibere ut per quemcunque vel quoscunque alium vel alios cuiuscunque status gradus vel conditionis existant, impediantur vel tardentur modo quovis in perceptione et pacifica posessione redituum fructuum et jurium prescriptorum. Unde concludendo studiose rogamus et quantum in nobis est omnino volumus et desideramus ut nobilis *Ulricus de Amatia* Advocatus fructus dicte Capelle ceu hospitalis quos pridem per ipsum non sibi colligi sed arrestari petivimus totaliter relaxet. Cum et nos de eisdem fructibus nichil recepimus sed ipsos tummodo non sufficienter deliberati procuravimus ut predicitur arrestari, precipimus etiam et mandamus ut *Symon* dictus *Wertsch* in dicta capella moram ducens, sepedictis nostris fratribus fructus redditus et proventus prefate capelle seu hospitalis *S. Valentini* hactenus dari et expediri neglectos solvat et expediat totaliter et effectualiter indilate. In quorum etc. testimonium et robur perpetuum sigillum nostrum Episcopale presentibus est appensum. Datum Mantowe Anno Dom. 1368, sexta di mensis Juny. Jnd. sexta.

Abschrift aus dem großen Chartul. Fol. 33 im bischöff. Archiv zu Cur. Vergleiche die Urkunde Nro. 104 in diesem Bande.

### 142.

Das Domcapitel zu Cur gibt dem Florian v. Tersnaus das Gut Vallgranda in Lugnez zu Erblehen.

Dat. Cur 16. Jul. 1368.

Original im Archiv des Domkapitels zu Cur.

Wir, Graf Rudolf v. Montfort[1] Tumpropst, Hainrich v. Menzingen Tegan vnd das Capitel zu Chur kündent | vnd veriechent offenlich mit diesem Brief, allen den die in sehent oder hörent lesen, das wir dem bescheiden man Flurin | von Tertznaus[2] vnd sinen rechten liberben, gelihen habent, vnn lihent recht vnd reblich ze einem rechten erblehen | vnser gut, das da geheißen ist *Vall granda* gelegen in Lugnitz enent dem Dorf

Tersnaus, mit Holtz, mit veld | mit Wunne mit Waid, mit Wasser, vnd mit allen zugehörd, alß vnd mit sölichen geding, das vns, die vorgenanten Flurin | v. Tersnaus, vnn sin lib erben, von dem vorgeschriben gut *Vall granda*, järlich vf vnser frowentag ze der Liechtmiß | ze rechtem zins richten vnd geben sönd zwelf ein tuochi chursches maßes, oder für ie die ein siben schilling mailesch | vnd ain bilian an alle geuärd, tätint sie das nüt, oder daß si darymb mit vnserm, oder mit vnsers ammans der ze den | ziten vnser amman ist, guoten willen nüt belibent, so sol vns das vorgenant guot *Vallgranda* mit allen zugörd (sic) von inen gänzlich los, vnd zinsuellig sin, on alle wider red. Wir süllen och des obgeschriben guots *Vallgranda* |, des vorgenanten Flurins v. Tersnaus vnd siner lib erben guot weren sin nach recht, vnd als recht ist an | geistlichem gericht, vnd an allen den stetten da sie sin notburftig werdent mit guten trüwen an alle geuärd. | Vnd ze ainem waren vrkund der vorgeschriben dingen, haben wir die obgenanten Tumpropst vnd Capitel, | vnserü Insigel gehenket an diesen brief, der geben ist ze Chur do man zalt von gots geburt drizehen | hundert Jar, dar nach in dem acht vnd sechzigesten iar, an sant Hylarien tag. — Die beiden Sigel des Dompropsts und des Capitels hängen.

---

[1] Nach Eichhorn p. 213 starb er kinderlos 1390, nachdem er vorher noch resignirt und mit Agnes v. Mätsch sich vermählt hatte. Durch ihn kam 1375 Feldkirch an das Haus Oesterreich.

[2] **Tersnaus** liegt im **Lugnetzerthal**. Das Geschlecht wird meines Wissens hier zum ersten Male genannt. Florins v. Tersnaus Kinder erscheinen in einer Urkunde von 1372.

## 143.

### Verkauf
des Dorfes Richenburg durch Ulr. v. Aspermont, Vater und Sohn.

Dat. Raperswil 30. August 1368.

Org. im Archiv der Abtei Einsiedeln.

„Sammt allem gut, was dazu gehört, twingen und Bänen, Gericht, Fällen, Geläßen, Land und Lüten, Holz, Wäld, Wunn und Weid u. s. w. an Rudolf Tumpter, genannt Keller, Burger zu Raperswil, der unter anderm auch dem Gottshaus Einsiedeln 4 Roßysen Zins geben soll und erging der Kauf um 800 Pfund guter Zürcherpfennig. Dat. Mittwoch nach St. Johanns tag des Tüfers da er enthöptet ward. Sigeln beide Aspermont."

Aus den Regesten der Abtei Einsiedeln Nr. 414, des hochw. P. Gallus Morel abgedruckt.

## 144.

### Güterverkauf zu Obercastels.

Dat. im Jahre 1368.

Original zu Surcasti.

Auszug. Peter, Peters Sohn v. Ringgyns verkauft der St. Lorenzenkirche zu Uebercastel alle seine, von Mutterseite ererbten, Güter daselbst, um 15 Mark Curer Währung, mit dem Geding, daß der Kilchmaiger von S. Lorenz einem Leutpriester der Pfarre zu Lugnitz 10 Schill. Mailisch jährlich bezahlen solle. Eigenes Sigel des Verkäufers. — 3 Kugeln im

Schilde, wie das der v. Valendas. — Gegeben ze Lugnitz, im Jahre 1368.

Mitgetheilt durch Stud. Med. Chr. Brügger.

## 145.

### Albrecht Straiff
stiftet für seinen Bruder Johann und seine Schwester Anna eine Jahrszeit zu St. Luzi.

Dat. Cur 13. Jan. 1369.

Allen denen die diesen brieff sehend oder hörend lesen künd Ich Albrecht Straiff, Symon Straiffen säligen sun als vormauls min lieben bruder Johanns vnd Ott vnd min lieben swester Anna sälig den Erbern geistlichen Herrn dem Probst vnd dem Conuent ze St. Lutzin ze Cur durch got vnd durch Jr Selen heil willen vnd och daz dieselben Herren den vorbenempten minen brüder vnd swöster säligen Jartzit järlich in Jr Closter ze St. Lutzin erlichen began sond mit minem guten willen vnd gunst geben vnd gelaußen hand acht pfund mailisch Järlichs geltz uß dem gut daz man nempt daz gut zum Steg vff Thauatz gelegen nibret der brugg zwischent der Sinwellen matten¹ vnd dem gut daz da haisd ze den Jßlen vnd stosd obnan zu an den berg der da haisd Mettia vnd vnnen zu an die gmain strauß vnd das die erbern lüt Wilhalm Hanns vnd Antoni Luchsinger genant vnd Jr erben von vns ze einem erblehen empfangen hend vmb zehen pfund mailisch Järlich davon ze richten da vergich ich der obgenant Albrecht Straiff offenlich mit diesem brieff daz die übrigen zwey pfund mailisch Järlichs geltz bü och von dem vorbenempten gut ze dem Steg Järlichs geltz haut der obgeschribnen Hrn dem Bropst vnd dem Conuent ze St. Lutzin eigenlich recht vnd reblich ze koffen geben han vnd in min eigen nutz vnd notturfft bekert, vnd entzieh mich mit disem brieff aller der Ansprach, vnd alles deʒ rechtʒ so Ich vnd min Erben vnd menglich von vnseren wegen zu dem vorgeschribnen gut zu dem Steg¹ daher gehept habend oder noch hernach gewunnen, dehains wegs on all geuerd. Ich der obgenannt Albrecht Straiff vnd min erben söllend och deʒ vorgeschribnen gutʒ zum Steg den vorbenempten Herren deʒ Propst vnd deʒ Conuentʒ ʒe St. Luʒin gut weren sin nach recht an gaistlichem vnd an weltlichem Gericht vnd an allen stetten da si sin notturftig werdend mit guten trüwen on all geuerd vnd ʒe ainem waren vrkund vnd stäten warheit aller der vorgeschriben Dingen hab Ich der obgenannt Albrecht Straiff min aigen Insigell gehengt an disen brieff der geben ist ʒe Cur da man ʒelt von Christus geburt 1369 Jar an St. Hilarien tag.

Abschrift aus der alten Urkundensammlung im Pfarrei=Archiv zu Bendern.
¹ Heut zu Tage Sibelmatten genannt.

## 146.

### Hainz von Sygberg

stiftet sich ein Anniversarium beim Convent von St. Luzi.

Dat. Veste Aspermont 14. Febr. 1369.

Ich Hainʒ v. Sygberg künnd vnd vergich menglichem mit disem brieff, daʒ Ich luterlichen durch gott vnd och von miner vordren selen heil willen den Erwürdigen gaistlichen Herren einem jeglichen Probst vnd dem Conuent gemainlich deʒ goʒhus ʒe sant Luʒin vnd Jren nachkomen ewiclich biʒ nachgeschriben güter in Schanfigg gelegen mit grund mit grat vnd namlich mit allen rechten vnd zugehörden wissentlichen mit krafft diʒ brieffs für mich vnd für all min erben aigenlichen geben hab vnd endʒich mich vnd all min erben allen der aigenschaft rechtes vorderung vnd ansprach so wir zu denselben gütern in gehattent oder hienach gewinnen möchtend. In thains wegs dar umb hand die obgenanten Herren

Probst vnd Conuent für sich vnd für all Ir nachkommen verhaiſſen vnd gelopt miner lieben vettern vnd vorbren ſäligen Jarzit järlichen ze begann uff die tag vnd mit der gehügt, als ſy in Iro Jarzitbuch vorſchriben ſind des Erſten Albrechts Straiffen Hanſen vnd Symons ſiner ſün vnd diß ſind die güter die ſie dar umb enpfangen hand des erſten ze Nüweyn ein Hofſtatt ſtosd obnen zu vnd vnnen zu an ein gemainen weg einhalb vnd andrethalb an Hans Meingen Hoffſtatt. Item daſelbs andrethalb Juchert ackers ſtosd oben zu an ain gemain waid vnnen zu an Haldenſtainer gut In Curtin zwey Juchert ackers ſtosd oben zu an Hanſen Meingen acker vnnen zu an Haldenſtainer gut, In Jenents ain Juchart acker ſtosd obnen vnd vnnen an Haldenſtainer gut, Item ein Hofſtättli, ſtobt einhalb an Haldenſtainer gut, andrerth an Hannſen Mengen gut In Bitſchzell zwo mammad wiſen ſtoßen einhalb an gemain waid, andrerth an pedretten ſuns wiſen, die er mit anderen lüten gemain haut, In Baſchzaz ſechs mammad wiſen, ſtoßen oben zu an Hans Schanfiggen vnd an Ganofen güter vnnen zu an ain bach vnd an ain gemain waid. Item benter auwas zwo mannmad wiſaun, ſtoßen oben zu an Ganofen gut vnnen zu an ain gemainen weg, In Gumpling ain mannmad wiſen ſtosd ainhalb an Sprüntzen gut, andrerth an Hennsli v. Underwegen gut Davos Brynn zwo mannmad wiſen ſtoßen oben zu an das goßhus gut von Pfäuers vnnen zu an Stephans ſäligen gut, Item ſun muſtelgs ſechs manmad wiſen ſtoßen oben zu an der Brögginen vnnen zu an St. Peters gut ꝛc. ꝛc. Die obgeſchribnen güter, die Ich Inen geben hab, ſond ſy mit grund mit graut buwen haben vnd nießen beſetzen vnd entſetzen vnd verlichen als ander Iro Goßhus aigen güter vnd dar umb von mir vnd minen erben vnbekümbret beliben des ze vrkund veſt vnd ſtät ze halten vnd diß gottes gaub beſterbas krafft vnd macht müg haben, ſo henk ich obgenanter Hainz v. Sigberg min aigen Inſigel für mich vnd all min erben an diſen brieff, der geben ist vff miner vesti Aspermont¹ an sant Valentinstag da man zelt von Christus geburt 1369 Jar.

Abschrift aus der alten (der Handschrift nach aus dem XV Sec. datirenden) Urkundensammlung im Pfarreiarchiv zu Bendern. Msc. Fol. 31.

¹ Dasselbe war sammt den niederen Gerichten zu Malans und Jenins nach Aussterben der v. Landenberg auf die v. Sngberg gekommen.

## 147.

Erblehensrevers

von Hans Köderlin von Cur gegen Prior und Convent des Klosters St. Nicolaus daselbst.

Dat. Cur 4 Mai 1369.

Orig. im Stadtarchiv Cur.

Ich Johans Köderli Burger ze Cur tun kund mit disem Brief Allen dien, die in sehent oder hörent. vmb das Hus vnd Garten, als mir vnd minen lib erben. die Erwirdigen Geistlichen Herren, ain prior vnd der Conuent Prediger ordens zu Chur vmb ain järlichen Zins fünfzehen pfunt mailesch, ainmütklich gelichen hand, als der brief bewist, den ich darumb von inen innhab darumb so verbind ich mich vnd min lib erben mit vrkund dis briefs dis nachgeschriben täding vnn gedingt, war vest vnd stät ze halten, das ich, noch min lib erben, in demselben Hus, endhain offen Tauern nit haben süllen, noch bi der Hüpsch nit sitzen, noch ander vnleben darinn nit haben, da bien Herren vnd Conuent, kuntlich vebelkäm. beschäh aber das, wenn wir des von aim Prior oder Conuent ermant werdent. So süllen wir's miden vnd bessren, nach der ermanung indront den ersten zwain Manoden, tätind ich, oder min lib erben, das nit; so ist dien obgenannten Prior vnd Conuent dasselb Hus vnd Gart, mit dem Zins des Jars, ledig los vnd aigenlichen verfallen, on all widerred. Wäri och, das ich ober min liberben, in dem selben Hus nit selber sitzen wöltind, so süllen wirs mit semlichen lüten, mit ains Priors vnd Conuents willen vnd wissen besetzen, als sü danz an geuerb dünkt, das es inen erlich vnd fügklich si. Wäri och, das ich ober min lib erben unsrü recht zu dem selben Hus vnd Garten verkoffen wöltint, das süllen wir mit ains Priors vnd des Conuents wissen vnd willen tun, gen semlichen lüten, mit dien gedingen, vnd rechten, als die obgeschrieben vnn erlücht ist. Das dis alles von mir, vnd minen lib erben war vest vnd stät belib. Das ze vrkund vnd merer sicherhait. So hab ich die wisen vnn frummen, ain Amman vnd den Rat der Statt ze Chur gemaintlich erbetten, das sü der Statt Insigel mit minem aigen Insigel hand gehenkt an disen brief. Wir Amman vnd der Rat der Statt ze Chur gemaintlich durch des obgenanten Johansen Köberlis ernstlicher bett willen, ze ainer zügnuß vnn vrkund dirr obgeschriben gedinat, so henken wir der Statt Insigel mit sinem aigen Insigel an disen brief, der geben ist ze Chur an dem ersten fritag ze Ingendem Mayen, do man von Christus geburt drüzehenhundert sechzig vnd nün Jar zelt. Köberlis Sigel hängt, das der Stadt fehlt.

## 148.

### Graf Rudolf v. Montfort des Jüngern Jahrzeit=Stiftung bei den Chorherren und dem Capitel zu Cur.

#### Dat. 16. October 1369.

Ich Graf Rudolf v. Montfort der Jüngere[1] kund und vergich offenlich mit disem brief das ich gesunt lib's vnd muts. mit guter vorbetrachtung nach miner guten fründe rat vnd sunder= lich mit mins lieben vatters Grafs Rudolfs v. Muntfort Herren zu Veltkilch wissen, rat vnd ordnung luterlich durch Got vnd dur aller miner vordren vnd miner Sel hails willen.

den Erwirdigen in Got den Corherren vnd dem Capittel ze Chur aigenlich geben han vnd gib recht vnd redlich mit disem brief. zwei pfunt vnd zehen schilling pfennig. guter vnd genemer Costentzer Müntz. ewigs Jerlichs gelts, je vff sant Martistag. in der Stat ze Veltilch ze werend. usser minen hienach geschriben gütern. Des ersten ab minem Hof ze Sulbis. den ze disen ziten. Haintz vnd Hans gebrüder genant Muller buwent. Ain pfunt vnd vier schilling pfennig der vorgeschriben müntz, vnd zwai Viertel smaltz. oder 10 schilling der vorgeschriben phenningen für das smaltz, weders die obgenanten Chorherren wellent. Ab der Müli der man spricht des Rauensburgers Müli am müllanequen vnder Ranquil gelegen. zehen schilling phenning der vorgeschriben müntz. vnd usser minem Hof ze Satiains, den ze disen ziten Vidal vnd Hans Mauricien seligen sün vnd Bartholome des egenanten Vidalen sun, vnd Matheus Ulis seligen sun von Sattain buwent, sechs schilling phennig der obgeschriben müntz. Vnd hab dis alles geendet vnd volfürt mit aller der gehügd. worten, werchen. vnd getäten. so darzu hortend oder gehören soltend. nach recht vnd gewonhait des Lands. vnd ze den ziten. vnd an den steten. bo es mit recht, krafft vnd macht wol mocht haben. Vnd ze ainen waren vrkund vnd ewiger stäten sicherhait. hab ich der obgenant Graf Rudolf v. Muntfort der Jünger min aigen Ingsigel zu des vorbenempten Grafs Rudolfs mins lieben vetters In Sigel geben an disen brief. Ich Graf Rudolf v. Muntfort der elter[2] Her ze Veltkilch der obgenannt. verzich och offenlich mit disem brief. das alle dise vorgeschriben ding. mit minem guten willen vnd gunst. rat vnd ordnung beschehen ond volfürt sint. Vnd des ze ainem offen vrkund vnd stäten warheit. hab ich och min aigen Jng Sigel zu des vorbenempten Graf Rudolfs mins lieben Suns Jngsigel geben vnd gehenkt an disen brief. der geben ist ze Veltkilch bo man zalt von gotz geburt 1300 Jar darnach in dem 69 Jar. am nächsten fritag nach sant Gallen tag.

Abschrift aus dem Chartularium im bischöflichen Archive zu Cur.
[1] Nach der vor mir liegenden Stammtafel der Grafen v. Montfort starben

er und seine Brüder Berchtold und Ulrich kinderlos als die lezten ihrer Linie. Rudolf verkaufte 1375 Feldkirch an den Herzog Leopold von Oesterreich und starb am 22. Juli 1390.

² Starb 1373.

## 149.

### Lehenbrief
Bischof Friedrichs von Cur zu Gunsten des Ritters Daniel Liechtenberger.

Ohne Datum. Circa 1370.

(Wörtl. Copie.) Wir Fridrich¹ 2c. Tund kund vmb die lehen, die Hiltprant von Liechtenberg säliger von vns vnd vnserm Gothus gehept hat, namlich den zehend der gelegen ist ob Liechtenberg² an dem berg, das wir die verlichen vnd lihent och wizzenlich mit disem brief dem vesten wisen Ritter, Herrn Danielen dem Liechtenberger, als einem Gerhaben Bartholomä des egenanten Hilpranten sun. Wer aber, da Got vor si, daz der iez genant Bartholome abgieng vnd erstarb, so verlihen wir die vorgenanten Lehen dem obgenannten Danielen Liechtenberger selber vnd allen sinen erben, also daz sü die innhaben nuzzen vnd niessen, mit allen den rechten, eren vnd nuzzen die da zu gehörent nach vnsers Gothus alten rechten vnd gewonhaiten, in des mannes recht vnuerzigen. Dat. 2c

Abschrift aus dem registr. do feodis im bischöflichen Archive zu Cur.

¹ Bischof Friedrich v. Nenzingen hatte laut Eichhorn p. 154 den Bischofsitz inne von 1368—1376.

² Im Vinstgau.

## 150.

### Bischof Friedrich II.
### von Cur trägt ein Lehen auf Margreth von Sulg über.

Datum Cur 10. April 1370.

Wir Fridrich[1] ꝛc. Tunt kund das wir vnsern willen vnd gunst darzu geben habent, das Margareth von Sulg[2], die vnser vnd vnsers Gotzhus ist, sol Gaudenz den Narren Thomassen sälgen sun von Fürstenow inne haben mit sinen gütern, die von vns vnd vnserm gotzhus ze lehen sint vnd als sü hernach geschriben stend. vorerst ain drittail an dem hus daruf Clementina sitzet. ze Sunstüfen ain Juchart ackers. vnd die wise vnder Tarzelona uf Brabielg, zwaimal, ze sunwig ain Hofstatt of fralbiga Indebutz, vnd Arwina ain halb Juchart ackers. ze Abthalinas of dem berg, vnd ze preba da ligent zwai stukli ieglichs sunderbar, vnd jeklichs stuk zwei Mal vnd alle ander güter die sich findent, daz das sie den egenennten Narren angehören. Also wenn derselb narr abgat, das dan die vorgenannt güter beliben söllen der ehgedacht Margreth vnd ire kindern. die an vns vnd an vnser Gotzhus geuallent, vnd das sü dieselben güter vnbekümbert inne haben, vnd besitzind, das sü vns vnd dem Gotzhus ze Cur nit entpfrömd werdint an geuerd. Dat. Cur. feria III (prius) festum pasche. Anno etc. lxx.

---

Abschrift aus dem Registr. de feodis Fol. 17.

[1] Friedrich II. (v. Menzingen).
[2] Sils im Tumlefchg.

## 151.

#### Lehensbrief
Bischofs Friedrich von Cur zu Gunsten Ulrich's Ferragud.

##### Dat. Cur 16. April 1370.

Wir Fridrich[1] von Gottes genaden Byschoff ze Chur. tund kunt das für uns kam Ulrich Ferragud. Vnd bat das wir im lihend dis nachgeschriben gütern von ersten. zwelf mammat wisen gelegen ob Sarns[2] vnd heisset pra de Canals, darnach IIII Manmat wisen vnd heizzent sun kenbres och gelegen ob Sarns vnd ze Tartarr. zwo mammab wisun vnd haißent Kreste de Cavalar. Won er vnd sin vordern die selben gütern von vns vnd dem egenannten vnserm Goßhus ze Chur zu lehen hattend, mit dem geding das sie vns vnd vnserm Goßhus ze alle Jar davon dienen süllent ze Ostern vier nuwe Hufysen vnd negel die darzu gehörent oder als oft wir in dem Jar über den Seten[3] riten das wir der bedörften. Ulrichen Ferragud vnd sinen liberben das knaben sind die vorgenant lehen gelihen mit allen den rechten als vor geschriben ist, vnd was wir in ze recht bar an lihen süllend an alles geuerd mit vrkund diß briefs. Geben ze Chur an Zinstag[4] in den Ostervirtagen. Anno dom. M. ccc. lxx.

---

Aus dem Registr. de feodis, im bischöfl. Archiv zu Chur.

[1] Friedrich v. Menzingen saß auf dem bischöflichen Stuhle von 1368—1376.
[2] Sarn am Heinzenberg.
[3] Septimerpaß.
[4] Doch wohl nach Ostern, welcher Dienstag noch in vielen Gegenden Deutschlands als dritter Feiertag gefeiert wird.

## 152.

Das Schloß Rietberg mit Gütern, Leuten, Zinsen und Gülten kommt durch Compromiß an das Hochstift Cur.

**Dat. 21. März 1370.**

Ich Brun von Rutzüns fry, tun kunt und vergich offenlich mit disem gegenwärtigen Briefe allen den, die in sehend lesent oder hörent lesen, umb alle die stözz missehelung und ansprach, so ich | daher untz auf diien heutigen tag als dier brief geben ist von mir selbs und von miner geswüstergiden wegen; gehabt han, mit dem Erwürdigen herren Byschof Fridrichen, Byschofen | ze Chur, und an das Gothus unserer frowen ze Chur von der festi Rietberg wegen, und aller der güter, es syent Lüt oder güter, zins und gelt, wie des benempt ist, oder wo die güter | gelegen sind, die zu derselben festi Rietberg gehörent, benemptes und unbenemptes, und was Rietberg selig hinder im Gutes gelazzen hat, besuchtes und unbesuchtes, an alle gewerb, und | an allen underschaid, und ouch von des Lipdinges wegen, das frow Berchtun miner Basun seligen gefuget und beschaffen was, von Rietberg seligen irm Elichen manne, ouch besuchtes | und unbesuchtes, benemptes und unbenemptes on allen underschaid, was zu demselben irm Lipgedinge gehört, der stözze missehellung und ansprach, von disen ietz benempten Gütern allen | sein wir baide, der ebenempte erwürdig herre Byschof Fridrich ze Chur, im ainen tail, und ouch ich Brun von Rützüns frye, ze dem andern tail, ain mütellichen, mit wolbe | dachten sinnen, komen und ouch gangen, und unser Stözze getzogen uf den edeln herren, Graf Rudolfen von Montfort den Eltern herren ze Veltkirch, der sich unserer stözze und misse | hellung. und min und miner Geswüstergide. ansprach underwunden hat, also, daz er mit wisen herren und Lüten, min ansprach fürlegung und urkund ze ainem

tail, darzu alle fürlegung | und urkund des obgenanten erwürdigen
herren Byschof Friedrichs ze dem andern Tail von den vorge-
dachten gütern, ouch volkomenlich nach wiser herren und Lüte rat
verhoret und ingenomen | hat, mit solicher ordnung und wishait,
daz er sich nach rat der wisen herren und Lüten, der rat er daby
volkomenlich gehebt hat, erkennet und entstanden hat, daz ich und
mine Geswüstergide | billich von aller ansprach der obgedachten
Gütern allen lazzen sullen, das bin ich gehorsam worden und
entzich mich büte ze tag als dirr brief geben ist, frilich willeklich
und gern für | mich selber, für min Geswüstergide und für alle
unser Erben, iemer ewiklich der obgenanten festi Rietberg, und
aller der Güter die Rietberg selig hinder im liez, Lüte, Güter,
zins und Gelt | und was zu derselben festi gehört, benemptes oder
unbenemptes, besuchtes und unbesuchtes, on alle usnemung, und
on allen underschaid, und ouch aller der güter, die fro Berchtun
von Ruzuns | miner Basen seligen ze irem leipgedinge von
Rietberg seligen irem Elichen man benennet füget und be-
schaffen warent, ouch besuchtes und unbesuchtes, an alle gewerbe
darzu aller ansprach | die dieselb frow Berchte zu Rietbergs.
güter hatte, ez wer von Lipgedinge oder von andern sachen, also,
daz ich noch mine Geswüstergide noch behainer unserer Erben, noch
nieman von unsern | wegen, niemermer eweklich, behain ansprach,
noch recht haben, noch süchen sullent an den obgedachten Gütern
allen, festi, Lüten und Gütern, sunder daz der obgenant erwürdig
herre Byschof | Fridrich ze Chur, und alle sine nachkomen, des
Gozhuses unser frowen ze Chur, dis obgenanten festi Riet-
berg, Lüt und güter, zins und Gelt, was zu derselben festi ge-
höret, oder andre güter | die Rietberg selig hinder im liez, be-
suchtes und unbesuchtes, an alle gewerb, und ouch die Güter des
Lipgedinges fro Berchten von Ruzuns miner Basen seligen,
nu hinan hin ewiklich | inne haben und niezzen sullent, ze besetzend
und entsetzend, als ander aigen gut, des ebenempten Gozhuses
unserer Frowen ze Chur geruweklichen unbekumbertes, und un-
ansprechiges vnn | mir, von miner Geswüstergiden und von allen

unsern Erben, und sol ouch ich und mine erben, für mine Ge=
swüstergide und für ir Erben des ietzbenempten erwürdigen herren
Byschof Fridrichs ze | Chur, und aller siner nachkomen, des
Gotzhuses unser frowen ze Chur, gut und recht were sin nach
recht, umb die obgedachten güter alle, Festi, Lüt und Güter und
si zu vertreten ze ainem rechten | wo sie sin iemer notdürftig wer=
dent, an geistlichem oder an weltlichem gericht an alle Gewerb
Daz dis alles, so an disem brief geschriben und beschaiden ist,
iemer fest war und stete belibe, so | han ich obgenanter Brun
von Rutzüns fry, disen brief besigelt mit minem aigen Insigel,
uud gebeten besigeln, mit des obgedachten edeln herren Graf
Rudolf von Montfort des Eltern | herren ze Veltkirch
aigen Insigel, wen er in disen Stözzen, missehelungen, und miner
ansprach zu den obgenanten gütern gemainer man gewesen ist, mein
ze ainem Tail, und des vorgedachten | Byschof Fridrichs ze
Chur und des Gotzhuses ze unser frowen ze Chur an dem an=
dern Tail. Darrzu gebetten besigeln, mit des edeln herren, Graf
Hugen von Werbenberg aigen Insigel ze guter | gezügnusse
dirre dingen und vorgeschriben sachen. Dieselben unsre aigen In=
sigel, ich ietz benembter Graf Rudolf von Montfort der älter.
wan ich von ernsthafter bette wegen des obgenanten | erwürdigen
herren Byschof Fridrichs, Byschof ze Chur, und auch Brun=
nes von Rutzüns fryen, in disem obgeschriben missehelung und
Stözzen, Gemainer man gewesen bin, und ouch ich | der ietz be=
nempt Graf Hugo von Werbenberg wan ich bi dirre täding,
richtung, und verainung, dirr obgenanten Stözzen und missehellungen
gewesen bin, ze ewiger urkunt und sicherhait dirr | obgeschriben
dingen, uns unschädlich an disen brief gehenket hant. Der geben
wart ze Chur in der Burge daselbs, an der nächsten Mitwochen
nach mittervasten, da man zalt | von Gotes geburd drützehen
hundert Jar, darnach in dem sybentzigsten Jare. Alle drei Sigel
hängen.

---

Mitgetheilt durch den hochw. Herrn Domscholastikus v. Mont in Cur.

## 153.

### Lehensbestätiguug.

**Dat. im Jahre 1371.**

**Auszug.** Bischof Friedrich von Cur bestätigt dem Amman Hans Köberlin von Cur und seinen Erben alle die Lehen und „pfanding darumb er Brief hat." Dat. wie oben.

Aus dem Registr. de feodis im bischöfl. Archiv zu Cur. — S. die Urk. dat. St. Joh. Abend des Täufers, 1363 Nro. 110 dieser Sammlung.

## 154.

### Compromißbrief

zu gütlicher Erledigung der zwischen dem Domcapitel und dem Kloster St. Luzi wegen des Zehenden des St. Stephans-Weingartens waltenden Streitigkeiten.

**Dat. Cur 16. Jan. 1371.**

Orig. im Archiv des Domcapitels.

**Auszug.** *Fridericus* prepositus, *Hainricus*, decanus und das Capitel von Cur einerseits, und *Jacobus* prepositus totusque conventus monasterii *S. Lucii* anderseits bestellen durch den gegenwärtigen Compromißbrief religiosum virum fratrem *Cuonradum* priorem fratrum predicatorum conuentus *Curiensis* als ihren Obmann, um den bereits seit längerer Zeit zwischen ihnen schwebenden Streit super solutione decime vini, dampno et interesse exinde subortis de vineto sito in monte seu colle monasterii *S. Lucii*. Als Zugesezte des Domcapitels sind genannt: *Heinricus* rector ecclesie in *Gamptz*, von welchem das Capitel behauptete sibi non esse ut fieri debuisset plenarie expeditum, decanus *vallis Trusiane* et *Ruodolfus* rector ecclesie in *Oetis*, und des Convents zu St. Lucius: *Johannes* decanus archidyaconatus sub *Langaro* et *Ruodolfus de Schowenstain* armiger zu Cur gesessen. Den Schiedsrichtern sollen, wenn sie es verlangen, omnia et singula arbitris producenda vel alleganda schriftlich eingereicht werden, damit sie super illis sufficientius deliberare valeant; sie dürfen, wenn sie es gut finden, auch anderwärts sich Raths erholen, die dießfälligen Lasten tragen beide Parteien, wenn der Obmann es thut; thun es die Zugeseßten, so geschieht es auf Lasten der betreffenden Partei; sie versprechen, die Sache beförderlichst auszutragen und sollen vorerst den Streit gütlich beizulegen sich bemühen.¹ Gelingt dieses nicht, so fällen sie einen Rechtsspruch, dem jeder Theil innert zwei Monaten bei einer Buße von 20 Mark Silber und bei Verlust totius causae nachzukommen hat. Dat. et actum *Curie* 1371 feria 4. proxima post festum b. Hylarii episc. Jnd. IX.

---

Es hängen die Sigel beider Pröpste, des Capitels und des Convents.
¹ Daß lezteres wirklich gelungen, ist aus der nachfolgenden Urkunde Nr. 157 ersichtlich.

## 155.

### Graf Albrecht v. Werdenberg
der Alte verkauft dem Convent zu St. Luzius Güter „gelegen ze Trüns die man nennt: des Künngs Gut".

Dat. Freudenberg 13. April 1371.

Wir Graff Albrecht v. Werdenberg der alt¹ künden vnd versehenn offenlich mit vrkund diß brieffs vor allen den die disenn brieff ansehend vnd hörend lesenn das wir recht vnd redlich ze koffen geben vnd geben hand für vns vnd vnser erben dem Erberen Herrn dem Propst vnd dem Conuent ze sant Luzien Jnn nachkommen an daz gozhus daz gut ze Trünnß gelegen daz man nempt des küngß gut für ain recht aigen vnd daz järlich gilt vnd gelten sol 24 schilling wert korn vnd an käß Curer meß vmb hundert pfund pfenning zenger vnd guter Costanzer münz vnd sind der ganz vnd ganzlich von Jnen gewert, darumb so endzihend wir vns vnd hand vns enzigen für vns vnd vnser erben gen dem Bropst vnd dem Conuent deß gozhus ze sant Luzin ze Cur aller rechten vnd ansprach vnd anzik (sic) so wir oder vnser erben an dem ebenempten gut Jmmer gewinnen können oder möchtend an gaistlichen vnd weltlichen gerichten vnd an allen stetten an geuerd. Wir vnd vnser erben sond deß Bropst vnd deßselben egeschriben Conuenz ze sant Luzin diß koffs rechter wer sin nachem rechten an gaistlichen vnd weltlichen gerichten vnd an allen stetten an geuerd als dik als Jnnen notturftig ist, oder wird. deß ze Vrkund So geben wir ebenempter Graff Albrecht v. Werdenberg disen Brieff besigelt, mit vnserem aigen hängenden Jnsigel für vns vnd vnser erben der geben ward ze Fröbenberg am nächsten Sunnentag nach vnsers Herrn Fronlichnamstag do man zält von Christus geburt 1371sten Jar.

Abschrift aus der alten Urkundensammlung im Pfarreiarchiv zu Beydern.

[1] Sohn Albrechts v. Werdenberg, der um 1363 starb und von dessen Gemahlin Agnes, Burggräfin von Nürnberg. Er selbst starb 1379 kinderlos. Sein einziger Bruder, der männliche Nachkommen hinterließ, war Albrecht der Jüngere, der die in dieser Urkunde genannte Burg Freudenberg 1395 an Oesterreich verkaufte.

## 156.

### Kaiser Carl's
Bestätigung der Schenkung von 500 Mark Silber an Bischof und Stift zu Cur und der Verpfändung der Reichssteuer zu Lindau dafür.

Dat. Prag, 1. Mai 1371.

Wir Karl von gottes gnaden Römischer Kayser. zu allen Zeiten merer des Reichs vnd kunig zu Behem. Embieten dem Burgermeister, dem Rat vnd den Burgern gemainlich der Statt zu Lindow vnsern vnd des Reichs lieben getrüwen vnsre gnad vnd alles gut. lieben getrüwen. Alleine wir nach der Zit. Als der Erwirdig Peter etwenn Byschoff ze Cur bannen gen dem Luthomuschel (sic)[1] getransferpret ward, vnderweiset worden das die jerlich Stewr die ir vns vnd dem Reiche schuldig seit vnd ledig worden were. Vnd wir davon dieselb Stewr dem Edlen vnd ersamen Andreß v. Bruneck Tumherren zu Meyntz verschriben. Doch sein wir nu von dem Erwirdigen Fridriechen iczunt Byschof zu Cur' mit vnsern alten briefen kuntlich vnderweiset. daz wir diselb Stewr ewr Statt nicht alleine dem egenanten Byschof Petern sunder dem Stiffte ze Chur vnd Byschofen die da in Zeiten sein. für ein genante Summ Geldes verpfendet vnd verschriben haben. als dieselben vnser briefe wol vnd kuntlich außagen. Darumb gebieten vnd empfelhen wir ewr trewe gar ernstlich vnd vesticlich bey vnsern hulden, daz ir fürbaz mer dieselben Ewr Stewr vnd was geldes noch vorhanden ist von derselben jerlichen Stewr nyemand anders geben vnd bezalen sullet. denn dem egenanten Fridriechen Bischof ze Chur oder seinen gewizzen botten vnd wenn ober wie ofte ir das tut. So sagen wir Euch vnd ewr Statt ze Lyndow derselben Stewer von vnsern vnd des Reichswegen quit ledig vnd los. Mit Vrkund diz briefs versigelt mit vnser keyserlichen Maiestet Jnsigel. Geben zu Prag am sant philipp vnd sant Jacobs tag. der heiligen zwelf botten. Nach Kristes geburd 1300 Jar darnach in dem 71sten Jahre (1371) Vnser Reiche in dem 25sten vnd des keysertums in dem 17ten Jare.

---

Abschrift aus ten Chartularien im bischöflichen Archive zu Cur.
[1] So in der Abschrift. Eichhorn S. 113 sagt: „Exploratum caeteroquin est, Petrum circa hocce tempus, ecclesia Curiensi resignata, aliam in Moravia (Mähren) regendam suscepisse, quam alii Olomucensem (Olmütz) alii Leuthmostensem nominant; donec anno 1371 ad sedem Magdeburgensem transferretur."

## 157.

### Vergleich

zwischen dem Domcapitel zu Cur und dem Gotteshaus St. Luzius wegen des Weingartens bei der St. Stephans-Capelle.

Dat. 18 Juni 1371.

Original im Archiv des Domcapitels Cur.

**Regest.** Es wird beurkundet, daß Propst und Capitel zu Cur einer- und Propst und Convent zu St. Luzius anderseits ihren langwierigen Streit pro et super solutione decime vini de vineto sito in monte seu colle prope, iuxta et circa dictum monasterium expediende, durch die bestellten Schiedsrichter gütlich haben vermitteln lassen, so und dergestalt, daß der Convent zu St. Luzius de tota vinea in prescripto colle sita, sant Steffans wingart vocata, que ab aliis vineis sepibus est seclusa, deffen Maß angegeben ist, keinen Weinzehenden, wohl aber von dem übrigen Theil des daselbst befindlichen Weinbergs zu entrichten schuldig seien. Dat. anno Dom. m. ccc. Lxxl feria 3ᵃ proxima ante festum b. *Joh. Bapt.* Ind. IX.

---

Es hängen die Sigel des Dombekans Heinrich, des Capitels, des Probsts Jacob und des Convents von St. Lucius.

Die Orig. Urk. ist durch Befleckung so verdorben, daß sie kaum zu entziffern ist; ich benutzte dabei die Abschrift auf Fol. 225 des gr. bischöfl. Chartulars.

[1] Sie sind in dem Compromißbrief (Urk. Nro. 154, von 1371) genannt.

## 158.

**Lehensrevers**

der Gemeinde S. Bartholomäuskirchen im Montafun gegen das Domcapitel zu Cur.

### Dat. S. Bartholomenskirchen 3. Juli 1371.

Auszug. „Dü Gemaind vnd die vndertan Sant. Bartholomeus kilchen gelegen in Montaffon" reversiren für sich und ihre Nachkommen den Empfang eines „widems" Seitens Friedrichs v. Tengen, Dompropst, Heinrichs v. Nenzingen, Decans und des Capitels zu Cur, wofür sie jährlich an St. Martinstag ein Pfund Constanzer Pfenning zu zinsen haben. Es sigelt für sie der erber Man Johannes herrn Rudolfs sun, ze den ziten ir vogt. Dat. Do man zalt von Gottes geburt 1371 jar an sant Ulrichs Abent."

---

Aus den Charthl. im bischöflichen Archiv zu Cur.

## 159.

**Erblehenbrief**
um die Sägemühle zu Cur, ertheilt an Ulrich, genannt Filiol, durch das Stift zu Cur.

Dat. Cur 4 Juli 1371.

Original im Stadtarchiv zu Cur.

Auszug. Friedrich v. Sengen, Tumpropst, Heinrich v. Renzingen, Decan, und das Capitel zu Cur, leihen und verleihen dem „erbern Knecht, Ulrichen genannt Filiol Burger ze Kur" vnd seinen rechten Leibeserben, zu einem rechten Zinserblehen ihre „Segemülſ die gelegen iſt ze Kur, uſrenthalb der Bruggen der plaſur," mit allen rechten vnd zugehörden, „ſtoßet obenzu an vnſern wingarten, den Klaus kobler von vns och ze lehen hat, vnderzu vnn ze der ainen ſiten an die gemainen ſtraßen" gegen den jährlichen Zins von drei Pfund Mailiſch auf St. Martinstag. Folgen die üblichen weitern Bedingungen. Sigler: Dompropſt und Kapitel. Dat. Cur St. Ulrichstag 1371.
Sigel abgeriſſen.

## 160.

**Kaiſer Carl's**
Befehl an Bürgermeiſter und Rath zu Lindau, die diesjährige Reichsſteuer an Biſchof Friedrich von Cur auszubezahlen.

Dat. Prag den 4. Oct. 1371.

Wir Karl von gottes gnaden Römiſcher keyſer, zu allen zeiten merer des Reichs vnd König zu Beheim. Embieten dem

Burgermaifter, dem Rate vnd den burgern gemeinlich zu lyndou vnsere vnd des Reichs lieben getrwen vnser gnade und alles gut. lieben getrwen, vmb die gewonlichen Stewrn, die ir vns vnd dem Reiche ierlich schuldig feit zu geben Empfelhen vnd gebieten. wir ewrn trewn ernftlich vnd veftelich bey vnsern vnd des Reichs hulden, daz ir dieselben Stewrn uf Sant Martins tage schierift kumpt dem Erwirdigen Fridreichen Byschoffen zu Chur, vnserm vnd des heiligen Reichs Furften vnd lieben getruwen gebt vnd bezalet. vnd wenn ir das getut so fagen wir euch derselben Stewr von difem Jare von vnfern vnd des Reichs wegen quit ledig vnd los mit Vrkund diz briefs verfigelt mit vnfer keyferlichen Maieftat Infigel Geben zu Prage nach Kriftes geburd dreyzehenhundert Jar. darnach in dem ein vnd fiebentzigiften Jare an fant Franciscus tag. Vnfer Reiche in dem 26ften. vnd des Keyfertums in dem Sibentzenden Jare.

Abschrift aus den Chartularien im bischöflichen Archive zu Cur.

## 161.

### Albrecht Straiff
gibt Hansen, Eberli Walser's Sohn auf Stürfis, zu einem Erblehen den Hof Matlafinen an dem Berg bei Maienfeld.

Datum 31. October 1371.

Allen den die difen brieff an fechen oder hörend leffen kund ich Albrecht Straiff vnd vergich offenlich an difem brieff daz ich gefunt. libs vnd mütz nach miner guter fründ rat verlich vnd verlichen han Hanfen Eberlüß Walfers fun vff Stürfiß vnd allen finen erben nach erblehenzrecht den Hoff genant matlafinen an dem berg by Mayenfeld gelegen mit allen rechten mit allen nutzen mit allen gewonhaitten und mit aller zu geherd ez fy holtz oder feld wunn oder waid wie ez fy genant daz daher zu dem vorgenanten Hoff gehert hat vnd ich dan her dar zu verlichen han disen vorgenanten Hoff mit aller zu gehör alz vor geschriben ist han ich obgenanter Albrecht Straiff für mich vnd min erben den obgenanten Hansen vnd sinen erben zu ainem stetten erblechen verlichen nach erblechenz recht, daz han ich getan mit allen Worten vnd Werken so dar zu hert vnd gehören möcht vnd mit solichem geding daz der vorgenant Hanß oder sin erben mir obgenanten Albrecht Straiffen oder minen erben jährlich uff sant Martis-tag richten vnd geben sol ann allen vnsren schaden vnd ann all stünstli [1] trithalb Cur welsch mark in sier pfund billige [2] für ain mark ze raitten vnd wo oder wenn oder welchez Jars daz nit be-schäh, daz vns der vorgenant zins als vor beschaiden ist, nicht gericht vnd geben wrd (würdi) so ist vnß der vorgenant Hoff vnd das obgenant Erblechen delenklich [3] geuallen vnd zinßfellig worden mit allen rechten vnd mit aller zu gehörd an all widerred, Ich obgenanter Albrecht Straiff vergich och daz der obgenant Hanß oder sin erben iru recht dez obgenanten erblechenz versetzen vnd verkauffen mugend wem sie wend vnsrü recht vnd vnser zinß vnß ze behalten sy vnschäblich alz vor beschaiden ist Er vnd sin erben sont vnß och mit geding dienen zu vnser notturft vnd zu vnßern eren mit schilten vnd mit spießen nach vnser recht wann oder wenn wir ir bürffint wider mänilich an wider die Herschaft dü da Herren sind der statt ze Maienfeld, Ich obgenanter Albrecht Straiff vnd min erben sond och wer sin dez obge-nanten Hansen vnd siner erben vmb daz obgenant erblechen nach recht gen wem si sin bedürftüg oder notturftig wären an gaistlichen oder an weltlichen gerichten mit gutten trüen an alle geuärd; dez allez ze ainer Vrkund der warhait aller diser vorgeschriben ding war vnd stät ze haben so henk ich obgenanter Albrecht min eigen Insigel an disen brieff der geben ist in dem Jar do man zalt nach Cristy geburt 1371 jar an aller Hailgen abent.

---

Aus einem authentischen Vidimus vom Jahre 1446 bei Hr. Land. Franz in Maienfeld. — Vergl. oben Nr. 47 Note 1.

¹ So im Orig. Möchte wohl wahrscheinlich mit „Stundung", — Verzögerung zusammen hängen.
² Billige i. e. Bilian (Imperialis), deren ein Pfund gleich zwei Pfund Mailisch (Mailändisch) war.
³ So im Original, statt „lebig."

## 162.

### Gartenverkauf zu Cur.

Dat. Cur 29. Nov. 1371.

Original bei Hr. Oberst Em. v. Salis-Soglio.

Auszug. Hans v. Unterwegen, des Johanns sel. Sohn und Margareth Brögg seine eheliche Wirthin, verkaufen, leztere durch Hand des von ihr in dieser Sache erwählten Vogts Pet. v. Unterwegen, dem frommen und bescheidnen Rud. v. Schowenstein ein Gärtchen zu Cur, das sie ererbt hatte, um 4 Mark Cur. Währung. Dat. an St. Andr. Abend. Die (gut erhaltenen) Sigel beider Unterwegen hängen.

## 163.

### Convention

zwischen Rudolf Salis, Sussus, Sohn Guberts v. Salis zu Soglio und Joh. v. Marmels, Schwickers Sohn.

Dat. 10. Mai 1372.

In nomine Domini Amen Millesimo trecentesimo septuagessimo secundo die Luna decimo mensis Mady Indict. X. Carta pactis et concordys inter *Ser Redolfum Sussum de Salicibus* de *Solio* filium quondam *Ser Guberti Sussi de Salici* de Solio ex una parte, Et *Johannem* fq. *Ser Schwickeri de Marmorea* ex altera parte, Et ipse *Johannes* nomine Vice et ad partem *Annæ* filiæ suæ et fq.

*Katarinæ* heredumque Ser *Guidoti Salicis* de Solio cuius Advocatus est per manum et voluntatem Parentium et amicorum ambarum partium, Et quam prædictam *Annam* filiam suam ipse *Johannes* promixit obligando se et omnia sua bonâ et res pignori præsentia et futura suprascripto *Ser Redolfo*, et suis heredibus et successoribus omni tempore facere esse, stare et permanere tacita et contenta et confessa in hac predicta carta pactis et concordys et hoc suis proprys omnibus expensis dampnis et interesse et sine dampnis vel dispensis prædicti *Ser Redolfi* ..... in pena et sub pena tocius dampni et expensarum solempni stipulatione præmissa et deducta Nominative et generaliter de omnibus litibus ..... quæ quos quas et quibus erat fuit et vertebat inter prædictum Ser *Redolfum Salicem* et pradictum *Johannem de Marmorea* nomine et ad partem prædictæ filiæ suæ *Annæ* utsupra pro facto et occaxione omnium bonorum et rerum qua et quibus fuerunt olim *Plantinæ* aut *Katarinæ* heredes filie prædicti S. *Widotj Salicis* de omnibus suprascriptis bonis rebus et terratorys mobillibus et immobillibus seseque moventibus generaliter ubicunque de prædictis bonis inventum fuerit citra montes *Septimi* Vallis *Brægalliæ* Vallis *Averi* [1] et denique ultra aquam *Luveri* et Alibi ubicunque citra montes *Septimi*. Et hoc tali modo pacti et forme et afirmatum Videlicet imprimis quod omnia suprascripta bona et res mobillia et immobillia utsupra sint et esse debeant sine contradictione unius alterius divisse et partite inter prædictos Ser *Redolfum* et *Johannem* in quatuor partibus, et de hys prædictis quatuor partibus una pars suprascriptorum bonorum ut supra sit et esse debeat suprascripti S. *Redolfi* et suis heredibus et de ea parte faciat et facere possit quid quid exinde facere voluerit sine contradictione alicuyus persone et comunis. Et alteras tres partes prædictorum bonorum sint et esse debeat prædictæ *Annæ* filiæ suprascripti *Johannis de Marmorea* et suis heredibus et hoc talibus modis et tenoribus prout hic inferius declaratur scilicet quod de omnibus debitis factis per suprascriptum *Johannem* cit. montes *Septimi* vel quæ invenientur quod sint ad restituendum et ad solvendum occaxione dictorum bonorum et per prædictam quondam *Plantinam* de iure in aliquibus modis etc. Eciam solvere et contentare debeat prædictus S. *Redolfus* de quatuor partibus una pars et prædictus *Johannes* nomine et ad partem dictæ *Annæ* filiæ suæ tres partes dicti debiti. Item quod prædictus S. *Redolfus* debeat habere et hereditare eciam de quatuor partibus una pars unius boni et *Mayrie* quæ iacet in Valle *Averis* scilicet libras quinque ficti quem dat omni Anno *Christus* de *Avero* et alteras tres partes dictæ *Mayriæ* et dicti ficti sint eciam dicti *Johannis* utsupra. Item tali modo et concordio inter ipsos quod si suprascripta *Anna* filia prædicta *Johannis* obiret vel decederet sine herede de legiptimo matrimonio eius personis quod de suprascriptis tribus partibus quæ et quas inveniunt imparte prædicti *Johannis* nomine et ad partem prædictæ *Annæ* filiæ suæ utsupra una pars sive tertia parte dictorum eorum partium sit et esse debeat prædicti S. *Redolfi* et suis heredibus adque venire et revertere debeat in iusta hereditate et linea unde dicta bona suprascriptæ *Annæ* venit habuit et hereditavit. Item quod suprascriptus *Johannes* vel dicta *Anna* eius filia vel eorum heredum vel aliique alia pars ad eorum istanciam non debent vel possent vel valeant vendere et alienare vel obligare prædictam tertiam partem suprascriptorum eorum partium dictorum bonorum utsupra quæ et quas invenient in parte prædictæ *Annæ* scilicet illa tertia pars quæ utsupra revertere debet in hereditate et iusta linea tali modo quod suprascriptus S. *Redolfus* vel eius heredis vel quisquis de iure illam tertiam partem utsupra haberet et hereditaret obligati sint et debeant solvere et restituere illum debitum quem usque citra montes *Septimi* invenient quod prædictam tertiam partem utsupra eius contingente parte ad solvendum sit pro suprascriptis bonis utsupra Item quod si suprascripta *Anna* obiret vel decederet sine hereditate legiptima quod suprascriptus Ser *Redolfus* vel eius heredes vel aliqua alia persona pertinentes in dicta hereditate non debent vel possent vel valeant petere vel requirere imperpetuum aliqua bona vel res suprascripti boni quondam *Plantinæ* utsupra scilicet de alteris duobus partibus tantum quas modo veniunt dictæ *Annæ* utsupra sed libere et sine molestia dictas duas partes sint et esse debeant prædicti *Johannis* et suis heredibus. Item quod suprascripti *Johannes* vel dicta *Anna* vel heredes dictæ *Annæ* vel aliqua alia persona non possent vel valeant imperpetuum vendere nec obligare nec alienare hæc suprascripta bona quondam dictæ *Plantinæ* Nisi quod prius et ante porgere et dare debeant suprascripto Ser *Redolfo* et suis hæredibus et hæreditatibus unde dicta et suprascripta bona exivit et eis dare et dimittere ante quam aliquibus alys personis dando et solvendo ea que invenientur ab allys bona fide sine fraude. Item quod si suprascriptus *Johannes* vel dicta *Anna* vel heredes dictæ *Annæ* venire, vellent *Solio* cause illuc tum domi standi et morandi bona fide sine fraude quod suprascriptus Ser *Redolfus* vel eius heredes debeant eis largam dimittere et relasare dictam suam quartam partem domorum et ortum tantum iacentem in *Solio*, et quæ pertinent dicte quondam *Plantinæ* tantum tali modo quod suprascripti *Johannes* vel *Annæ* vel heredes eorum dare et contentare debent prædicto Ser *Redolfo* et suis heredibus in laude sapientium hominum alia bona et terras ibi contra per dictam quartam partem utsupra. Item quod si suprascriptus Ser *Redolfus* vel eius heredes non vellent emere de suprascriptis bonis quod suprascriptus *Johannes* et eorum heredes possint et valeant vendere et dare alibi et allys personis ubicunque eis placuerit sine contradictione dicti Ser *Redolfi* vel eius hæredum. Item tali modo et forma quod omnia quæcunque bona aut res aut pecunia quæ prædictus *Johannes* receptum habuisset antequam istum istrumentum factum fuerat a quondam dictæ *Kattarinæ* filia prædicti quondam Ser *Guidotis* vel a prædicto Ser *Guidoto* usque hodie quod hæc omnia sit et esse debeat prædicti *Johannis* et suis heredibus libere et sine impedimento prædicti Ser *Redolfi* vel eius hæredum. Vnde prædicti Ser *Redolfus* et *Johannes* nomine et ad partem prædicte *Annæ* filiæ suæ promixerunt ad invicem uni alteri et alter alteri obligando omnia eorum bona et res pignori præsentia et futura esse stare et permanere omni tempore taciti contenti et confessi, et hæc omnia suprascripta et infrascripta rata grata et firma habere et tenere et nullo tempore contravenire aliquibus modis factis vel Ingenys quæ ambas partes in *Alberto* Notario juraverunt corporaliter ad sancta Dei Evangelia manibus tactis scripturis me solempniter ordinante nullo tempore contradicere de iure nec de facto renonciando generaliter omnibus legibus et auxilys quibus uterque eorum se tueri vel defendere possint vel possent. Et eciam hanc cartam pacti et condordys semper meliorandi in laude cujuslibet Viri prudentis.

Actum Vicosuprano ante canipam quondam *Luichi* unde plures interfuerunt ibi testes vocati et rogati Ser *Andreas* fq. Dni. *Andreæ de Marmorea, Jovalta* fq. Ser *Egelholfi de Juvalta, Petrus* fq. S..... *de Subtus via, Scayffus* fq. Ser *Coradi de Marmorea*, Ser *Dorigallus* fq. Ser *Gaudenty Menuxe, Zanonus et Gaudentius* fq. Ser *Jacobini dicti Scolaris de Castromuro*, Ser *Doricus de Præpositis* Potestas fq. Ser *Andreæ de Præpositis* Dnus *Jacobus* fq. Ser *Manchi de Castromuro* omnes fide digni et ad majorem cautellam et firmitatem prædictorum omnium et singulorum prædicti et suprascripti *Johannes* et Ser *Redolfus* Sigillos eorum quilibet proprios ad hanc cartam pacti et concordy ponerunt et apenserunt tali modo et forma quod aliquis eorum nec eorum heredes hæc pacta et concordia nunquam contradicere possent ullo modo nec ingenio.

Ego *Albertus* Notarius tocius Vallis *Brægalliæ* fil. Ser *Gaudency de Castromuro* hanc cartam pacti et concordy tradidi et scripsi.

Locus duorum Sigillorum a carta pergamena pendentium.

Anno 1717. Indictione X. Die Lunæ 29. mensis July.

Ego *Gaudentius Fasciatus* filius *Rodolphi* olim *Gaudenty Fasciati* de *Solio*, publicus Imperiali authoritate Vallis *Brægalliæ* Notarius, fidem facio et attestor suprascriptam copiam cum suo originale in carta Pergamena scripto concordare in omnem suam substantiam, saltem quod legere possum etc. a qua duo Sigilla a me ut supra delineata pendent, quorum scriptura ob vetustatem a me legi non potest.² In quorum fidem solito mei Tabellionatus signo munivi, et subscripsi man. propr.

¹ Die legalisirte Copie befindet sich im Besitze des Herrn Obersten Emanuel v. Salis zu Cur und ist dieser Abdruck genau nach derselben genommen worden.
² Der Zeichnung nach die Wappen Salis und Marmels.

## 164.

### Kaufbrief um zwei Güter zu Valendas.

Datum 20. Mai 1372.

Original im Montalt'schen Hause zu Lacs.

Auszug. Die Geschwister Symon, Christoffel, Heinrich, Fluri, Niclaus, Merthyon und Margreth, Fluris sel. Kinder v. Terznaus¹ verkaufen dem bescheidenen Mann Ulrich v. Cafraniga² und seinen Erben ihre Güter ca Gurul und Dorta zu Valendas um 49 Kurwelsche Mark, deren Empfang sie bescheinigen. Da sie eigenes Sigel nicht haben, geben sie ihm diesen Brief besigelt „vnder der wrihait Insigel von Lar." Dat. 1372 an dem nächsten Donstag nach Mitte Mai. „Hie bi warend Gezüge: Marti vom Keler. Bläsi v. Foppa. Hainrigett v. Terzenaus. Donat v. Büll. Donat von ca Nyclai und ander erber Lüt genug. — Sigel von Lacs hängt.

¹ S. Urk. vom 16. Juli 1368. Nr. 142 dieses Bandes.
² Auch ca Franisch, in einer spätern Urk. von 1403, St. Blasientag.

## 165.

### Kaiser Karl IV. befiehlt der Stadt Lindau, die ordentliche Reichssteuer an Bischof Friedrich II. von Cur zu bezahlen.

Datum Mainz 30. Mai 1372.

Original im bischöflichen Archiv zu Cur.

Wir Karl von gots gnaden Romscher Keiser zu allen zeiten merer des Reichs vnd Kunig zu Beheim, Embieten dem | Burgermeister dem Rath vnd Burgern gemeinlich der Stat zu Lindow vnsere vnd des Reichs lieben getreuwen vnsern | gnad vnd alles gut. Lieben getreuwen, vmb die gewonlich Stüwr, die ir vns vnd dem Reiche ierlich schuldig ¦ seit zu geben, empfelhen vnd gebieten wir euwern treuwen ernstlich vnd vesticlich, bei vnsern vnd des Reichs hulden, | das ir die selben Stewr uff sant Martinstag der schirist kompt, dem erwirdigen Fridrich ¹ Bischoff zu Chur | vnserm liebe fürsten vnd anbechtigen oder seinem gewissen boten, ane vortzog vnd widerrede geben vnd betzalen sullet, | nach laute sulcher briefe, die der egenant Bischoff von vns darüber hat, vnd wenn ir das getan habt, so sagen wir | euch vnd ewr Stat der selben Stewr von dem selben Jare quit lebig vnd los. Auch wollen wir weres sache das | wir yemand anders vmb dieselben Stewr dhein briefe geben hetten oder furbas geben würden, das ir euch daran | nicht keren sullet, sundern dieselben Stewr dem egenenten Bischoff Friderich von Chur vnd nyemand anders ane allerleye Widder | rede geben vnd betzalen sullet. Mit vrkund dis briefes versiegelt mit vnsern keyserlich Mayestat Ingesiegel der geben | ist zu Mentz nach Cristus gebnrt dreutzenhundert darnach in dem zwei vnd siebentzigsten Jar an dem nechsten | ¦ Suntage nach des heilgen leichamtage, vnser Reiche in dem sechs vnd zwentzigsten vnd des kisertums in dem ¦ achtzenden Jare.

Das grosse kais. Sigel hängt an einem Pergamentstreifen.
Buchstäblich nach dem Original abgedruckt.
¹ Friedrich II. v. Menzingen, seit 1368 Bischof.

### 166.

### Schreiben

Heinrich's von Muntalt an Bischof Friedrich von Cur betreffs Lehenansprachen des Gotthauses zu Chur.

Datum Ems 7. Juli 1372.

Original auf Pergament im bischöflichen Archiv zu Chur.

Dem erwirdigen gaistlichen Fürsten Friderich von gotzgnaden Bischof ze Cur enbietent wir hainrich von muntalt vnd |

abelhait sin elichū Wirtin waz wir gutes vnd eren vermugent,
lieber Herre alſ ir vnſ von vwerſ goţzhuſes wegen anſpraeching |
hant vnd vns vnd die vnſer mit gaiſtlichem gericht uff getriben
hant von der veſtinan lut vnd güter wegen dū Vlrichs |
Walthers ſäligen von belmunt min der vorgenant abelhaiten
wilont bruders warent vnd ir ſprechent es wär alles | von
üwerem gotzhus lehen vnd ſi an das ſelb üwer gotzhus geuallen
des wir logent vnd nit vergichtig ſint vnd dar | umb vns von
üwer ordenung wegen üwer pfaffhait gebannet hat daran vnſ dunkt
daʒ vns vnd den vnſeren vnbillich | vnd nit recht beſcheh Bitten
wir üch ernſtlich das ir die bänn haiſſent entſchlahen vnd. der ſach
ainen früntlichen | vffſchlag gebint hinnan vnz uff frowen tag
ze ogſten die nu näheſt kunt üch vnd üwerem gotzhus vnd | uns
vnd vnſeren erben baidenthalb an iewebers tails rechten vnſchädlich
ſo wellent wir die wil nach vnſer | fründ rat werben daz die ſach
ze ainem guten end bracht werde daz ietweder tail bi ſinen rechten
belib. geben | vff vnſer burg ze aemptz mit vnſer baider In-
ſigeln ze ruggen vff gedruft an diſen brief an der nächſten | mit-
wochen nach ſant vlrichs tag Anno dni. Mccclxx secundo.

Beide Sigel abgefallen und nur die Stellen ſichtbar, wo ſie in Wachs auf-
gedrückt waren.

## 167.

### Verkauf eines Viertels der Alp Madris durch Zanolo de Oliverio an Rud. v. Salis.

Datum Cläven 28 Jul. 1372.

Orig. im Archiv zu Solio.

**Auszug.** *Zanolus de Oliverio* fq. Ser *Olirerii de Luguzolo* in territorio *Plurii* (Plurs) vendit et tradit in manibus ser *Redulfi de Salicibus* fqdm. Ser *Guberti* dicti *Sussi de Salis* de *Solio*, habitantis in loco de *Solio* et aliquando in burgo *Clauennæ*, quartam partem alpis de *Madrixio* (Madris) in territorio de *Plurio* cum „aschuis et paschuis" dictæ alpis, pro pretio 480 libr. denariorum. Venditio hæc facta est ex vigore litterarum magnifici domini *Galeatzi* comitis *Virtuensis*, imperialis vicarii generalis *Milani*, *Cumarum* etc. concessarum dicto emtori Redulfo „emendi et acquirendi terras domos et res quas ei placuerint in episcopatu *Cumarum* usque ad quantum contentum in dictis litteris, non obstante statuto communis *Cumarum* in contrario loquente. Act. *Clavennæ*, die lunæ 26. Juli Ind. 10" in contrata *S. Petri*. Inter testes: *Gaudentius de la Stampa* fqdm. Ser *Simonis*, *Bonapars* fqdm. domini *Bassiani* dicti *Trippi de Piperello* de *Clavenna* etc.

## 168.

### Erblehenbrief des Klosters Pfävers für Claus Kobler von Cur um einen Baumgarten zu St. Salvator.

Dat. 9. August 1372.
Orig. im Arch. des Domcapitels zu Cur.

Wir Johans[1] von gottes gnaden abbt und der convent gemainlich des gotzhus ze Pfävers sant Benedicten ordens in Churer | bistum känbent und und versehent offenlich mit disem brief daz wir — — | unser böngärtli ze Chur, bi sant Salvators Capellen gelegen, daz da selbs zu unserm maigerhoff | genant ze sant Salvator gehört, und genannt ist Ableßen bongart — — dem erbern man Clausen Kobler burger ze Chur, Margareten siner elichen wirtinnen und iren erben reht und ; redlich ze ainem ewigen erblehen gelihen habint und lihent mit disem brief umb siben schilling pfennig guoter und genemer | costenzer münß, die si unserm maiger des vorgenanten hofs ze sant Salvator aller jährlichs ze sant Martinstag oder inrent den | nächsten acht Tagen darnach — — geben und ußrichten sönt — —, | mit sölichem gebinge, weles jars unser maiyer --- der vorgeschriben zins genzlich nit gewert würdi --, so sol unserm vorgenannten gotzhus das vorgeschriben böngärtli oder waz denen daruff erzüget ist, gar und und genzlich ledig und zinsvellig sin --- Und ze warem und offnem urkund der warhait -- habin wir vorgenannten abbt Johans und der convent gemainlich unsrú infigel unf und unserm gotzhus unschädlich an allen andren unsren rechten und gewohnhaiten geben und gehenket an disen brief, der geben ist in unsrem obgenanten gotzhus am nächsten montag vor unser frowen tag ze dem ärnde in dem --- drúzehen hundert und zwai und sibenzig jar.

———

Beide Sigel hängen, das erste trägt die Umschrift: ..OHIS (Johannis) DEI. GRA. ABB. (AT) IS. MON. FABAR., das andere: S. CONVENTUS. MONASTERII FABARIEN.
¹ Joh. II. v. Mendelbüren, Abt seit 1361 † 20. Dec. 1386.
² Auf der Rückseite der Urkunde stehen die Worte: Littera feodalis pertinet ad capellam S. Laurentii mart.

---

## 169.

Friedrich II. Bischof von Chur, ernennt den Grafen Rudolph VI. von Montfort-Feldkirch auf sieben Jahre zum Pfleger des Gotteshauses zu Chur.

### Dat. Cur 28. Aug. 1372.

Wir Friedrich von gottes genaden Bischoff ze Chur des hoherbornen durchlúchten Fürsten unsers genädigen herren herzog Lútpolz von Oesterreich ꝛc. Kanzler tünd kund und versehent offenlich mit urkund diß briefs, als wir den edeln herren unsern besundern Frúnd Graf Rudolfen von Montfort den eltern herren ze veltkirch, ze pfleger gesetzt habent ober unser gotzhus ze Chur und Im daz mit aller zugehört habint in geantwurt als ainem weltlichen pfleger unz uff disen nächsten sant vereneintag (den 1. Sept.) ze Ingendem herbst und darnach siben gänzü jär als die brief wisent bi wir gen enander habent, vnd Im och gewalt habint geben ze rechtint allenthalben, vmb des gotzhus lüt vnd güter wa das notdürftig ist in denselben Jarzaln mit vollem gewalt an vnsrer statt ze gewin vnd ze verlust wari daz. Im da mit dem rechten ienbert üschet (etwas) wurdi an behept, daz sol er weren vnd verichten von des gotzhus gut an sinem schaden. Mit sölicher Bescheidenhait, wäre daz er dehaim des gotzhus gut darumb möszti versetzen, des hat er vollen gewalt, vnd daz selb gut daz er denn also versetzti, was das Järlich gelten möcht vnd Im da von Järlich werden sölt die Jarzal vs. So vil sol och vns vnd vnserm nachkomen ob wir nit wärind an den vierhundert guldinen die er vns Järclich geben sol, nach vrkund der brief die wir darüber von Im habent an all geuerd, als aber er sol es richten von den vierhundert guldinen, ob es vnser wille ist an all geuerd, also daz Im daran nüschet (nichts) ab gang, an den nützen, die Im Järclich werden sond, nach wisung und sag der brief, die wir gen enander habint, an all geverd. Dirr (diesen) Ding zu warem vrkund vnd stater sicherheit haben wir vnser eigen Insigel gehenkt an disen brief. Geben ze Chur an dem nähsten samstag nach sant partolomeus tag, do man zalt von cristus geburt drützenhundert vnd sibenzig, darnach in dem andern Jar.

L. S.

(Orig. Pregant. 1 Siegel. Kais. Kön. Geheim. Hausarchiv.)

**Anmerk.:** (Bergmann.) Dieser Friedrich II. von Menzingen, des Herzogs Leopold III. Kanzler und vom Jahr 1368—1376 Bischof zu Chur und Graf Rudolph VI. von Montfort-Feldkirch schließen auch am 26. August 1372 den Vertrag, daß die Bürger von Chur zu Feldkirch nur Wein und ein Bürger von Feldkirch zu Chur nur Salz verzollen soll. Vgl. Johann Georg Bruggers Veldkirch. Veldkirch 1685 in 11. 4⁰ S. 25 und Eichhorn Episcopat. Curiensis p. 114. Nach Eichhorn war es Rudolph VII., dessen Sohn, indem er ihn den kinderlosen Dompropst von Chur sein läßt. Laut dieser Urkunde ist es hier und wohl auch in dem

Uebereinkommen vom 26 August Rudolph der ältere, der Vater, welcher im Jahr 1372 starb. Rudolph VII., der Jüngere, erst Dompropst zu Chur, entsagte dieser Würde nach seiner Brüder Tode, vermählte sich mit der reichen Gräfin Agnes von Mätsch und verkaufte kinderlos, als der letzte dieser Linie, die Stadt und Grafschaft Feldkirch im J. 1375 bedingungsweise an Oesterreich.

---

Abschrift aus Bergmann's Urkunden der vier vorarlb. Herrschaften und der Grafen von Montfort Nr. 36.

## 170.

### Revers des Ritters Thomas Planta
und der übrigen Mitbetheiligten, in Betreff des von dem Hochstift Chur für die Dauer von 31 Jahren erkauften Zolls im Bergell.

Dat. 6. Sept. 1372.
Original im bischöfl. Archiv zu Cur.

Wir Thomas Plant Ritter, Jacob sin bruder, Hans, Chunradin, Itel Plant, vnd Simon Planten gebrüder, Hainrich vnd Fridrich Planten, veriehent offenlich mit disem brif, für vns vnd all vnser erben, daz wir die nütz des zols im Brigall gekofft haben, nach vrkund der brif, die wir von vnserm genädigen Herren Bischoff Fridrich vnd dem capitel des Tums ze Chur darumb hand, annahen sullint, nach dem zit. so du iarzal vfkümt, als der selb zoll ig stat, vnd versetzet ist, den erbern lüten Rudolfen Salisch genant Mabogg, Gwibotten, Johann Ventretten vnd iren mitgesellen, du vfgand werdent, als wir vns verstehint, von dem nächsten ingändem Mertzen nach gab ditz briefs, vber die nächsten dru iar, die allen schierist darnach künftig sind, doch mit solicher beschaidenheit, beuindet | ſich daz der vorgenent zol, vor den dri iaren lebig iſt, ſo ſond die ains vnd drißig iar, och als vil vor annahen | vnd dem gotzhus, ſo uil beſter er lebig ſin; beuindet ſich aber daz der zol den obgenennten erbern lüten Rudolfen v. | Saliſch. vnd ſinen geſellen, lenger denn die vorgenenten drü iar haft iſt, ſo ſond die ains vnd drißig iar och darnach | ſo vil beſter hinder annahen, vnd ſol dem obgenennten Gotzhus, och ſo vil beſter ſpäter lebig werden, an all geuärd. | Vnd des ze urkund geben wir Her Thomas Ritter vnd Hainrich Planten vnſer Inſigel an diſen brif, vnder die | wir ander obgenennten Planten all vns vnd vnſer erben vnd nachkomen verbinden dis obgeſchrieben alles ſtät vnd | veſt ze halten an all geuärd. Der geben iſt nach Chriſti geburd brützehenhundert iar, vnd darnach in | dem zway vnd ſibentziſten iar, an dem nachſten mantag vor vnſer frowentag in dem Herbſt.

Das Sigel des R. Thomas iſt beinahe ganz abgebröckelt, das andere hängt.

Buchſtäblich nach dem Orig. abgedruckt.

## 171.

### Gütertauſch zu Curwalden.
Dat. Curw. 11. März 1373.

Claus Kobler Bürger zu Cur und ſein Weib Margreth urkunden einen Gütertauſch mit dem Kloſter Curwalden, indem Jener dem Probſt Ulrich und Convent „ze Curwalt einen Acker gibt zu Cur uf dem Velt in Speſſa" gelegen, ſtoßt unten an Hanſen von Ganal's Acker und dagegen vom genannten Kloſter einen Acker zu Cur erhält, genannt Nigratſch anſtoßend oben an ſant Luzien Acker, zu beiden Seiten an der Chorherren Gut und vorzu au die gemeine Straß die in eines Schulhern Wingarten geht.

Erben ze Curwalt an S. Gregorien Abend 1373. (Claus sigelt.)

Legalis. Cop. im Chart. des Klosters Curw. Fol. XV.

## 172.

### Erblehenbrief
### Ulrich Brun's, Freiherrn v. Räzüns, zu Gunsten seines Knechts Algoß.

Datum Räzüns 23. Apr. 1373.
Orig. bei Hrn. Oberst Gn. v. Salis.

Auszug. Ulrich Brun fry von Räzüns und Frau Elisab. Gräfin v. Werdenberg seine Hausfrau, geben ihrem „eigenen Knecht" Algoßen, Heinr. Algoßen sel. Sohn und seinen Erben, zu Erblehen ein Haus in der Stadt Cur, auf der einen Seite an den Thurm anstoßend, einen Weingarten zu St. Salvator, ein Manmad Wiesen an der Plessur, zwei Mal Acker, ein Juchart Acker zu Ferral, noch einen Acker daselbst an der Halden, ein andrer stoßet „an des Bischofs Gebreiter, die och dü Plessur hin (weggerissen) hat, ein Juchart Acker in Camplinen „die hat och die Plessur hin." Dafür sollen er und seine Erben jährlich fünf Pfund Pfeffer oder zwölf Pfund mailesch „webers si wend" auf Martini entrichten. Thäten sie es nicht, so ist das Lehen zinsfällig „unz an unser geld." Auf diesen Gütern liegt eine Spend vun fünf Schilling die sie auch järlich bezahlen sollen. Dat. Razüns an St. Gerientag. — Das Sigel des Freiherrn hängt, das seiner Gemahlin ist abgerissen.

## 173.

### Arbitramentum

in altercatione inter Cunradum dictum Metzger, Curiensem, ex una et Andream dictum Boy, civem Curiensem, ex altera parte, ratione domus et fundi iuxta macellum etc.

Dat. Curiæ 15 Julii 1373.

Orig. im Stabtarchiv zu Cur.

In nomine domini amen, presentem inspectoribus vniversis etiam notitia subscriptorum. Noverint quos nosse fuerit opportunum et quos presens tangit negotium ut continere poterit quomodolibet | in futurum Quod nos arbiter seu arbitratores videlicet *Cunradus* prior conventus ordinis predicatorum domus civitatis *Curiensis* arbiter communis, *Jacobus* prepositus monastery S. Lucy | extra muros civitatis ordinis premonstr. *Johannes de Punstrils, Hermannus de Mentzingen* et *Hans Sacelli*, Canonici ecclesie *Curiensis*, dicto arbitro communi advincti | super discussione et decisione causæ litis discordie altercationis et contestationis .. ac ... inter *Conradum* dictum *Metzger* de *Cur* ex una et *Andream* dictum *Boy* | civem *Curiensem* ex parte altera ratione domus et fundi in dicta civitate *Curiensi* prope et juxta macellum ejusdem civitatis suorum dependentium nomine censualis feodi ad ecclesiam | *S. Martini* civitatis *Curiensis* prescripte confinatorum a parte anteriori stratæ publice, parte post-loci domui *Johannis* dicti *Spengler* civis *Curiensis*, parte inferiori domui | dicti *Andree Boy* parte vero ... dicto macello ac rivo per sepedictam civitatem *Curiensem* mananti, communiter et concorditer .... et ut in literis seu publico instrumento | desuper confecto plenius continetur unanimiter a partibus auditis ...... matura deliberatione receptis peticionibus dicti *Cunradi* ac .... an ... prefati | per nos arbitros seu arbitratores prefatos auditis productis et per dictum *Conradum Metzger* quibusdam literis in modum sue in .. probat... dictisque | eorum ac propositis coram nobis cum debita diligentia consideratis........ consilio dictisque partibus manu super promissis diffinitivam sententiam seu dilatoriam | pronuntiationem cum instancia postulantibus pronuntiavimus et presentem per tenorem pronuntiamus nullum jus in domo et fundo suprascriptis dicto *Cunrado Metzger* penitus | competisse nec posse competere hujusmodo. Idcirco ipsum Andream et heredes ejus ab impetitione dicti *Cunradi* et suorum heredum quoad dictos domum et fundum simpliciter | et in toto absolvimus..... his in scriptis ipsum *Andream* et heredes suos in pacificam possessionem dictorum domus et fundi locantes et ut efficacius possu | mus.... ponentes silentium perpetuo ipsi *Cunrado Metzger* et suis heredibus presentibus imponentes, in quorum omnium et singulorum evidens testimonium Nos | arbitratores supradicti ad instantiam sedulam dictorum *Conradi et Andreæ* presentes litteras seu presens publicum instrumentum sigillorum nostrorum et cujuslibet nostri unaque cum subscriptione | et signo publici notarii infrascripti munimine fecimus roborari. Datum et actum Curie in canonicorum stupa domus predictorum Curie Anno domini Mccclxxiii quinta decima | die mensis Julii Indict. xi.

S. Tab. Et ego *Johannes preconis de Meringen*....dyocesis doctor puerorum *Curiens.* auctoritate publicus notarius *Curie Curiensis* juratus quia | premissis petitionibus..... literarum productioni de clarat .... pronuntiationis postulatorum........ et....... absol...., aliisque | omnibus et singulis prenotatis dum ut.... agerentur et fierent vna cum discretis viris *Johanne* dicto *Wolfolt* advocato castri | *Curiensis, Johanne*....magistro (?) civitatis *Curiensis Rüdino* vicedomino dicto *Selos* et *Hannico* dicto *Spichwart Curie*....... | testibus ad premissa vocatis anno mense die hora....et loco predictis pontif. sanctissimi in Christo patris et Domini *Georgii* digna dei | providentia papæ xi anno tertio presens interfui ipsaque..... vidi et audivi, Idcirco ea ad...... dicti *Andree* et dictorum arbitatrorum | mandatum in hac publicam formam redegi manu mea propria conscribendo signoque meo solito et consueto, una cum appensione | dictorum arbitratrorum signavi in testimonium singulorum et omnium premissorum.

Zwei Siegel hängen, darunter dasjenige des Propstes. Die übrigen sind abgerissen.

## 174.

Papst Gregor XI. übergibt dem Bischof Johann v. Brixen die Verwaltung des Schlosses, der Stadt und des ganzen Gebiets Cläven.

Dat. Avignon 27. Febr. 1374.

Orig. im bisch. Arch. zu Cur.

*Gregorius* [1] Episcopus seruus seruorum Dei, Venerabili fratri *Johanni* episcopo *Brixinensi*, salutem et apostolicam benedictionem. De tua fidelitate et circumspectionis industria plena | rie confidentes, tibi regimen, gubernationem ac custodiam castri ac terre seu Burgi *Clauenne* et suarum pertinentiarum *Cuman.* dioc. quod castrum nuper de manibus hosti | um [2] *Romane* ecclesie est receptum, et nomine nostro tenetur et custoditur ad presens, per te uel alium seu alios usque ad nostrum beneplacitum exercendum, cum omnibus iuribus | et emolumentis, que ad huismodi regimen gubernationem et custodiam pertinens, committimus per presentes, mandantes vniversis et singulis hominibus et inco | lis eorundem castri et burgi seu terre et aliorum castrorum et vallium ac pertinentiarum ab ipsis castro et burgo seu terra dependentium, ut tibi seu illis quos ad hoc duxe | ris deputandos, plene pareant et intendant, ac de huiusmodi iuribus et emolumentis respondeant, et prout ad eos pertinet, responderi faciant temporibus consuetis. | Tibi insuper per te uel alium seu alios, quecunque fructus, redditus, prouentus et emolumenta, ad dictum castrum burgum et pertinentias, terram, seu ipsorum dominium | spectantia, petendi exigendi et recipiendi, et de receptis quitandi et absoluendi soluentes, et ad predicta officiales deputandi, et constituendi, et omnia alia faciendi, que | circa hec fuerint oportuna, ac contradictores quoslibet et rebelles per censuram ecclesiasticam et temporalem districtionem, appellatione postposita, compescendi. Non | obstante si alicui vel aliquibus comuniter uel divisim a sede apostolica sit indultum, quod interdici, suspendi uel excomunicari non possint, per litteras apostolicas non | facientes plenam et expressam ac de verbo ad verbum de indulto huiusmodi mentionem, plenam concedimus tenore presentium facultatem. Tu igitur | huiusmodi regimen gubernationem et custodiam, tam fideliter et prudenter exerceas, seu facias, quod proinde, preter divinum premium, nostram et dicte ecclesie benivolentiam amplius merearis. Datum *Auinion.* iii. Kal. Martii, pontificatus nostri anno quarto.

  **Plumbum pendet.**

---

[1] Papst Gregor XI. wurde am 30. Dec. 1370 erwählt, am 5. Jan. 1371 geweiht und gekrönt und starb 27. März 1378. Die Bulle ist demnach mit 27. Feb. 1374 zu datiren.

[2] Zwei Jahre früher wurde Galeazzo Visconti durch Papst Gregor XI. als Feind der Kirche in den Bann gelegt, bis dann am 6. Jun. 1374 durch Vermittlung des Hauses Oestreich ein Waffenstillstand verkündet und 1376 Friede geschlossen wurde. Vgl. *Quadrio* Dissert. I. 247 ff.

## 175.

**Graf Heinr. v. Werdenberg-Sargans**
als Probst des Capitels zu Cur, verspricht dasselbe in allen
Theilen zu schützen und zu schirmen, dessen Rechte zu achten ꝛc.

Dat. Cur 6. März 1374.

Noverint quos nosse fuerit opportunum. Quod nos *Hainricus* Comes *de Werdenberg de Sanegans*. Prepositus ecclesie *Curiensis* sufficienti et matura deliberatione prehabita. promisimus et promittimus per presentes Capitulum et quemlibet Canonicorum ecclesie *Curiensis*. homines. res et bona dicto capitulo aut singulis Canonicis pertinentes. tueri. protegi. et a molestatione cuiuscunque defendere bona fide pro nostris viribus atque posse. nullumque preřactorum in suis iuribus et pertinentiis molestare. dolo et fraude quibuslibet in premissis penitus circumscriptis. Statuta dicti capituli edita et edenda fideliter observare. Nostrum vicarium Canonicum *Curiensem* semper in nostra absentia habere *Curie* residentem. Nulli Canonicorum dispositionem. legationem vel ordinationem quam facere voluerit de suis feodis claustralibus ut hactenus consuetum est fieri denegare, protrahere vel differre. nullas unquam Stüras vel alias exactiones ab hominibus dicto capitulo pertinentibus exigere vel colligere absque licentia et consensu capituli prenotati. Bona et possessiones dicti capituli non absque consilio et ordinatione sex canonicorum per dictum capitulum nobis adjungendorum. cui cunque locare nec etiam sic remissi locare ut aliquid ex inde emolumenti vel onorary consequamur. Ad beneficia ad nos ratione et nomine dicte prepositure pertinentia non nisi actu sacerdotes vel personas habiles que inter proximum annum ad sacerdotium promovi possint *Curiensi* Episcopo presentare. Qui quidem sacerdotes vel persone predescripte. fidem faciant. ut inter proximum annum a tempore sue. presentationis se procurent actualiter ad sacerdotales ordines canonice promoveri et personaliter resideant beneficys in eisdem. Nominatimque et specifice de Altari S. Katherine isto in ecclesia *Curiensi* non nisi actu sacerdoti qui in dicta ecclesia *Curiensi* prebendatus Canonicus non existat et per suum juramentum se obliget ad personalem residentiam in civitate *Curiensi*, quamdiu ipsum altare habebit servandum et ad inter essendum omnibus horis canonicis in choro *Curiensi* providere vel procurare quomodolibet provideri promisimus. quoque et presentium tenore spondemus ad perpetuam vicariam in ecclesia S. *Martini* civitatis *Curiensis* si illam nostris temporibus vacare contigerit. non nisi *Curiensem* canonicum presentare cum et hoc et alia pernarrata, prout sufficienter sumus instructi. hactenus a nostris predecessoribus taliter sint servata. demum ad preveniendum futuras discordias et quaslibet simultates que inter nos et dictum Capitulum vel quemcunque aut quoscunque Canonicorum ecclesie *Curiensis* ex quacunque discordie materia possent aliquatenus suboriri promittimus hys infrascripti Quod nos si processu temporis aliquid emerserit ratione cujus nobis quippiam iuris vel rationabilis actionis competere videbitur contra Capitulum aut aliquem seu aliquos Canonicos supratactos ad simplicem et de plano hujus modi emersi decisionem, nos unum de canonicis *Curie* residentibus pro arbitro nominare debebimus et realiter exhibere. qui se arbitro per capitulum vel Canonicum aut canonicos. Contra quod quem vel quos nobis actio tunc competet. et similiter de Canonicis *Curie* residentibus exhibendo adjungat. Adjecto quod quidquid per dictos duos arbitros utrumque ut prescribitur exhibendos. Una cum tertio comuni arbitro. Non minus *Curiensi* canonico et *Curie* residenti. ad decisionem pretacti emersi. per dictos duos exhibitos arbitros assumendo vel per dictum capitulum aut maiorem partem capituli. si predicti duo adjuncti arbitri tertium assumendum habere non possent taliter ut profertur duobus exhibitis expertis pro tertio et comuni arbitrio sociando vel majorem ipsorum partem determinatum, laudatum et arbitratum fuerit, servare tenere et ratum habere velimus et teneamus perpetuis temporibus inconcusse. Si quando electionem de nobis in prepositum ecclesie *Curiensis* per sepedictum Capitulum, celebratam vel nos aut dictum Capitulum occasione diete electionis a quocunque quavis occasione contigerit impugnari huiusmodi impugnationem sine dampno et absque impensis dicti Capituli tenebimur defensare. Et ut hæc omnia et singula suprascripta a nobis perpetuo firmiter observentur, pro fideli et firma observatione singulorum et omnium eorundem corporale sacrosanctis evangelys per nos corporaliter manu tactis prestitimus juramentum et tenore presentium hoc prestamus. Presentibus sigilli nostri munimine roboratis. In omnium et singulorum evidens testimonium premissorum Dat. et Act. *Curie* Anno dom. mccclxxquarto, 6ᵗᵃ die mensis Marty. Ind. XII.

Abschrift aus dem großen Chartularium im bischöfl. Archive zu Cur.

## 176.

### Hans v. Reichenberg

verzichtet zu Gunsten des Gottshauses zu Cur, für den Fall, daß er ohne männliche Erben abstürbe, auf das Vizdomamt im Vinstgau und alle andern Aemter und Lehen, die er von demselben hat.

Dat. Fürstenburg 13. Mai 1374.

Orig. im bischöfl. Archiv zu Cur.

Kunt sey getan, aller meniklich die nu lebent, ober hernach künftig werdent, daz ich Hans v. Reichenberg, durch grozzen gnaden vnd fürdrungen willen, die mir vnd meinem | geschlecht, von dem goßhaus ze Cur, manigfaltiklich beschehen sind, vnd ouch zu ewigem selgeret, mir selb, allen meinen vorbern vnd nachkomen, dem erwirdigen fürsten, | Hern Friedrichen Bischofen ze Cur,

meinem gnedigen, lieben Herrn, vnd aller seiner nachkomen handen,
willikllich aufgeben, vnd zu vnsern frawn stift, daselbs gen Cur |
für ein rechte gift vnd gab, geopfret han, das Vizthumampt in
dem Vintschgöw, vnd alle andre Ampt vnd lehen, die ich von
dem ehgenannten Gotshaus gehabt | han, wie die genannt, oder
wo die gelegen sein, nichts auzgenomen. Da engegen, hat mir
derselb mein Her Bischof Fridrich, die vorgenannten Ampt vnd
lehen | alle, vnd was darzu gehört, herwider empsolhen, daz ich
die mein lebtag, innhaben vnd niezzen, vnd im vnd seinem Gots=
haus, alle iar, da von ze rechtem | zins raichen, vnd dienen sol,
vier müttel roken, vnd vier schöt kes, darzu hat er mir die gnad
vnd pezzrung getan, daz ich den Hof ze Ryvair, der ier | klich
giltet hundert vnd drei mut korns, dreihundert schöt kes, vnd sechs
wagenlait, vnd auz sechs Coloneyen, die gelegen sind ze Taufers,
vnder | Reichenberg, zwelf Müttel Waizes, die gen Fürstenburg
gehörent, ouch vntz an meinem Tod, zu einem rechten leibbing,
innhaben vnd niezzen sol mit sampt | den egenannten Amplen vnd
lehen, mit sölcher Beschaidenheit, als hienach geschriben steet.
Wer daz ich kainen elichen Sun hinder mir liezze, wenn ich dann
| abgan vnd von diser Werlt (sic) verschaide, so süllen die obge=
nanten Ampt vnd lehen, mit sampt dem vorgenanten Hof vnd
Waizgült, an das egenant Bistum | gevallen, vnd dem ledig sein,
an alle widerred vnd hindernuzz. Wer aber, daz mir got by mei=
ner gegenwärtigen Hausfrawn, oder bey einer andern, einen elichen
| Sun gebe, dem sullen die vorgenanten Ampt vnd lehen alle,
vnd was darzu gehört, beleiben, vnd sol er die von dem Gotshaus
erkennen vnd empfahen, | vnd einem yglichen Bischof ze Cur, damit
getrüw vnd gewertig sein, als ein lehensman, seinem landesherren
schuldig vnd gebunden ist, an alles geverd. Und in | solcher ge=
schicht sol aber dem vorgenanten Gotshaus ze Cur, das egenant
Leibbing auf dem Hof ze Rivayr, vnd die waizgült auf den
sechs Coloneyen | ze Taufers ledig sein, was ich aber da von
genozzen vnd ingenomen hiet, des wer ich nicht gepunden wider
zekeren. Dise vorgeschriben teyding, han ich | egenanter Reichen=

berg, verhaizzen vnd gelobt bei meinen trüwen stet ze haben vnd nymmer dawider zetun, weder mit worten noch mit werchen in dhainem | weg, vnd darauf han ich, die egenant Ampt vnd lehen, dem obgenanten meinem Heren Bischof Fridrichen, zu seinen vnd sein Gotshauses Handen, in nutz vnd gewer | geantwurt, vnd han mich verzigen vnd verzeihe ouch, aller hilff, geistlichen vnd wertlichen gericht, vnd allen andren ausszüg, damit ich selber, oder yemant | ander von meinen wegen, wider die egenant gelübb vnd teyding, ymmer komen oder tun möcht, in dhainem weg. Ich obgeschribner Reichenberger sol | ouch meinem vorgenanten Heren Bischof Fridrichen vnverzogenlich antwurtten vnd widergeben an geverd, alle brief vnd hantfest, die ich vmb die egenant | ampt vnd lehen, von seinen vordern vnd dem Gotshaus han, si sein teutsch oder latein, versigelt oder mit Noders[1] hant bestettet, wie die genant sein; vnd wurd darüber, dhain sölicher brief hernach funden oder fürbracht, der sol meinem egenanten Heren vnd allen sinen nachkomen, an den egenanten | taydingen, kain schad sein, in dhainen weg. Vnd des ze vrkund, gib ich disen offen brief, versigelten, mit meinem anhangenden Insigel, darzu der wirdig | vnd geistlich Her Abt Niclas von sand Marienperg, vnd der edel, mein lieber gnediger Her, Vogt Ulrich von Metsch, Graf ze Kirchperg, der elter, | ire insigel durch meiner pet willen, je an schaden gehenkt habent, vnd wir dieselben abt Niclas von sand Marienperg, vnd Vogt Ulrich v. Metsch | graf ze Kirchperg, der elter verjehen daz wir bei den obgenannten Taydingen gewesen sein, vnd haben durch des vorgenanten Reichenpergers fleizzig pet willen | vnsre Insigel henken haizzen, mit sampt dem seinen, an disen gegenwärtigen brief, vns vnsren nachkomen vnd erben an allen schaden. Vnd sind des ge | zeugen: der erber vnd geistlich Bruder Goswein[2] Prior ze sand Marienperg, vnd die erbern frumen briester Peterman von Brichsen, ertzbriester in dem | Vintschgöw, Anthoni pharrer ze Glurns, vnd die erbern vnd weisen mann Ulrich Ratgeb, Erasm v. Colrawn, Linhart Speiser, Hans Muldys,

| Cannret des egenanten meines Hern Vogt Ulrichs v. Metsch Ammann, Niclas Prest ze Malles, Niklas Tegant daselbs, Minyg v. Malles, vnd ander | erber Leut genug. Dis ist geschehen vnd der brief ward geben ze Fürstenburg an Samztag nach der h. Auffert tag, nach Kristi | geburt dreyzehenhundert iar, darnach in dem vier vnd sibenzigisten iar.

---

Alle drei Sigel hängen wohlerhalten.
  [1] Notars, rom. Nudèr.
  [2] Goswin, Verfasser der Chronik v. Marienberg, ein durch Wandel und Gottesfurcht ausgezeichneter Mann, Hofkaplan Herz. Leopolds v. Oesterreich, lebte noch im J. 1390. — Eichhorn ep. Cur. p. 305. Röggel in s. Vorworte zu dessen Chronik. Beitr. des Ferdinandeums I. 67.
  [3] Die Abschrift dieser Urkunde im Registr. de feodis Fol. 33, im bischöfl. Archiv zu Cur enthält auf obiges Datum noch folgenden Zusaz:

Es ist och ze wissen, das nach der obgeschriben täbing an dem ebenempten Hans Richenberger geforbrent wurdent die alten lehen brief vmb das egenempt Vitz dum Ampt, vnd vmb andrü lehen vnd güter. Do sprach er nach langer täbing vnd red die mit im beschach bi sinem aid vnd bi sinen trüwen. er möcht den brief nit gehaben. vnd het si och selber nit bi selben aid vnd trüwen als vorgeschriben stat. Vnd versech sich si het Hainrich v. Richenberg sin vetter, bi andern briefen die er geerpt het von sinen vettern Laurenzen vnd Swikern, vnd gab ain brief über sich selber vnder sinem Insigel vnd des v. Mätsch vnd der Apt v. sant Marienberg ob kain brief in künftigen ziten ümer gefunden wurd mit Insigeln oder mit nober geschrift von dem vorgenempten Vizdum Ampt. lehen vnd andrü empter. Damit das obengeschriben gemächt möcht angesprochen werden vnd in krieg gelegt das dieselben brief söllent tot brief sin caß vnd van vnd kraftloß von gaistlichem vnd weltlichem gericht. für sich vnd all sin erben vnd nachkommen. vnd den brief findet man in der korherren Sacristi vnd capitel.

177.

Bischof Johann von Brixen trägt dem Ritter Thomas v. Planta auf, das Schloß zu Cläven, dem Vogt Ulr. v. Matsch, zu übergeben.

Dat. Brixen 13. Mai 1374.

Original im bischöflichen Archiv zu Cur.

Auszug. *Johannes* Dei et apost. sedis gratia episcopus *Brixinensis*, aule ducalis *Austriæ* cancellarius, strenuo viro *Thome de Plantanis*, militi, curiens. dyocesis, salutem. Cum sanctiss. in Christo pater dom. *Gregorius* papa XI, nobis regimen ac custodiam castri *Clavenne*, quod vos nomine dicti domini nostri et ecclesie romane tenetis ad presens, nec non terro et burgi *Clauenne* per nos vel alium exercendi, commisserit, nos quoque *Johannes* episcopus *Brixinensis* prefatus nostre ecclesie ac dominii ducum *Austrie* negotiis arduis ad presens propediti, executioni prescriptorum negotiorum circa gubernationem et custodiam castri ac terre *Clauenne* intendere, non valentes, deliberatione matura et diligenti habita, spectabili domino *Ulrico Advocato de Amacia*, comiti *de Kirchberg* dictum castrum et terram gubernandum etc. usque ad dicti dom. nostri pape et nostrum beneplacitum commissimus et committimus per presentes. Legalitatem vestram sub debito juramenti. Monentes, ut eidem *Volrico advocato de Amacia* seu cius certo nuncio, cum omnibus fulcimentis, armorum, victualium et aliorum bonorum et rerum per vos in dicto castro repertorum, tenendum, custodiendum et gubernandum per dictum Dom. *Ulricum Aduocatum*, curetis quantocius et indilate assignare, prout de vestra legalitate confidimus. Dat. *Brixine* sub sigillo nostro pontificali xiii. die mensis Maii anno dom. 1374. — Das Sigel hängt.

## 178.

Bischof Johann v. Brixen gibt dem Ritt. Thomas Planta
Auftrag und Befehl, das von ihm bishin Namens des h.
Stuhls besetzte Schloß Cläven, dem Vogt Ulr. v. Matsch
zu übergeben.

Dat. Brixen, 13. Mai 1374.

Orig. im bisch. Archiv zu Cur.

Wir Johans von gottes genaden Bischof ze Brichsen ꝛc.
Enbieten dem frumen vesten Ritter Her Thomasen | Planten¹
unsren fleißigen gruzz und alles gut. Wir tun euw ze wizzen,
das der allerheiligist in Got, | unser Vatter Gregorii Pabst der
hailigen römischen und gemainen kilchen, uns empfohlen hat, mit |
seinen ganzen unvermasetten seiner rechter und geweter Bulle an-
gehenkten Briefen, die Purg Vestin | und Slozz ze Clefen, die
ir ietz in namen und zu Handen sein und der h. röm. kilchen
inne | hant und behütend, dye ze nement, ze besorgent, ze behütend
und ze verrichtende mit aller zugehörbe | mit uns selb oder mit
ainer andern persone, mit der derselbe unser h. vatter der Papst
und die kilch versorgt | sei, und wan wir in dirr zeit so gar ver-
kümert seien, in unser Gotzhus und ouch unser genedigen Herschaft |
von Oestreich, der kanzler wir seien, enblichen ernstlichen und
grozzen sweren sachen, das wir zu der sache. | selber nicht gesehen
noch getun mugen, so haben wir mit Rat und guter vorbetrahtunge
empholen dem | edeln Heren unserm besundern guten frunde, Vogt
Ulrichen von Mätsch Grafen ze Kirchperg, vollen gewalt
an unser statt zu des obgenanten unsers h. Vatters des Pabstes
und der h. kilchen, namen und | handen die egenannten Burg und
Vestin mit aller zugehörende, an euch und die euwern ze vordern,
eynzenemen, | ze behabent und ze behütende getreuwlichen unz an
des selben unsers h. Vatters des Papstes oder seiner nach | komen,
und unser widerruffen, und darumb so manen wir euch mit disem

unserm offen versigelten brief und vor | bern, gepieten und haizzen, als werr wir süllen und mugen, manen, vordern, gepieten und haizzen, das ir die | selben Vestin mit aller zugehörde, Chost, Harnasch, Husgeschirre und gewregde, wie ez sei gehaizzen, daz ir in der | Vestin hant erfunden, oder zu unsers h. Vatters des Pabstes namen, darin erkauft, dem egenanten Vogt Ulrich v. | Mätsch, oder sinen rechten geweren und gewizzen potten, dem pillich sei ze geloubend, antwurtend und eingebent | luterlich und lediklich, als wir vernomen haben das da und mit euch Rütelin v. Atzolinis[2] ze ainan, mit uferha | ben handen, und darzu auf dem h. Evangelio leiplich gesworn habent, vnd ewern Eren wol gezimpt und | wenne ir das tund, so sagen wir euch und die eweren dieselben ewers Aydes ledig und loß, mit urkunde diß | briefs, versigelten mit unserm angehenkten bischoflichen insigel, der geben ist ze Brichsen an dem dritzehenden tag | bez Mayen, do man zalt von Gottes gepurt tusent drüwhundert iar und darnach in dem vierden und sibenzi | gisten Jare.

Das Sigel hängt.

Wörtlich nach dem Original.

[1] Der Ritter Thomas Planta, der späther, 1386, noch erscheint, kömmt in der Stammtafel dieses Geschlechts nicht vor.

[2] In der nachfolgenden Urkunde *Rotino de Atzolinis* genannt.

## 179.

Bischof Johann v. Brixen gebietet dem Rutino de Atzolinis, das mit dem Ritter Thom. v. Planta bishin verwaltete Schloß, Stadt und Gebiet von Cläven dem Vogt Ulr. v. Matsch zu übergeben.

Dat. Brixen 13. Mai 1374.

Orig. im bischöfl. Archiv zu Cur.

*Johannes* Dei et apost. sedis gratia episcopus *Brixinensis*, aule ducalis *Austrie* cancellarius, *Rotino de Atzolinis*, Laico,

Cumane dyocesis, eiusque sociis, castrum seu arcem *Clauenne* | tenentibus, salutem, cum sincera in domino caritate. Cum sanctissimus in Christo pater et dominus noster, dominus *Gregorius* divina disposicione S. rom. ac vniversalis ecclesie summus pontifex | ac papa XI mus, nobis regimen, gubernacionem et custodiam castri *Clauenne,* quod vos vna cum *Thoma de Plantanis,* milite, nomine dicti domini nostri, et ecclesie romane, tenetis ad presens, | necnon terre et burgi *Clauenne,* et suarum pertinenciarum, *Cumane* dyocesis, per nos, vel alium, seu alios, vsque ad suum beneplacitum, exercendi cum omnibus iuribus et emolumentis, que ad | huiusmodi regimen, gubernacionem, et custodiam pertinent, comiserit, mandando vniversis ac singulis hominibus et incolis eorundem castri et burgi seu terre, et aliorum castrorum et | vallium, ac pertinentiarum ab ipsis terris et burgo dependentium, vt nobis, seu illis, quos ad hoc duxerimus deputandos, plene pareant et intendant, ac de huiusmodi | iuribus et emolumentis rendeant, et prout ad eos pertinet, temporibus consuetis, faciant renderi, nobis insuper per nos vel alium, seu alios, quoscumque fructus, redditus, prouentus | et emolumenta, ad dictum castrum burgum, et pertinentias, terram, seu ipsorum dominium spectantia, petendi, exigendi et ricipiendi, et de receptis quittandi, et absoluendi | soluentes, et ad predicta officiales deputandi et constituendi, et omnia alia faciendi, que circa hoc fuerint oportuna, ac contradictores quoslibet et rebelles, per censuram ecclesiasticam et temporalem | districtionem, appellatione postposita, compescendi, non obstante, si alicui vel aliquibus, comuniter vel divisim, a predicta sede apostolica sit indultum, quod interdici, suspendi, vel excommunicari non | possint, per litteras apostolicas non facientes plenam et expressam, ac de verbo ad verbum de indulto huiusmodi mencionem, plenam concesserit facultatem, prout in litteris apostolicis nobis per | ipsum dominum nostrum directis, plene videbitur contineri. Vos quoque *Johannes,* episc. *Brixinensis* prefatus, nostre ecclesie, ac domini ducum *Austrie,* negociis arduis a quibus nos excusare | vel paululum declinare quovismodo non possumus nec valemus, ad presens adeo impediti, execucioni prescriptorum negociorum, circa regimen, gubernationem et custodiam castri ac terre | seu burgi *Clavenne*, et suarum pertinentiarum intendere non valentes, cupientes tamen regimen, gubernationem, ac custodiam huiusmodi facere fideliter per alium exerceri, ac mandatum | apostolicum reverenter et obedienter exequi, vt tenemur, deliberatione matura et diligenti habita in premissis, consideravimus spectabilem dominum *Vlricum* advocatum *de Amacia*, comitem | *de Kirchperg*, dicti domini nostri pape et ecclesie colligatum fidelem, nostrum, amicum sincerum magis ydoneum et vtilem, pro regimine, gubernacione, ac custodia castri prescripti, ac pro | tuitione terre et burgi *Clavenne*, ac pertinentiarum eiusdem, propter vicinitatem et confinia vallium et terrarum suarum potentem, eidem *Vlrico* advocato *de Amacia*, dictum | castrum, terram et burgum *Clauenne*, ac pertinenciarum eiusdem, regendum, gubernandum et custodiendum, vsque ad dicti dom. nostri pape, et nostrum beneplacitum, comisimus et comittimus | per presentes, discrecionem vestram, sub debito iuramenti, fideliter suprascripto domino nostro, et ecclesie romane prestiti, monentes, requirentes et mandantes, virtute comissionis, in hac parte | specialiter nobis facte, vt eidem *Vlrico* advocato *de Amacia*, seu eius certo nuncio, seu locum tenenti, de quo vobis plene constabit, cum omnibus fulcimentis, armorum, victualium et aliorum | bonorum et rerum per vos, in dicto castro repertorum, et postea, per quoscunque in ipso positorum, tenendum, custodiendum et gubernandum, per dictum dominum *Vlricum*, advocatum, seu | eius locum tenentem, nomine antedicto, vsque ad sedis apostolice, ac nostrum beneplacitum et mandatum, curetis quantocius et indilate, plene et liberaliter assignare, prout de vestra legalitate | confidimus domini nostri pape cameram transmittendi. Dat. *Brixine*, sub sigillo nostro | pontificali xiii. die mensis Maii.

Das wohlerhaltene Sigel des Bischofs Johann v. Brixen hängt.

## 180.

Bischof Johann v. Brixen befiehlt der Gemeinde Plurs dem als Verwalter des Schlosses und der Landschaft Cläven bestellten Vogt Ulr. v. Matsch Gehorsam zu leisten.

Dat. Brixen 13. Mai 1374.

Original im bischöfl. Archiv zu Cur.

**Auszug.** *Johannes* dei et apost. sedis gratia episcopus *Brixinensis*, aule ducalis *Austriæ* cancellarius, universitati et hominibus burgi in *Plurio* salutem etc. Cum sanctissimus pater dom. *Gregorius* papa XI. nobis gubernationem castri *Clavene*, quod *Thomas Plant* miles nomine dicti domini nostri tenet ad presens, necnon terre et burgi *Clavenne*, per nos vel alium exercendi commiserit, prout in litteris apostolicis nobis per ipsum dom. nostrum directis videbitur contineri, Nos vero nostre ecclesie ac dominii ducum Austrie negotiis arduis, ad presens impediti, executioni prescriptorum negociorum circa regimen, gubernationem ac custodiam castri ac terre burgi Clavenne et suarum pertinentiarum intendere non valentes, idcirco spectabilem dom. *Vlricum advocatum de Amacia*, comitem *de Kirchberg*, dicti domini nostri pape et ecclesie colligatum fidelem, nostrum amicum sincerum magis ydoneum pro regimine ac custodia castri prescripti, propter vicinitatem et confinia vallium et terrarum suarum potentem, eidem *Vlrico advocato de Amacia* dictum castrum, terram et burgum *Clauenne* ac pertinentiarum ejusdem, regendum, gubernandum et custodiendum, usque ad dicti dom. nostri pape et nostrum beneplacitum committimus per presentes. Mandantes quatenus obedientiam dicto *Vlrico advocato de Amacia* vel eius locum tenenti intendatis etc. Datum *Brixine* sub sigillo nostro pontificali XIII die mensis Mai anno M.ccc. septuagesimo quarto.

Das Sigel hängt. Vgl. die vorangehende Urkunde.

## 181.

Bischof Johann v. Brixen, befiehlt der Gemeinde zu Cläven
dem von ihm als Verwalter des Schlosses und der Land=
schaft daselbst eingesetzten Vogt Ulrich v. Matsch, Grafen
zu Kirchberg, Gehorsam zu leisten.

Dat. Brixen 13. Mai 1374.

Orig. im bischöfl. Arch. zu Cur.

*Johannes* dei et apostolice sedis gratia epicopus *Brixinensis*, aule ducalis *Austrie* cancellarius, prudentibus et discretis universitati et hominibus burgi et terre *Clavenne*, in montibus et in plano, dyocesis *Cumane* salutem | cum sincera in domino caritate. Cum sanctissimus in Christo pater et dominus noster dominus *Gregorius*, divina disposicione sacrosancte romane, ac universalis ecclesie summus pontifex ac papa XI. nobis, regimine et gubernatione castri | *Clavenne*, quod *Thomas Plant* miles, nomine dicti domini nostri et ecclesie romane tenet ad presens, necnon terre et burgi *Clavenne* et suarum pertinentiarum, *Cumane* dyocesis, per nos vel alium seu alios usque ad suum | beneplacitum exercendi cum omnibus iuribus et emolumentis, que ad huiusmodi regimen gubernacionem et custodiam pertinent, mandando universis et singulis hominibus et incolis eorumdem castri | et burgi seu terre et aliorum castrorum et vallium ac pertinentiarum ab ipsis terra et burgo dependentium, vt nobis, seu illis, quos ad hoc duxerimus deputandos, plane pareant et intendant | ac de huiusmodi iuribus et emolumentis rendeant, et prout ad eos pertinet temporibus consuetis faciant renderi nobis insuper per nos, vel alium seu alios quantumique fructus, redditus, proventus, et | emolumenta, ad dictum castrum, burgum, et pertinencias terram, seu ipsorum dominium spectanticia, petendi, exigendi et recipiendi, et de receptis quittandi, et absolvendi, solventes et ad predicta | officiales deputandi et consti-

19

tuendi, et omnia alia faciendi, que circa hoc fuerint opportuna, ac contradictores quoslibet et rebelles, per censuram ecclesiasticam et temporalem districtionem, appellatione postposita | compescendi, non obstante si alicui vel aliquibus communiter vel divisim, a predicta sede apostolica sit indultum, quod interdici, suspendi vel excommunicari non possint, per litteras apostolicas, non facientes plenam et | expressam ac de verbo ad verbum de indulto huiusmodi mencionem plenam concesserit facultatem, prout in litteris apostolicis, nobis per ipsum dominum nostrum directis, plene videbitur contineri. Nos quoque *Johannes* | episcopus *Brixensis* prefatus, nostre ecclesie, ac dominii ducum *Austrie* negociis arduis, a quibus nos excusare, vel paululum declinare quovismodo non possumus, nec valemus, ad presens adeo propediti executioni | prescriptorum negotiorum circa regimen, gubernationem et custodiam castri ac terre seu burgi *Clavenne*, et suarum pertinentiarum, intendere non valentes, cupientes tamen regimen, gubernationem | ac custodiam huiusmodi facere fideliter per alium exerceri, ac mandatum apostolicum reuerenter et obedienter exequi, ut tenemur, deliberatione matura et diligenti habita in premissis, consideravimus spectabilem | dominum *Volricum*, advocatum *de Amacia*, comitem de *Kirchperg*, dicti domini nostri pape et ecclesie, colligatum fidelem, nostrum amicum sincerum, magis ydoneum et vtilem pro regimine gubernatione | ac custodia castri prescripti ac pro | tuitione terre et burgi *Clavenne*, ac pertinentiarum eiusdem, propter vicinitatem et vicinia vallium et terrarum suarum potentem, eidem *Volrico*, advocato *de Amacia*, | dictum castrum, terram et burgum *Clavenne* ac pertinenciarum eiusdem, regendum, gubernandum et custodiendum, vsque ad dicti domini nostri pape, et nostrum beneplacitum, comisimus, et comittimus per presentes | Vniversitatem vestram monendo et hortando, attentem nichilominus vobis apostolica qua fungimus in hac parte auctoritate, mandantes quatenus ad fidelitatem et obedientiam sedis apostolice in sinceritate cordium venientes | dicto *Volrico* advocato de *Amacia*, vel eius locus tenenti dicti domini nostri pape, ac ecclesie romane, et nostro nomine tamque obedientie filii intendatis et pareatis humiliter et deuote, ut exinde eiusdem domini nostri | pape benedictionem et gratiam consequi valeatis. Ipse quoque *Volricus*, advocatus de *Amacia* suprascriptus, contra hostes ecclesie pro viribus, et pro posse fideliter vos defendet. Datum *Brixine* sub sigillo | nostro pontificali XIII. die Mensis may. Anno domini millesimo trecentesimo septuagesimo quarto.

---

Das Sigel des Bischofs hängt.

## 182.

### Güterverkauf zu Vicosoprano.

Dat. 4. Juni 1374.

Original ebendaselbst.

Auszug. Unter Vorbehalt der Wiederlösung innert der nächsten drei Jahre verkauft „Andreas dictus Tempus" von Vicosuprano an Egen de Crana von eben dort, einen Drittel an einer Wiese und einem Stall für 18 Pfund Pfennig. Zeugen: Johannes des Tobias Sohn be Ma...io,[1] Domenic gen. Zambra, Rayners Sohn be Prevost, Albert, Peters Sohn be Crana, Andreas gen. Penna, Johanns Sohn be Prevost und Mauritz, Alberts, Mönchs (monaci) zu St. Cassian, Sohn zu Vicosuprano. — Gefertigt durch Jakob, Parin's v. Castelmur Sohn, Notar des Thales Bregell.

---

[1] Wahrscheinlich Manufio.

## 183.

### Schenkung
### der Frau Adelh. v. Montalt an Frau Jützinen.

Dat. 22. Juni 1374.

Orig. im Stadtarchiv Ilanz.

**Auszug.** Frau Adelheid v. Montalt erborn v. Belmunt gibt der erbern Frau Jützinnen v. Caungünd, Johannsen Schuhmachers von St. Gallen ehlicher Wirthin „vmb iren getrüwen Dienst, so si minem liben bruder Volrich Walthern sel. v. Belmunt[1] entwieviel Zites vngelonet, mit guten trüwen gebienet hat" einen schilling an wert an ligendem gut, „vser dem mayerhoff genant Mayria Martscha ze obren Inlantz gelegen, da man nennet Sün pleibs zura". Diese Schenkung macht sie mit Gunst und Willen ihres Mannes Heinr. v. Muntalt und ihres Vogtes Volr. Brun v. Räzüns, die mit ihr sigeln. Alle 3 Sigel hängen. Dat. Donnerst. vor St. Johann zur Sunnwendi.

---

[1] Da anzunehmen, diese Schenkung habe unmittelbar oder kurz nach Ulr. Walter's v. Belmonts Tod stattgefunden, ist derselbe wohl verschiedene Jahre vor dem Jahre 1390, statt in diesem Jahre, wie J. U. v. Salis-Seewis angibt, verstorben.

## 184.

### Jahrzeitstiftung zu Curwalden.

Dat. Cur 11. Juli 1374.

**Auszug.** Ulrich v. Falkenstein gibt und schenkt dem Kloster zu Curwalden zu einer Jahrzeit für sich und seine

Eltern verschiedene seiner Güter in Zizers, nämlich eine Hof=
statt, Aecker und Wiesen.

Geben zu Cur an St. Margarethen Abend 1374.

Sigler Ulrich v. Falkenstein.

---

Legalis. Abschrift im Chart. des Klosters Curwalden Fol. 59.

## 185.

Papst Gregor XI. befiehlt den Pröpsten der Kirchen zu
Basel, Zürich und Constanz, daß sie als Schützer der Pri=
vilegien und als Richter der Kirche zu Cur, gegen diejenigen
einschreiten, welche deren Besitzthum usurpiren.

Dat. Nonis (in der Diöcese Avignon) 7. Aug. 1374.

*Gregorius*[1] episcopus servus servorum dei. Dilectis filiis
*Brixinensis* et.. sancti Petri *Basiliensis* et sanctorum Felicis et
Regule *Thuricensis*. Constantiens. dioceseos ecclesiarum Prepo-
sitis salutem et Apostolicam benedictionem. Militanti ecclesie
licet immeriti disponente domino presidentes circa curam eccle-
siarum et monasteriorum omni solertia reddimur indefessa soli-
citi. ut iuxta debitum pastoralis officii eorum occuramus dis-
pensiis et profectibus divina cooperante clementia salubriter in-
tendamus. Sane dilectorum filiorum Prepositi et Capituli eccle-
sie Curiensis conquestione percepimus quod nonnulli Archiepis-
copi Episcopi aliique ecclesiarum Prelati et clerici ac ecclesiastice
persone tam religiose quam seculares nec non Duces Marchiones
Comites Barones Nobiles Milites et laici Communia Civitatum,
vniversitates opidorum Castrorum villarum et aliorum locorum
et alia singulares persone Civitatum et dioc. et aliarum partium
diversarum occuparunt et occupari fecerunt castra villas et alia
loca terras domus possessiones iura et iurisdictiones, nec non
fructus census redditus et proventus ipsius ecclesie et nonnulla

alia bona mobilia et immobiliia, spiritualia et temporalia, ad Prepositum et capitulum et ecclesiam predictos spectantia, et ea detinent indebite occupata, seu ea detinentibus prestant auxilium consilium vel fauorem nonnulli etiam Civitatum et dioc. et partium predictarum qui nomen domini in vacuum recipere non formidant eisdem Preposito et Capitulo super predictis castris villis et aliis locis terris domibus possessionibus juribus et jurisdictionibus fructibus censibus, redditibus et proventibus eorundem et quibuscunque aliis bonis mobilibus et immobilibus spiritualibus et temporalibus et aliis rebus ad oosdem Prepositum et Capitulum ac ecclesiam spectantibus multiplices molestias et injurias inferunt ad iacturas Quare dicti prepositus et capitulum nobis humiliter supplicarunt ut cum eisdem valde reddatur difficile pro singulis querelis ad apostolicam sedem habere recursum providere ipsis super hoc paterna diligentia curaremur. Nos ergo adversus occupatores detentores presumptores molestatores et iniuriatores huiusmodi illo volentes eisdem Preposito et Capitulo remedio subvenire, per quod ipsorum compescatur temeritas et aliis aditus committendi similia precludatur, discretioni vestre per apostolica scripta mandamus, quatenus vos vel duo aut unus vestrum per vos vel alium seu alios etiam si sint extra loca in quibus deputati estis Conservatores et judices prefatis Proposito et Capitulo efficacis presidio assistentes non permittatis eosdem super hiis et quibuslibet aliis bonis et iuribus ad Prepositum et Capitulum ac ecclesiam predictos spectantibus ab eisdem vel quibusvis aliis indebite molestari vel eis gravamina seu dampna aut incurias irrogari facturi dictis Preposito et Capitulo cum ab eis vel procuratoribus suis aut eorum aliquo fueritis requisiti de predictis et aliis personis quibuslibet super restitutione huiusmodi Castrorum villarum terrarum et aliorum locorum iurisdictionum iurium et bonorum mobilium et immobilium reddituum quoque et proventuum et aliorum quorumque bonorum nec non et de quibuscunque molestiis incuriis atque dampnis presentibus et futuris in illis videlicet que iudicialem requirent indaginem summarie et de plano sine strepitu et figura iudicii. in aliis vero prout qualitas eorum exigerit iustitie complementum. Occupatores seu detentores presumptores molestatores et iniuriatores huiusmodi nec non contradictores quoslibet et rebelles cujuscunque dignitatis status ordinis vel conditionis exstiterint quandocunque et quotiescunque expedierit auctoritate nostra per censuram ecclesiasticam appellatione postposita compescendo invocato ad hoc si opus fuerit auxilio brachii secularis. Non obstantibus tam felicis recordationis *Bonifacii* pape VIII predecessoris nostri in quibus cavetur ne aliquis extra suam Civitatem et dioc. nisi in certis exceptis casibus et in illis ultra unam dietam a fine sue dioc. ad iudicium evocetur. Seu ne iudices et conservatores a sede deputati predicta extra Civitatem et dioc. in quibus deputati fuerint contra quoscunque procedere siue alii vel aliis vices suas committere aut aliquos ultra unam dictam a fine dioc. eorundem trahere presumant. dummodo ultra duas dietas aliquis auctoritate presentium non trahatur seu quid de aliis quam de manifestis iniuriis et violentiis et aliis que iudicialem exigunt indaginem peris in eos si secus egerint et in id procurantes adiectis Conservatores se nullatenus intromittant. quam aliis quibuscunque constitutionibus a predecessoribus nostris Romanis pontificibus tam de Iudicibus delegatis et Conservatoribus quam personis ultra certum numerum ad iudicium non vocandis. aut aliis editis que vestre possent in hac parte iurisdictioni et potestati eiusque libero exercitio quomodolibet obuiare. Seu si aliquibus communiter vel divisim a prefata sit sede indultum quod excommunicari suspendi vel interdici seu extra vel ultra certa loca ad iudicium evocari non possint per litteras apostolicas non facientes plenam et expressam ac de verbo ad verbum de indulto hujusmodi et eorum personis locis ordinibus et nominibus propriis mentionem. et qualibet alia dicte sedis indulgentia generali vel speciali cuiuscunque tenoris existat per quam presentibus non expressam vel totaliter non insertam nostre iurisdictionis explicatio in hac parte valent quomodolibet impediri. et de qua cujusque toto tenore de verbo ad verbum in nostris litteris habenda sit mentio specialis. Ceterum volumus et apostolica auctoritate decernimus quod quilibet vestrum prosequi valeat articulum etiam per alium inchoatum quamvis idem inchoans nullo fuerit impedimento canonico prepeditus. quodque a dato presentium sit vobis et unicuique vestrum in premissis omnibus et eorum singulis ceptis et non ceptis presentibus et futuris et pro predictis procedere ac si predicta omnia et singula coram vobis cepta fuissent et iurisdictio vestra et cuiuslibet vestrum in predictis omnibus et singulis per citationem vel modum alium perpetuata legitimum extitisset constitutione predicta super conservatoribus et alia qualibet in contrarium edita non obstante Presentibus post triennium minime valituris. Dat. *Nonis Auinion* dioc. VII Idus Augusti Pontificatus nostri Anno quarto.

---

Das Original ist nicht vorhanden. Abgedruckt nach der Abschrift auf Fol 4 des großen Chartulars (in Leder mit Haften) im bischöflichen Archiv.

[1] Gregori XI. vgl. Num. 174 Note 1.

### 186.

### Jahrzeitstiftung zu St. Luzi.

**Datum Feldkirch 23. Aug. 1374.**

Original im Archive zu St. Luzi.

Auszug. Hainz (Heinrich) Stöflin Bürger zu Feldkirch stiftet für sich eine Jahrzeit und gibt dazu dem Kloster St. Luzi 5 Schilling auf seiner Wiese zu Banr oder Bank. — Geben zu Veltkirch am St. Barthol. Abend 1374.

Stöfli's Sigel hängt.

## 187.

### Bischof Johann von Cur
verleiht dem Ritter Daniel von Liechtenberg den Zehnten auf dem Berge zu Liechtenberg.

**Dat. Cur 20. April 1375.**

Wir Johans[1] ꝛc. Byschof ze Chur tund kund offenlich mit disem brief, das wir dem edlen wisen Ritter Her Daniel v. Liechtenberg verlichen habent und lichend och wissentlich mit disem brief den zehenden vff dem berg ob Liechtenberg[2], der vns ledig worden ist von todes wegen Hiltprands von Liechtenberg vnd Bartholome's sins suns also das derselb Her Daniel vnd sin erben den egenanten zehenden in lehens wis in haben vnd niessen süllen an menlichs irrung. als lehens vnd lands recht ist. vnd das si vns och dauon dienen vnd geben als von alter her komen ist. vns vnd vnserm Gozhus alle die recht die wir dar an haben süllen mit guten trüwen an geuerd mit vrkund diß briefs. Geben ꝛc. an fritag vor sant Georientag Ao. Dom. M.ccc.lxx quinto.

Abschrift aus dem Registr. de Feodis Fol. 25.

---

[1] Joh. I., nach Einigen von Lenzburg, nach Andern von Ehingen. Diese Angabe steht mit Eichhorn episc. Cur. 115 in Widerspruch, wo dieser seinen Vorgänger, Friedrich v. Menzingen, erst 1376, durch Antretung des Bisthums Brixen, auf den Stuhl zu Cur resigniren läßt.

[2] Im Vinstgau, eine Stunde vom Eingange in das Stilfserthal.

### 188.

### Gütlicher Vertrag
und Einverständniß zwischen Davos und Bregell betreffs
ihrer Fehde und anderer Gegenstände.

**Datum Stalla 8. Mai 1375.**

Original auf Pergament im Archive der Gemeinde Solio.

Wir ain amman und die gesworn des balb und das commun gemainlich uf Tafas tund kund mit disem | brief. allen dien die ihn sehent oder hörent lesen und versehent, das wir mit bedachtem mut nach langer vorbe | trachtung und mit wissent, willen und rat unser gnädigen herrschaft von Toggenburg mit dien frummen und | beschaiden mit dem potestaten ze Vespran¹ und mit dem commun des dals in Valbrigell² gemainlich | umb all stös ansprach und mißhellung, so wir gen enander, sü gen uns, und wir gen inen, bis uf disen | hütigen tag entbains wegs kündint oder möchtind haben. lieplich und fründlich veraint und bericht sind. und sunderlich von des angriffs wegen als die von Ma= lenggen von irs vechs wegen getan | hattent. und uns des die von Valbrigell des entwerbend von des entwerens wegen griffen wir die von | Valbrigell an lüt und an gut an, für die roß, als wir ihnen do genomen hand, süllint wir dien von Val= brigell nün und zwainßig gulden, gut an gold und an gewigt. unverzogenlich richten und weren uf den ersten | sant michelstag der nu schierist kund nach dem tag als dirr brief geben ist. es ist och berett wäri das | enkain herren lüt usgenommen unser herren von Toggenburg lüt, bi dem angriff sin gesin, die villiest dis | richtung nit stät woltent haben, das süllen wir dien von Val= brigell kund tun, mit guten trüwen an alt geuerb und wöltind sü die von Valbrigell dar über angriffen, daz süllen wir nach unser vermugend wenden | sumen und perren und inen als wi= gend sin als die von Valbrigell selber ze gelicher wis das

selben sont uns | die von Balbrigell och herwider sin ze tunt
mit guten trüwen, an alle geuerd. wäri och das wir dien | Bal=
brigell enkain gefangen hettint. oder sie uns enkain gefangen
hettind. dero lib und gut sol ledig und los sin | an all widderet.
es ist och me beret und namlich gedinget ist das ainer von Ta=
fas ainem von Balbrigell redlich gült | schuldig ist ze gelten
der sol das recht in Tafas vor unserm ammann fordern und
liden ze gelicher wis, das selb | süllen wir inen och hinwider tun
umb all redlich gelt schult, mit guten trüwen an alle geuerd. das
dis alles von uns | und unsern erben und nachkomen war, vest
und stät belib. des ze urkund und mehrer sicherheit so haben wir
die | edeln, hocherborn unser gnädigen herrn graf Donaten und
graf Diethelm von Toggenburg erbetten, das sie | iro insi=
gel für uns und unser nachkomen und erben, und für all dien,
die durch sü tunt und lant, hand gehenkt | an diesem brief. wir
ebenannten graf Donat und graf Diethelm von Toggen=
burg versehent och mit disem brief | alles das hie obgeschriben
stat, das es mit unserm guten willen und rat beschehen ist. des zu
urkund und umb dero von | Tafas ernstlicher bett willen, so henk
ich graf Donat min insigel, für mich, für min bruder graf Diet=
helm | und für dien die durch uns tunt und land und sunderlich
für die von Tavas und iro nachkomen an disen | brief, der
geben ist ze Stallen am ersten zinstag nach sant Philippen
und sant Jacobstag do man | zalt von Christus gepurt dri=
zehenhundert sibenzig und fünf jar.

---

Das Sigel fehlt.
[1] Vespran, deutsch für Vicosuprano.
[2] Valbrigel, — Vallis Prægallia, Bregell.

## 189.

Egloff von Schauenstein, Vizdom von Kazis, gestattet einem Leibeigenen den Loskauf, der dann mit Weib und Kind dem Stift Kazis sich übergibt.

Dat. Cur 28. Juli 1375.

Original im Archive des Domkapitels.

Ich Egloff v. Schowenstein, viztum des gozhus sant Peters und der gestyfft ze Katz. Tun kund mit disem brief. | allen dien die in sehent oder hörent lesen, und vergich, das sich Arnold genant v. Syles (Sils) und sinü zwai kind Geori | und Meniga, min aigen lüt, und dü kind die er nu hett bi siner elichen wirtinn Lieten, oder si noch bi im gewinnen | möcht, und ander kind, die im mit rechtem tail nach geslachen möchtint, sich selber aigenlichen, und siner vorge | dachten kinder, iro lib und guot, die aigenschafft hat er recht und redlichen von mir koufft. Also das ich noch min | erben, enkain ansprach niemerme zuo inen haben, und in, und sinü vorgeschriben kind, ich noch min erben, an iro lib | und guot sumen, yerren, noch bekümbern endhains wegs. Und hat sich und sinü vorgedachten kind also mit minem | guoten willen und verhengnuß aigenlichen geben und koufft an minen herren sant Peter husherr des gozhus ze Katz. | Darumb ich, von des koffs wegen, sechs und zwainzig. Curwälsch mark, von dem obgenanten Arnolden bar empfangen, und | in minen redlichen nutz bekert hab. Darumb enzich ich mich und min erben, mit bedachtem muot, nach langer | vorbetrachtung und mit urkund dis briefs, aller der aigenschafft, rechtes, vordrung und ansprach, so ich oder min erben, nu und hienach zuo dem obgenanten Arnolden, und zuo sinen kinder, als sie obgeschriben stat, kündent und möchtint haben | endhains wegs. Doch mit sölichin gebingt, das er und sinü vorgedacht kind, mir järlichen zu minem iarzit, ainer | äptissin und dien chorfrowen der Gestifft ze Katz, ain guot

schaff und ain kerzen von aim pfund | wachs geben sont. Und
hab das getan, und sü also verkofft, mit allen bien worten und
werken so dar zuo | notdürftig | was, und in aller der wis, so
es dann best krafft und macht mocht haben, und zuo bien ziten,
an den stetten, do | ichs mit dem rechten wol tuon mocht, und mit
der gehügt, als es von recht und guoter gewonhait beschehen solt.
| Ich und min erben, ob ich en wer, süllent och des obgenanten
Arnoldes und siner kinder als hie obgeschriben stat, und dero
erben | und des Gotzhus sant Peters ze Katz, umb disen obge-
schriben kouff, umb lüt und guot, iro guot weren sin nach recht |
an gaistlichem und an weltlichem gericht, wenn, wie, und wo sü
des iemer notdürftig werdent, mit guoten | trüwen an all geuerd.
Das bier obgeschriben koff, von mir, und von minen erben, war,
vest, und stät belib, dester das | krafft und macht mug haben, des ze
urkund und merer sicherhait, so henk ich min insigel für mich und
für | min erben an disen brief. Dar zuo hab ich minen lieben
vettern Rudolfen v. Schowenstein erbetten, das er | sin in-
sigel, dis obgeschriben kouffs ze ainer Zügnuß und guotem urkund,
zuo minem insigel hat gehenkt an disen brief. Das selb | min
insigel ich ebenannter Ruodolf v. Schowenstein, durch mins
vetters Egloffs ernstlicher bett willen, ze urkund, das bier | ob-
geschriben koff also beschechen ist, als hie obgeschriben stat, zuo
sinem insigel han gehenkt an disen brief. Der geben ist ze Cur |
an sant Peters und sant Pauls abent, do man zalt von Cristes
geburt, drüzehenhundert, Sibenzig und fünf.

---

Beide Sigel hängen mit den drei Fischen des Schauenstein'schen Hauses
im Wappen. Das zweite mit der Umschrift: † S. Rudolfi de Schowen-
stain. ist gut erhalten.

## 190.

### Schenkung
eines Hauses zu Feldkirch an das Capitel zu Cur.

#### Datum 15. Oktober 1375.

**Auszug.** Graf Rud. v. Montfort, Herr zu Feldkirch schenkt um seines und seiner Vordern Seelenheil willen dem Domcapitel zu Cur ein Haus zu Feldkirch, das „wiland Smaltznapfs säligen was", 2c. und — „habent och bien obgenanten Chorherren ze Cur vnd iren nachkommen durch vnser vnd vnser vordern Selhail willen. fürbas die gnad gtan. das Jro lib vnd gut in demselben Jro hus. die fryhait haben süllent. die sü vnd ire vorbren in andern hüsern vnser Statt ze Veltkirch gehept hand bisher. an alle geuerd. Der geben ist in vnser Statt ze Veltkirch an Sant Gallen abent do man zalt von Christes geburt 1375 Jar."

Sigler: Graf Rud. v. M.

Abschrift aus den Chartularien im bischöfl. Archive zu Cur.

## 191.

### Quittung
um den Kaufpreis eines Hauses zu Feldkirch.

#### Datum Feldkirch 17. Okt. 1375.

**Auszug.** Graf Rud. v. Muntfort, Herr zu Veltkirch bescheinigt dem Dompropst, Decan und dem Capitel zu Cur den Empfang von fl. 100. — für ein Haus, das er ihnen verkauft hat. Dat. Feldkirch 1375, an der nächsten Mittwochen nach St. Gallentag. Graf Rudolf sigelt.

Aus den Chartul. im bischöfl. Archive zu Cur.

## 192.

### Verleihung eines Hauses zu Cur.

Datum 29. Nov. 1375.

Original im Archive zu St. Luzi.

**Auszug.** Jakob v. Menzingen, Propst und Convent zu St. Luzi verleihen Hansen Rober Goldschmid zu Cur ein Haus und Hofstatt in der Stadt um den jährlichen Zins von 10 Pfund Mailesch. Dem Leutpriester zu St. Martin fällt jährlich 1 Pfund zu. Geben im Kloster St. Luzi an St. Andreas Abend 1375. — Sigler Probst und Convent, deren Sigel hängen.

## 193.

### Zehntenverkauf zu Oberkastels.

Datum zu Lugnez im Jahre 1376.

Original zu Surcasti.

**Auszug.** Hainrich und Hartwig Gebr. v. Valendas verkaufen der St. Lorenzkirche zu Uebercastel ihren großen und kleinen Zehnden zu Terzenaus um 15½ kurwelsche Mark, wofür sie von Joh. v. Big „dozemal derselben kilchen pfläger gänzlich bezalt und gericht sind." Gegeben ze Lugnitz im Jahre 1376. Die Sigel der beiden von Valendas hängen.

---

Mitgetheilt durch Herrn Stud. Med. Chr. Brügger.

## 194.

Ursula Straiff und ihr Ehemann Gaub. v. Plantair
verzichten vor Gericht auf das s. g. Guntrams-Gut zu Cur.

Datum Cur 1. März 1376.

Orig. im bischöfl. Archiv zu Cur.

**Auszug.** Peter v. Underwegen, Vogt zu Cur, thut
kund, er sei Samstag vor „aller manne vasnacht" zu Cur offen-
lich zu Gericht gesessen, und vor ihm seien erschienen Hr. Joh.
v. Puntstrils Chorherr und des Capitels zu Cur Ammann
mit seinem Fürsprech Joh. Köderlin Stadtammann zu Cur
einestheils, und Frau Ursula, Johansen Straiffen sel.
Tochter mit ihrem Ehewirth Gaudenz v. Plantair und Für-
sprech Heinr. Isenbach anderntheils. Beide Theile eröffneten,
sie hätten alle ihre Streitigkeiten in Betreff des Guts genannt
Guntramen Gut, dem Entscheide des Dom. Schol. Johan-
sen v. Sengen, des Domherrn Berthold Ringg der Zeit
geistlicher Richter zu Cur, des Kirchherrn Conr. v. Schowen-
stain und des obgenannten Pet. v. Unterwegen unterlegt,
durch diese seien alle ihre Mißhelligkeiten und Stöße, die sie hatten,
abgethan worden, so daß sie, die Frau Ursula, auf alle An-
sprachen und Rechte die sie an das Gut hatte, vor Gericht Verzicht
leisten solle. Dieses geschieht nun in der von dem Gericht auf
Befragen angeordneten Form, zu welcher auch gehört, daß Gaub.
v. Plantair mit dem Vogt P. v. U. diese Urkunde sigle. Fol-
gendes sind die „Guntramen güter, die ze Kur gelegen sint":
ein Juchart Acker liegt zu Tanas, aber ein Juchart liegt in
Gyratsch ob dem Weg den man gat gen Rubenberg, ain halbü
juchart akers lit zwischen dem berg und dem weg den man gat
ze dem wasser Ava Serenaschga, ein hus mit hofstatt mit
aller zugehörd lit ze Kur vor sant Regulen kilchen, ein halb
manmad wisen lit ze Kur under des herren bischoffs wisen, die

man nempt Brüel, zwei manmat wisen ligent enent der burg Martschinins¹ und stoßend an Rudolfs v. Ortenstein sel. wisen, und ein manmat wisen lit ob des bischoffs wisen die man nempt Mullietg."

Geben zu Cur Samstag vor aller manne vasnacht² 1376.

---

Beide Sigel hängen; das Erstere trägt die Umschrift: † S. PETRI. DE SVBVIA; das zweite um die beiden quer im Schilde liegenden Hörner die Umschrift; † S. GAUDENTII. D. PLANTAIR.

¹ Marsöl kömmt früher auch unter dem Namen Castra Martiola (I Urk. 73) und Marschvels oder Marschöls (II. 35) vor, — der uralte Thurm am bischöfl. Schlosse zu Cur; Marschlins möchte hier wohl kaum gemeint sein.

² Sonntag Invocavit.

## 195.

### Der Priester Andreas Planta
verzichtet zu Gunsten des Capitels von Cur auf allfällige Rechte an der Kirche in Zuz.

**Dat. Cur 20. April 1376.**

Ego Andreas dictus *Plant de Zutz* Presbyter *Curiensis* diocesis. non vi metuve coactus aut dolo vel fraude aliquibus circumventus, sed matura deliberatione prehabita, libere et spontanee fateor per presentes nec rationabilibus et evidentibus rationibus et documentis fore instructum et lucide informatum numquam aliquid ius in virtute gratie per venerabilem in Christo patrem et dominum *Agapitum de Columpna* episcopum *Vlixpon* (sic) Apostolice sedis nuntium vel legatum ad *Alamanie Ungarie et Bœmie* ac nonnullas alias partes specialiter destinatum de et super parochiali ecclesia in *Zutz* dicte *Curiensis* dyocesis. auctoritate sedis apostolice michi facte et consequenter vigore processuum auctoritate eadem ab hon. domino magistro *Johanne* Officiali Curie *Constantiensis* executore michi ad eandem gratiam deputato quomodo libet emissorum competiisse vel posse aut potuisse competere quoquam modo. Ex eo et pro eo, quod licet minus caute et insufficienter premunitus eidem domino *Agapito* proposuisse et proponi ordinassem prefatam parochialem ecclesiam in *Zutz* tunc scilicet tempore dicte gratie mihi facte vacare et ad collationem. Reverendi in Christo patris et domini *Curiensis* Episcopi pertinere. Nuper tamen de anno domini M.ccc.lxx sexto. 25 die mensis April. litteras tam sigillo Reverendi in Christo patris et domini *Petri* Episcopi *Curiensis* quam bulla plumbea domini *Innocentii* pape munitas, ut prima facie apparebat, vidi consideravi et perspexi. quibus quantum intelligere poteram clare et plene perpendi et inveni prefatam ecclesiam parochialem in *Zutz* ante tempus dicte gratie mihi facte. nec non eodem tempore non vacasse. sed mense capituli ecclesiæ *Curiensis* et ipsi Capitulo fuisse et esse sancte. iuste et legitime incorporatam unitam et canonice annexatam. Noui quoque et sufficienti testimonio didici, eosdem dominos prepositum decanum et capitulum ecclesie *Curiensis* prefatam ecclesiam in *Zutz* cum suis iuribus et pertinentiis universis, ante et post tempus gratie ut predicitur mihi facte et ipso tempore quiete et pacifice possedisse. et hodie pacifice possidere. Unde recognosco publice in hiis scriptis, nullum unquam ius ut prefertur ad eandem ecclesiam in *Zutz* mihi competiisse vel potuisse competere, modo quovis ex causis et rationibus prenotatis. Si vero aliquid ius mihi, quod non sentio, competiit ad eandem. illi ex recta scientia cedo et renuncio per presentes. Et idcirco litteras tam gratie quam processuum prefactorum tanquam inutiles omnes et singulas tradidi dictis dominis si voluerint concremandas. volens alias si que super hujus modi negotio date inuente fuerint in toto esse sicut et sunt irritas et inanes. Cum autem honorabiles patres et domini mei Prepositus et Decanus et Capitulum ecclesie *Curiensis* prescripti prefactum meum excessum et errorem que non ex malitia sed ex simplicitate mera incidi et incurri pure et in toto mihi remiserint propter Deum in recompensam huiusmodi gratie. promitto presentibus bona fide quod ipsis et eorum Capitulo pro meo posse dolo et fraude quibuslibet circumscriptis semper ero et manebo fidelis in me fide per me date vi et nomine corporalis prestiti iuramenti me obligo et astringo quod nunquam aliquo tempore quidquam in dampnum aut periculum siue fraudem per me vel quamcunque aliam submissam personam directe vel indirecte publice vel occulte aliquid attemptabo, mediante quo, dictis meis dominis Canonicis et capitulo prenotatis vel eorum successoribus in pro et super dicta ecclesia in *Zutz* ejusque pertinentiis quibuscunque; aliquid posset dampnum periculum et prejudicium generari vel quocunque excogitato ingenio vel colore valeret quomodolibet suboriri dolo et fraude in omnibus et singulis supratactis omnino semotis. Et ut hec omnia et singula per me ut premittitur fideliter obseruentur presentes litteras meo appenso sigillo munitas et recognitionem meam prescriptam in publicam formam redegi et subscriptione ac signi appositione publici notarii infrascripti muniri realiter procuraui. Presentibus publicis et discretis uiris *Petro de Subvia*[1] aduocato Civitatis *Curiensis Johanne Vchter* eiusdem famulo *Johanne dicto Fassler* sellatore et *Bartolomeo* dicto *de End* Edituo ecclesie S. Marie. Cur. Testibus ad premissa vocatis specialiter et rogatis. Datum et actum *Curie* Anno mense et de predictis, hora sexta vel quasi diei eiusdem Pontificatu sanctissimi in Christo patris et domini *Gregorii* digna dei providentia pape XI. anno sexto Indict. xiiii.

Et ego Johannes Preconis de Meringen Constant. dyocesis Doctor puerorum *Curiens.* publicus auctoritate Imperiali notarius Curie *Curiensis* Juratus Quia premissis fassione litterarum visioni et perspectioni earum assignationi, recognitioni, cessioni, renunciationi literarum traditioni promissioni fidei nomine juramenti dationi aliisque omnibus et singulis prenotatis dum ut premittitur per dictum *Andream Plant* fierent et agerentur, una cum testibus prenominatis loco et tempore prelibatis presens interfui ipsaque sic vidi fieri et audiui. Idcirco ad requisitionem et rogatum honorabilis in Christo domini *Johannis de Puntstrils* Canonici *Curiens.* sindici et procuratoris ac sindicatorio et precuratorio nomine ut asseruit Dnorum Prepositi et Decani et Capituli eccles. *Curiensis* sepedicte nec non prefati *Andree Plant* me hic in hoc instrumento subscripsi signoque meo solito et consueto una cum appensione sigilli dicti *Andree* in testimonium sigulorum et omnium premissorum.

Abschrift aus dem grossen Chartularium im bischöflichen Archive zu Cur.
[1] Unterwegen.

## 196.

Der Priester Andreas Planta von Zuz verzichtet auf jedes Recht an der Kirche daselbst.

Datum Cur 23. April 1376.

Orig. im Archive des Domkapitels zu Cur.

In nomine dom. amen. Per hoc presens instrumentum cunctis ipsum intuentibus pateat euidenter, quod sub anno dom. M.ccc.lxx sexto, vicesima | tercia die mensis Aprilis hora nona vel quasi diei eiusdem. Indict. xiiii. pontificatus Sc. in Christo patris ac dom. *Gregorii* pape | vndecimi anno sexto etc. in presentia mei publici notarii et testium subscriptorum, persona- | liter constitutus discretus vir dom. *Andreas* dictus *Plant*[1] de *Zutz*, presbiter *Curiensis* dyocesis, non vi vt asseruit coactus, nec dolo | seu fraude circumventus, sed libere et spontanee, matura deliberacione prehabita, sibi virtute litterarum apostolicarum, per rev. | in Christo patrem et dominum *Agapitum* episcopum *Hipponensem* apostolice sedis nuncium ad *Alamannie Vngarie* et *Bœmie*, nec non ad alias partes | vt dicitur specialiter destinatum aliarum litterarum et processum pendentem per eundem dominum *Agapitum*, seu per peritum virum magistrum *Johannem*

*Melhardi* Officialem | *Curiensem* constitutum eiusdem commissarium aut executorem, vel a quocunque alio iudice vel iudicibus super eodem negocio sibi traditarum cuiuscunque | forme seu tenoris exstant, nunquam ius aliquid, ad ecclesiam parrochialem in *Zutz* dicte *Curiens.* dyocesis compeciisse nec hodie competere quouis | modo, et in casu, quo dicto dom. *Andree* aliquod ius ad dictam ecclesiam in *Zutz* competeret, vel quomodolibet competere posset, virtute dictarum | litterarum et processuum desuper fundatorum, seu alio modo quocunque vel quibuscunque, id mihi notario publico subnotato, in manus | meas, loco vice et nomine omnium quorum id fieri interest meliori et efficaciori modo via et forma quibus debuit et potuit | legitime resignauit, renuncians omni iuris exceptioni doli malicie et fraudis omnique iuris auxilio tam canonici quam ciuilis | . Ed ad firmam obseruationem singulorum et omnium premissorum, dictus dom. *Andreas Plant* mihi notario publico subscripto, fide nomine | iuramenti per eum corporaliter prestare promisit, contra promissa vel aliquod promissorum nunquam quovis excogitato ingenio vel quesito colore | aliquid facere per se vel per alium seu alios publice vel occulte, directe vel indirecte, aut aliqualiter attemptare. Super quibus | honorab. magister *Johannes de Punstrüs* canonicus ecclesiæ *Curiensis* syndicus vt asseruit et procurator hon. dominorum prepositi, decani | et capituli *Curiensis*, et nomine procuratorio seu syndicatorio eorumdem, peciit sibi fieri per me publicum notarium subscriptum, meliori | modo et forma, quibus posset, vnum vel plura publica instrumenta. Egoque *Andreas Plant de Zutz* presbiter supradictus, | quia omnia et singula superius in presenti instrumento contenta fateor esse vera, et sic vt prescribitur per me fore gesta realiter | atque facta, idcirco in euidens testimonium eorundem sigillum meum proprium, vna cum subscriptione et signo publici notarii subnotati | duxi presentibus appendendum. Actum *Curie* anno dni. mense die hora, indict. pontif. et loco quibus supra, presentibus discretis viris | dnis *Ludovico* plebano ecclesie in *Catz, Burchardo* rectore ecclesie in *Trymus* [2], *Cuonrado* prebendario altaris S. crucis ecclesie | *Petrus de Subvia* [3] advocato civitatis *Curiensis* [4] aliisque pluribus fide dignis personis testibus ad premissa vocatis | specialiter et rogatis.

Et ego *Johannes Preconis* de Meringen, publ. auct. imp. notar. doctor puerorum ciuit. *Curiensis* etc. signavi etc.

---

Die obige Urkunde ist ein Vidimus.

[1] Ist in der Geneal. der Familie v. Planta nicht aufgeführt.
[2] Trimmis.
[3] v. Unterwegen.
[4] Stadtvogt zu Cur.

## 197.

### Vertrag
zwischen Thal und Distrikt Disentis und den Leuten im Blegnothal.

**Datum Kloster Disentis 13. Jul. 1376.**

Conventio inter commune et homines Vallis et districtus de *Lacade* [1] et inter commune et homines vallis *Bellegni* [2], facta cum consensu, voluntate et authoritate Nobilis viri D. *Bruni de Rozimo* [3]. I. Pax sit inter utramque partem, quæ quolibet anno renovetur. II. Dant liberum transitum sibi invicem pro suis mercantiis et aliis rebus. III. Non dabunt transitum conducentibus aliquas res aut carceratos (sic) per ipsorum territorium, quando ruberia seu furtum sit factum alicui personæ dictarum vallium, ita quod una pars de dictis rubariis seu furtis senserit, altera confirmabit id ipsum. IV. Si lis aliqua oriretur, ob eam tamen pax non rumpatur, et qui maleficium seu delictum fecerit alicui parti vallium prædictarum, puniatur per Rectorem territorii, in quo delictum factum fuerit. V. Si creditor conveniret debitorem, non tamen putaret, quod Rector debitoris ius dicere deberet, Rector creditoris mittat homines ad videndum, num a Rectore debitoris ius dicendum sit an non: qui si iudicaverit quod non, pax proinde non rumpatur. Si (recte: *sed*) Rectores partium conveniant in loco aliquo communi, et ibidem cognoscant quæstionem, cum expensis partis perdentis. VI. Nemo debet contestare vel detinere aliquam personam, vel res alicujus personæ vallium dictarum pro aliquo debito, si (recte: *sed*) petat jus, ubi de jure petere debet. VII. Nulla etiam persona harum vallium tenere debet in suo territorio et proclamatam (sic) in banno ab una valle ad alteram. VIII. Juraverunt partes secundum consuetudinem terrarum suarum, servare ista Capitula sub pœna florenorum mille auri bonorum dandorum et solvendorum, parti servanti persolvenda, et propterea pax non rumpatur. IX. Hæc ita serventur, reservato tamen dictis de valle *Beligni* honore et stato D. *Galleazii vicecomitis*; et dictis de *Locade* etiam reservato honore et stato dignissimi Episcopi *Curiensis*, uel partis suæ. Idcirco *Joannes* Abbas Disertinensis et Rector Communitatis et hominum vallis et districtus de *Locado*; et *Palmrolus de Barbarussiis* de *Bononia* Vicarius et Rector Communitatis et hominum vallis *Beligni* pro potentibus militibus D. *Andrea* et *Thadeo* fratribus *de Pepolis* Dominis Advocatis[4] dictæ vallis *Belligni*, habentes plenum et liberum mandatum ad hoc facienda et confirmanda ab hominibus et Communitatibus dictarum vallium, eadem confirmant.

Facta sunt hæc in loco Monasterii vallis *Locadei* in colloquio publico. 13. Juli 1376.

---

Das Original fehlt. Diese Abschrift wurde entnommen aus des Abt's Placidus Litt. Disert. Nr. 52. Deutsches Regest in den Regesten der Abtei Disentis.

[1] Locade i. e. la cadè, Gotteshaus.
[2] Beligni und Bellegni, die heutige Vall Blegno im Tessin.
[3] Räthne.
[4] Vögte.

## 198.

**Vidimus**
einer päpstlichen Bulle des Jahres 1116 und eines von der Gräfin Offemia von Werdenberg und ihren Söhnen ausgestellten Briefes von 1316.

*Datum Cur 29. Nov. 1376.*

In nomine domini amen. Per hoc presens publicum instrumentum cunctis ipsum intuentibus pateat evidenter. Quod sub annis domini M.ccc.lxxvi 29 die mensis Novembris hora sexta vel quasi diei ejusdem Ind. XV Pontificatus sanctissimi in Christo *Gregorii* digna dei providentia pape XI. anno sexto ante fores seu porticum ecclesie *Curiensis* in presentia mei publici notarii et testium subscriptorum personaliter constitutus, honorabilis in Christo dominus *Johannes de Punstrils* Canonicus *Curiensis* sindicus et procurator ut asseruit venerabilium in Christo dominorum Decani et Capituli ecclesie *Curiensis* ac nomine procuratorio et sindicatorio eorumdem quasdam litteras apostolicas cum bulla vero et filo serico more romane Curie bullatas nec non litteras spectabilium domine *Offemie* Comitisse de *Werdenberg* ac dominorum *Hugonis* et *Hainrici* Comitum dicte *Offemie* filiorum sigillis pendentibus sigillatas subscriptas sanas integras et illesas ac omni vitio et suspicione carentes. tenens in manibus suis mihi notario publico subnotato presentavit tradidit atque dedit. quibus litteris per me publicum notarium subscriptum receptis. Ego publicus notarius infratactus una cum testibus subscriptis easdem litteras tam apostolicas quam alias diligenter vidi etc. Quarum litterarum tenores sequitur et sunt tales. Et quidem primo litterarum apostolicarum: *Pascalis* Episcopus servus servorum etc.[1] Sequitur tenor litterarum olim Comitisse et Comitum supradictorum et est talis: Wier Offemie Gräuinne v. Werbenberg x.[2] Visis igitur et diligenter inspectis litteris supradictis etc. Actum *Curie* anno mense die hora ind.

pontif. et loco quibus supra presentibus discretis viris *Cunrado Wälchli* presbytero prebendario altaris sancte Crucis ecclesie *Curiensis, Friderico* clerico *Curiensi, Johanne Marschal* layco perito et *Conrado* dicto *Brünig* opidanis opidi in *Veltkilch Cur.* dyoc. testibus etc.

Et ego *Johannes* Preconis *de Meringen* etc. doctor puerorum *Curiens.* publicus etc.

---

Abschrift aus den Chartularien im bischöflichen Archive zu Cur.
[1] Diese Urkunde findet sich abgedruckt Cod. dipl. I. Nr. 110; ferner Eichhorn Episc. Cur. Cod. prob. XL.
[2] S. Cod. dipl. II. 164.

## 199.

### Erblehenbrief
### von Bischof Johannes II. zu Cur

Dat. im Jahre 1377.

**Auszug.** Andreas Zugg erhält um der getreuen Dienste willen, die sein Vater Gaudenz dem Bischof Peter gethan, so wie des Schadens halben, der ihm unter Bischof Ulrich aufgegangen, fünf Mannsmad Wiesen zu Cur vor der Stadt in Scaletten, (als Anstösser erscheint unter Andern auch der Beberspilin Wiese) als Erblehen gegen einen jährlichen Zins von XII Käse Curer Gewicht auf Martini und C Eyer auf den heil. Osterabend. Dat. wie oben.

---

Aus dem Registr. de Feodis Fol. 12.

## 200.

### Bischof Johann

bewilligt der Anna „Jakob de Mützen" Tochter, daß sie mit einem ihrer Kinder auf den Hof zu Zernez, genannt Wildenberg, ziehen und denselben inne haben möge.

Dat. 1377 (ohne Tag).

(Wörtliche Copie.) Wir Johannes ꝛc. Tunt kund das wir der erbern Annun Jakob de Mützen Tochter die gnad getan haben, das sie sich mit samm ir kinden einen vf den Hof gelegen ze Sarnetz genant Wildenberg ziehen, vnd den innen haben vnd nießen sullen, vnd och alle die recht daran haben die der vorgenant Jakob sälig, der vorgenannten Annen vatter daran gehebt hat. Doch also das si denselben Hof, buwlich in gutem buw habent, vnd vns vnser recht. vnd och hofrecht da von tun, als von alter her komen ist. Dat. lxxvii. (1377.)

## 201.

### Bischof Johann's von Cur

Brief zu Gunsten Martin und Bella „der erbern Dumengen Kinder" in Betreff des „Hofes ze Wildenberg" zu Zernez.

Datum 1377 (ohne Tag).

(Wörtliche Copie.) Wir Johannes ꝛc. Tunt kunt mit disem brief, das wir vnsern getrüwen Martin und Bellan, der erbern Dumengen kind erlobt habent, wenn vnser getrüwer Jacob Lustzobe, der vorgenanten Martis vnd Bella Eni stirbt, das dann dieselben vnd Bela, an dem Hof ze Wildenberg vnd was darzu ghört, der ietz des vorgenennten Jacobs ist, alle die recht haben süllen, die der selb Jacob ir Eni ietz daran hat.

doch das es vns vnd vnserm Gotzhus kain schad sy, vnd vns
daran vnser recht behalten sy. Anno lxxvii. (1377.)

Aus dem Registr. de Feodis im bischöfl. Archive zu Cur Fol. 18.

## 202.

### Lehensbrief

Bischofs Johann von Cur über die Alp Terrana bei Conters im Prättigau, zu Gunsten von Wenzelono von Fideris, Jacob von Canal, Jacob v. Sumvig und Andern.

Datum Cur 10. Januar 1377.

*Johannes* dei et apostolice sedis gratia, electus et confirmatus in Episcopum *Curiensem.* Omnibus christi fidelibus presentes litteras inspecturis. Salutem in domino cum notitia subscriptorum. Nouerint itaque vniuersi, quod nos alpem *terranam* sitam prope *Cunters* in valle *Brettengöw* cum possessionibus dictis *Terranotz* et *Clusana.* discretis viris *wetzeloni* de *fidris.* avunculo suo *Jacobo* de *Canal* et *Jacobo* patrueli suo *jacobo de Sumwige.* et *Jacobo* patrueli suo *Jacobo* dicto *Clawarimere* et *Wernhero* fratri suo et ipsorum heredibus. per manus nostras dictam alpem cum possessionibus prefatis eidem annexis nobis et ecclesie *Curiensi* pertinentibus, prefatis hominibus et corum heredibus in solidum. sub annuo censu quatuor solid. mercedis casei nobis et successori nostro quicunque pro tempore fuerit, ac ecclesie *Curiensi* soluende singulis annis per ipsos in feodum censuale, contulimus et conferimus per presentes, hoc pacto adiecto, quod prefati homines seu ipsorum heredes, dictum censum in quolibet festo beati Michahelis nobis vel nostro successori qui pro tempore fuerit, vel nostro ministeriali in castro *Curiensi* sine requisitione qualibet tradant integraliter et assignent. Saluis nobis et eccles. Cur. predicte juribus in dictis Alpe et possessionibus competentibus vniuersis. Dat. *Curie* anno dom. M.ccc.lxxvii die sabbati (post) festum Epiphanie domini.

Nach einer Abschrift in einem alten Einkünfterobel im bischöflichen Archive zu Cur. fl. Fol. S. 123.

## 203.

### Lehensbrief
### Bischof's Johann II. von Cur zu Gunsten Gaudenzens v. Castelmur gen. Schuler.

Datum Cur 30. Jan. 1377.

(Wörtliche Copie.) Nos *Johannes* Dei et apostolicæ sedis gratia Episcopus *curiensis* fatemur et notum esse volumus universis quod nos grate considerationis intuentes fructuosa servitia, que fidelis noster *Gaudentius de Castromuro* dictus Scolaris, nobis et nostre ecclesie impendit et exhibuit et ulterius impendere poterit in futurum, sibi suisque heredibus masculi sexus duntaxat, omnes et singulas possessiones quibuscunque censeantur nominibus ubique sitas, quas a nostra ecclesia hactenus tenuit in feodum quæque *Jacobo de Castromuro* quondam suo genitori, per olim dominum *Ulricum* vel per reverendos Dominos *petrum et fridericum*[2] nostros predecessores rite collate fuerint et que eorumdem literis patentibus nominatim et specifice inscripte sunt, consilium contulimus et confirmamus per presentes. Confirmantes quoque infeodationes et infeodationum litteras predecessorum nostrorum desuper traditas et confectas. Et in evidens testimonium premissorum sigillum nostrum presentibus est appensum. Anno lxxvii. die etc.

Aus dem Registr. de Feodis im bischöfl. Archiv zu Cur Fol. 15.
[1] Johann, nach Einigen von Lenzburg nach Andern von Ehingen.
[2] Peter der Böhme und Friedrich II. (von Menzingen).

## 204.

Fortsetzung und Schluß
der Urkunde Nr. 8 in diesem Bande.

Dat. 6. Juli 1258.

Addito insuper quod si aliqua lis, discordia, seu controversia pro aliquibus factis moveretur vel evenerit, dicti quatuor arbitri tenuerunt in se fortiam (sic) et potestatem dictos nobiles *Egonem* et *Suycherium* de prædictis discordiis inter eos ortis in eorum arbitro concordare, et ipsi semper tenentur, et debent in eorum sententiis et dictis adquiescere sine aliqua quærimonia.

Etsi unum de arbitribus contigerit mori semper illa pars, cujus defunctus fuerit, teneatur alium loco defuncti, qui cum aliis tribus prædicta omnia facere teneatur. Quæ omnia suprascripta, et singula prædicti Dni. *Egeno* advocatus, et *Suycherius* Vicedominus ibi coram infrascriptis testibus juraverunt corporaliter ad sancta Dei Evangelia in omnibus Capitulis adtenere, et observare, et nunquam aliquo modo contravenire. Quam quidem pacem, et omnia ista Dni. *Fridericus de Guanda*[1], et *Berallus* ejus frater pro parte ejusdem Dni. *E.* advocati, et cum eis Dnus *Pero de Clorne, Conradus de Malles* milites, *Heinzo* filius Dni. *Peroñis*, et *Henricus* et *Udalricus* fratres filii quondam Domini *Conradi de Clorne, Pero de Schluderns, Andreas de Amasia*[2], *Henricus* et *Sygifridus*, et *Egeno* fratres filii quondam prædicti Dni. *Sygifridi de Malles*, promiserunt, et juraverunt attendere, et observare et dare operam toto suo posse quod hæc pax et omnia prædicta in quibuslibet capitibus observentur. Et pro parte isti Dni. *S.* Vicedomini juraverunt, Dnus *Suycherius de Montalbano* et Dnus. *Vto* ejus filius miles, Dnus. *Vlcherius de Sclues*[3] *Rampertus de Livo, Henricus* et *Conzo* fratres de *Sclues.*

Qui etiam juraverunt et promiserunt modis omnibus se exercere, ut hæc pax et omnia prædicta, in quibuslibet capitulis obtineat firmitatem et prælibati Dmni. *E.* advocatus *S.* Vicednus affirmantes et approbantes haec omnia bono zelo in osculo pacis, ut supra legitur. Amen.

Actum in *Bolzano*[4] in Ecclesia B. Mariae interfuere testes Dnus. *Gotxalcus Cintar*, *„Conzo de Wenec*, *Rolandus* filius quondam Dni. *Guarnardi de Guenec, Guigant de Guenec, Abellinus* filius Dni. *Conradi de Griffenstein, Rolandus* filius Dni. *Oschalchi da Bozano, Bertholdus Guablar de Bozano, Bertholdus Naydingar, Jacobinus* ...."

Nach einer Abschrift in dem Manuscript-Werk in 4⁰ „Die Bischöfe von Chur in ihrer Dauer für das Vinschgau" 1. Thl. Cod. p. 33 — von Jof. Laburner — Eigenthum des Klosters Mariaberg.

[1] v. Gonda.
[2] Wohl Amatia, Matsch.
[3] Schlüs.
[4] Bozen.

Mitgetheilt durch Hrn. Hofkaplan Fetz zu Babuz.

## Verbesserungen und Zusätze.

### a. Zu Cod. I. Nr. 72.

Jaffé, *Regest. Pontif.* Rom. bis 1198 (Berlin 1851) datirt diese Bulle (Nro. 2978 pag. 343) **nach** dem 11. Okt.

Vergl. K. Wegelin's Regest. v. Pfävers in dem Moor'schen Regestenwerke I. Nr. 22. Orig. nicht mehr vorhanden.

### I. 128.

Im Archiv zu St. Luzius hat sich ein durch den geistl. Richter unterm 23. Juli 1396 ausgestellter Vidimus dieser Schenkungen vorgefunden. Die Abweichungen sind folgende:

S. 174 Z. 13 lies statum und nicht situm.
„  „  „ 18 statt Curia de sucingen steht Curias de Swainingen.
„  „  „  „ lies Curiam de Lacis und nicht Curia.
„  „  „ 21 „ Cuono statt Cono.
„  „  „ 24 „ Rankwilo.
„  „  „ 33 „ sibi vor iuris zu stellen.
„ 175 „  5 „ lies subiaceat und nicht subiiciat.

### I. 133.

Im Archiv zu S. Luzius findet sich ein durch den Judex eccl. Cur. auf Verlangen des Propstes Ulr. Mayerhofen zu S. Luzius am 23. Juli 1396 ausgestelltes Vidimus dieser Bulle.

### I. 169.

Zur Anm. 2. Das Thal und die Alp Emmet gehört, wie ich später hörte, der Landschaft Canicül. Die Kommerzialstraße über den Splügen hätte zweckmäßiger durch jenes geführt werden können. Sie würde dann bei Pianazzo, wo der schöne Wasserfall, ausgemündet haben.

I. 182.

Das Original wurde später durch Hrn. Bergmann, kaiserl. Custos, aufgefunden. S. Cod. Dipl. II. 218.

I. 183.

Vergl. auch die Bulle Papst Honorius III. vom 19. Jun. 1221. Cod. II. 219.

I. 191.

Note 16. Es möchte wohl sein, daß *Sisimi*, *Yins*, Igis bedeute.

I. 220.

Note 2. Moro erscheint in dieser Urkunde zum ersten Mal, doch ist dieser *Egino* der Nämliche in Urk. I. 186 genannte *Egeno de Ceron*. Daß sich das Geschlecht Moor früher anders nannte, darüber vergl. Campell (Moor's Bearb.) I. 78.

Nr. 261 und 262. Beide Bullen könnten auch von Papst Gregor IX. und nicht Gregor X. herstammen. Da derselbe am 19. März 1227 gewählt und gekrönt wurde, wäre, damit das annum primum pontificatus darauf passe, Nr. 261 mit dem 25. Febr. (richtiger 26. Febr., weil es ein Schaltjahr war) 1228 und Nr. 262 mit dem 3. Mai 1227 zu datiren. Das große Chartularium enthält mit Bezug auf sie, im Register wenigstens, die Jahrzahlen 1227 und schreibt sie somit Gregor IX. zu. Mit dem Datum der Statuten des Domkapitels vom 17. Mai 1273 (Cod. I. 270) stimmen beide Datirungsweisen nicht und wäre insofern die Note 2 zu I. 261 zu modifiziren. Aber diese Statuten können recht wohl eine Vermehrung früherer sein, die ebenfalls seiner Zeit der päpstlichen Genehmigung unterbreitet worden sein konnten.

I. 276.

S. 411. Die Jahrzahl soll statt 1285, 1275 lauten.

I. 278.

Note 6. Ruisbenberg ist wirklich Rauschenberg (und nicht Rubenberg). Die Stammburg dieses Geschlechts lag bei Präsanz im Oberhalbstein.

I. 286.

Note 3. Pasrabiuso ist richtig, wie die vidimirte Abschrift (Nachtrag der Zusätze zum I. Band des Cod.) es ausweist.

b Zu gegenwärtigem Bande.

Die beiden Urkunden Nr. 15 und 17 finden sich schon abgedruckt II. 143 und 161, — was von dem jetzigen Herausgeber leider übersehen wurde.

Ad. Nr. 32. Orig. ibid. Siegel hängt und ist der Inschrift zufolge *Sellos* und nicht *Fellos* zu lesen.

Ad. Nr. 72. Das Original liegt im bischöfl. Archiv. Insigel der Stadt hängt.

Ad. Nr. 80. Note 2. Die Stelle dieser Chorherrenmühle ist in der Stadt selbst zu suchen, wahrscheinlich ungefähr da, wo jetzt das Pfarrhaus St. Martin steht.

Ad. Nr. 91. Yins ist nicht Jenins, sondern Igis.

„   „ 183. Die Anniversarien des Hochstifts Cur geben in der That seinen Tod auf den 11. Juli 1271 an.

Ad. Nr. 187. Note 1 statt Joh. I. lies Joh. II.

# Orts- und Namens-Verzeichniß
## des III. Bandes der Urkunden-Sammlung.

Die Zahl bedeutet die Nummer der Urkunde; das kleine „n" Note.

## A.

Aargau 89 u. n. 90.
Abyberg, Conr. 41.
Adelbertus, Dus 6.
Agenatius (Süs) 123.
Aglai (Aquileia) 28. 70 u. n.
Agnes, Königin v. Ungarn 90 u. n.
Albert, Herz. v. Oestreich 24.
     „   Burggraf zu Nürnberg 94.
     „   Magister 6.
     „   Mönch zu S. Cassian und Sohn Mauriz 182.
be Albertono Joh. u. Ant. 123.
Albrecht I. Kön. 90 u. n.
     „   Herz. v. Oesterr. 122. 130 —132.
Albricius (Puschlav) 74.
Albula, Fluß 40 u. n.
Algoß, Hrch. 172.
Agunt u. Agunt, Hof 3. 5.
Alt-Montfort, Burg 89 u. n.
Altstätter, (Maienfeld) Weing. 36.
Alveneu 55.
Ammann, Henni der, 27.
     „   Rud. 27.
     „   Rüdi 27. 33.
     „   Joh. 54. 58. 60.
     „   Wilh. 55.
     „   Hs. 55.

Ammann, Hainr. gen. Buchli 58.
Amasia u. Amatia s. Matsch.
Amoranza, Berg, 8.
Anbeer 56.
Anbreas III., Kön. von Ungarn 90 n.
v. Annaberg, Hrch. 21.
Anton, Pfarrer in Glurns 104. 176.
     „   (v. Tischmä) u. Wilh. 123.
S. Antonien (Cur) 138.
Antyoch, Friedr. 84.
Aquila, qui dicitur Albenga 10.
be Arebio, Aloisius 74.
     „   Lanfranca 74.
Args (Cur) 114.
b' Arman, Jac. Gualt 123.
Arnold II., Bisch. von Cur 85 n.
     „   gen. von Sils, Georg und Meniga, Leibeigene 189.
Aronda, Alp 3.
Aritscha, punt, 138.
Aspermont, Schloß 9. 62. 91. 103. 146 u. n.
v.   „   Ulr. 143.
be Azolinis, Rotino 178. 179.
August, Marq. 85.
Augustin, N. N. 105.
Avers 163.
Avigna, Val b', 3.
Awa Serenaschga (Cur) 194.

Awas sparsas (Cur) 138.

**B.**
Bächli, Hainr. dict. 57.
Balgach 26.
Ball, Rud., Margr. u. Joh. 120.
Balzers, Capelle in, 16.
de Barbarussiis, Palmrolus 197.
Bartholomeus, Magister 65.
Bartholomeus, äbituus 121.
S. Bartholomeuskirch 102. 158.
Basel 89. 185.
v. Baymundt Altum 20.
Becegiuk, Dom. 22.
Bellazun, Rud. Notar 85 n.
v. Belmont 9.
   „  Ulr. Walter, Freih. 109. 166. 183.
Benagab, Sim. 101.
Bendern, Kirche 7.
S. Benedict-Kapelle (Summvix) 10.
Berg (Feldkirch) 54. 58. 60.
   „  , der, s. Sayes.
v. Bernegg, Egen 5.
Berthold, Bisch. zu Cur 23.
Bertramolus (Sylva) 74.
Bibengw 72.
v.  „  Rud. 72.
Blankenhusen, Hof 95.
Blatten, am  „  95.
Blazemann, Jac. 6.
Blegnothal (Bellegni Vallis) 197.
be B'na, Kotman, Notar 64.
Bonifacius VIII., Papst 185.
Boniga, Hof, 8.
Bordealis, portus (Bordeaux) 1.
Bormio 8. 20. 123. 133.
Bouorgga, Haus in Cur, 113.
Boy, Andr. 173.
Bolzano, Bozano u. Bozen 204.
v. Bozen, Conrad u. Sichard 20.
   „      Roland 204.
   „      Dschale 204.
   „      Berth. Guablar 204.
Bregell 82. 134. 188.
    Zoll daselbst 170.
Brichinochsen, Jak. 58.
v. Brienzols (Porta?) Walt. 55.
Brittannien 1.

Brixen, Bisth. 11. 28. 70. 89 n. 185.
Brogg, Rud. 28. 112.
Brügel, Hs. 114.
   „  Ita 114.
Bruel (Cur) 191.
Brünig, Conr. 1 8.
Bruggerwiesen (Cur) 110.
Brun, Joh. dict. 84.
v. Brumed, Andr. 156.
v. Brunnenfeld, Dietr. 79.
v. Büll, Donat 164.
Burchard, Burggraf zu Nürnberg 85.
   „      zu Magdeb. 94.
   „  episc. Lessiensis (Leptis?) 82.
   „  Propst 7.
   „  rect. eccl. in Trimmis 196.
Burbenanza, Ant. 18.

**C.**
v. Cafraniga, Ulr. 164.
Calapinus 6.
Calfraisen 136.
Calven 8.
Cà Major, Hof 76.
Campedelles (Alveneu) 55.
Camplinen (Cur) 172.
Camps 138.
Canal, Hof 76.
   „  Gaud. 98. 120. 138.
   „  Agnes 98.
   „  Hs. 171.
   „  Jac. 202.
Canboielle (Cur) 138.
Cannret (Conrat?) Ammann 176.
v. Canova 146.
v. Canyclai, Donat 164.
be Capellato, Pasq. 5.
be Cares, Ant. 8.
be Capitaneis, Sebaldo 74.
Carl IV., Kön. 30. 31. 37—40. 71. 77. 78. 85. 88. 94. 97. 99. 100. 119 u. n. 156. 160. 165.
v. Caschienen, Hs. 55.
S. Cassian 182.
Castellum (Castiel) 21 u. n.
v. Castelberg, Otto 51. 118.

v. Castelberg, Conrad 51.
Castelmur, Veste 40.
v.   "   Alb. 13. 163.
    "   Sim. 22 u. n.
    "   Jac. 134. 163. 182. 203.
    "   Honrigal 74.
    "   Scolaris 74.
    "   Gaub. 163.
    "   Dorigal Menuxe 163.
    "   Janonus, Scolaris 163.
    "   Gaub.   "   163. 203.
    "   Jakobimus Scolaris 163.
    "   Manchus 163.
    "   Parin 182.
    "   Joh. Menusio 182.
    "   Tobias 182.
Castratus, Janes 57.
de Castronovo Oluranbin 5.
Caupont, Joh. 18.
Chinali, Joh. Augustin u. J. B. 123.
Caurair, Hs. 59.
Christus von Avers 163.
de Cinglo Czillo 5. (auch Zingler) 6.
Cintar, Gotxalcus 204.
Cläven 174. 177—181.
Clasux (Cur) 138.
de Claro, Joh. u. Mart. 123.
de Clarûna, Herm. 18.
Clavarimere, Jac. u. Werner 202.
de Clesio, Wilh. 5.
Clicher, Sim. f. Marmels.
de Clornes f. Glurns.
Clusana 202.
de Colraun, Erasm. 104. 176.
de Columpna Agapitus 195. 196.
Conrad II. Kön. 119 u. n.
    "   III. (II.?) Bisch. zu Cur 12 u. n.
    "   Propst zu Curwald 53. 64. 69. 72. 76. 79. 98.
    "   Propst zu S. Nikolaus 34. 65. 124. 154. 173.
    "   Dekan 12.
    "   Capellan 6.
    "   prebenb. altaris f. crucis 196.
    "   Bruber (von Benbern) 106.

Constanz, Bisth. 15 n. 185.
Conters (Prättig.) 202.
de Corredo, Arp. 5.
    "   Pet. 5.
Cort Elli, von, 43.
Cosse, Pelegrinus 6.
de Crana, Egen, Pet. u. Alb. 172.
v. Cröch u. Crosch Laz. 75.
    "   Conrad 53. 75. 79.
    "   Marg. 53. 75. 79.
Crösch bella (Cur) 69.
de Crumpach, Heinr. 6.
Cur, Stadt 2. 9. 40. 49. 64. 78. 80. 84. 126. 134. 138.
Cur, Bisth. 2. 3. 6. 8. 9. 11. 13. 15. 17—21. 28. 30. 32. 37—40. 42. 49. 50. 54. 56. 58. bis 60. 63. 66. 70. 71. 73. 76. 77. 85 u. n. 94. 98—100. 102—104. 114. 117. 119—121. 124. 130 bis 134. 138. 141. 148. 150. 152. 154. 156—160. 169. 175. 176. 185. 190. 191. 197.
Curberg, Schloß 133.
Curen, Joh. 85.
Curtisella 80.
Curtweder, Heinr. 110.
Curwalchen 89 u. n.
Curwald, Kloster 4. 16. 33. 34. 53. 64. 72. 76. 79. 98. 105. 136. 136. 171. 184.

### D.

Danen (Cur) 110.
Davos 51. 123. 145. 188.
    "   (Geschlechtsname?) Jak. u. Mathe 123.
Delfina, Alb., Jak. u. Joh. 123.
Dischmä 123.
Disentis, Abtei 10. 41. 68. 119 u. n. 127. 197.
Donega, Hof 3.

Druncal, Menricus, Bertha und Wilh. 10.
Drusiana, Vallis 159.
Dumenga, N., Marti u. Bella 201.

### E.

Eberhard, Graf v. Würtemberg 89.
„ scriba 7.
Eginolf, Capellan zu Cur 6.
Egling, Magister 6.
v. Ehrenfels, Rud. 134.
Einsiedeln, Abtei 41 u. n. 143.
v. Eisen, Heinr. 24.
Elisabeth, Königin, Gem. Albr. I. 90 u. n.
Elsaß 89 u. n.
de End, Barth.
Engadin 8. 74.
Enne 20.
Ernst, Herz. v. Oestr. 87 n.
Etelum u. Egan (Vettan) 123.

### F.

Faber, Pet. 22.
Fabius, Rud., Conr., Vinc. u. Ant. 56.
v. Falkenberg, Herz. Bollo 119.
v. Falkenstein, Ulr. 183.
Faltenen 51.
Fasciati, Gaud. u. Rud. 163.
Faßler, Joh. 195.
Favunasca, Hof. 76.
v. Federspiel 199.
Feißelin, Ulr. 36.
Feldis 138.
Feldkirch 58. 60. 61. 89 u. n. 142 n. 148 u. n. 190.
v. „ Rud. 28. 49. 58. 60. 67. 114.
Fellose, Ulr. der, 32.
Felsberg 16.
Ferario, Petrucius u. Guaiscolus 74.
Ferragud, Ulr. 151.
Ferral (Foral?) in Cur 69. 172.
Filiol, Ulr. 159.
Finstermünz f. Vinstermünz.
Fischer, Luzi u. Menga 29.
Fließ 14.
v. Florenz, Jak. 20.
S. Florinskirche in Remüs 119 n.

S. Florinskapelle in Tinzen 93.
v. Flums, Ulr. 13.
v. Fontana, Heinr. 134.
de Fopa, Ulr. 10.
„ Jubenta 10.
v. Foppa, Bläsi 164.
v. Fuvinasca, Jak. u. Heinr. 32.
v. Frauenberg, Hrch. 16.
Frauengätsch 20.
Freudenberg, Veste 155 n.
Friedau, Veste 91 u. n. 103 u. n.
Friedrich II. Kön. 85.
„ Herz. von Tek 90.
„ I. (v. Montfort) Bisch. zu Cur 13.
„ II. (v. Menzingen) Bisch. zu Cur 138. 149—153. 156. 160. 165. 166. 169 u. n. 170. 175. 203.
„ Dompropst zu Cur 154.
„ Cleriker 198.
Fryus, Veste 91 n. 103 u. n.
Fürstenburg 3. 37. 67. 70. 78. 130. 131. 134. 176.
v. Funtnas u. Funtnaus, Heinr. 36.
„ Cuni u. Gerung 95.

### G.

Gailla rotunda (Cur) 110.
de Gallarate Stevaniol dict. Zucolus 57.
„ Gallinus 57.
S. Gallen, Abtei 127.
Ganal f. Canal.
Ganof f. Canova.
Ganser, Hs. 138.
Ganserinenmühle (Cur) 138.
Gansner, Margr. 118.
Gastalbus, N. N. 8.
S. Gaudenz (Casaccia) 82.
Gaudenz, der Narr, 150.
Gerhard, Bisch. zu Trient 6.
Georg, Papst f. Gregor.
Gerster, Hainz, gen. v. Sattains 126 u. n. f. auch Sattains.
„ Ulr. Burgermeister zu Cur 126 n.
Girard, Jan 57.
Gistolbing, May 6.

be Clarmburg, Conrad Cialo 6.
Clarner, Kath. Priorin (Klause Sargans) 36.
Clarus 89 u. n. 90.
Clurns 130.
v. " Pero. 8. 204.
" " Heinzo 204.
" " Heinr. 204.
" " Ulr. 204.
" " Conrad 204.
" " Berth. 8.
be " Lanzolet 104.
Goswin, Prior 176.
Gottschald, Ritter 20.
Grappus (Trimmis) 9.
Graun 20.
Grava s. Sand.
Gravinus 10.
Gregor IX., Papst 173. 174 u. n. 177—181. 186. 195. 196.
Greifenstein, Veste 86. 87 u. n. 105.
Gretschins, Haus in Cur. 109.
de Grezines, Hrch. 12 u. n.
de Griffenstain, Abellino u. Conrad 204.
be Guanda (Gonba) Friedr. u. Berall 204.
Guarbaval 81.
Guariscus, presb. 57.
be Guenec, Guarnard u. Guigant 204. s. auch Wenec.
Guntramslehen 124. 194.
Gurk, Bisth. 89 n.
Gurtschellun s. Curtisella.
Guta, Aebtissin zu Cazis, 83.
Gyratsch (Cur) 194.
Gyreiba, Gryden (Cur) 138.

**H.**

v. Hasenburg, Wilh. 119.
Hail, Excillino 6.
v. Haldenstein, Hrch. 23.
" Bernh. 23.
" Lunette u. Elsine 23.
" Ruebl 28.
" Ulr. 92. 107.
" Lichtenstein 107.
v. Haldenstein, Anna 92.

Han, Ulr. dict. 58.
Hans, der Schanchmeister 28.
Hartmann (v. Werdenberg) Bisch. zu Cur 63. 76 n. 87 n.
Haßler, Pet. u. Margr. 59.
Haußerberg, Mart. 20.
Heinrich VII., Röm. Kön. 97.
" Kön. von Böhmen, Graf zu Tirol 20.
" Herz. von Kärnten, Graf zu Tirol 14.
" V., Bisch. zu Cur 7.
" IV., " 9.
" (v. Brandis) Abt zu Einsiedeln 41.
" Kanzler 119.
" Decan zu Cur 154.
" " zu Trient 6.
" Leutpr. zu S. Steph. pleb. in Laas 104.
" rect. eccl. in Zizers 139.
" rect. eccl. im Gampz 154.
" Claviger castr. Tirol. 104.
Heinrigetten (vom Thurm zu Schanfigg) 66.
S. Hilarius (Cur) 7. 125. 126.
Honorius IV. Papst 127.
Hoppler, Andr., der Schultheiß 50.

**J.**

Jakob (v. Menzingen) Propst zu S. Luzi 139. 154. 173. 192.
" Kilchherr zu Vaz und Alveneu 55.
" Ammann zu Davos 123.
Jenins 43. 146 n.
Igis (statt wie 91 u. n. Jenins) 91 u. n. 103 u. n.
be Jlanz, Mart. gen. 18.
" Heinr. " 64.
" Agnes 18. 64.
Imperialis, Jak., Andr., Pet. u. Joh. 21.
Jngolbenmühle 138.
Innocenz VI., Papst 68. 93. 195.
S. Johann (Mals) 3.
S. " (be Tirol) Kirche 6.
Johann I. (Pfefferh.) Bisch. zu Cur 18. 19. 141.

„ II. (von Lenzb. ob. Ehingen)
Bisch. zu Cur <u>187.</u> <u>199</u>
—203.
„ Bisch. zu Olmütz 94. <u>119.</u>
„ Bisch. zu Gurk <u>94.</u>
„ Bisch. zu Brixen <u>174.</u>
177—181.
„ III. (Benner v. Freubenb.)
Abt zu Disentis <u>197.</u>
„ II. (v. Mebelbüren) Abt zu
Pfävers <u>168.</u>
„ Propst zu S. Lucius <u>7.</u>
„ „ zu S. Nikolaus
<u>65.</u>
„ Decan. archibiaconatus
sub Langaro <u>154.</u>
„ Magister Curiä Constant.
<u>195.</u>
„ „ civit. Cur. <u>173.</u>
„ Amman (Süs) <u>123.</u>
„ Notar <u>5.</u>
„ (Caspano) <u>74.</u>
Joseph (Moor) Bisch. zu Cur <u>39.</u>
v. Jscla, Hrch. <u>55.</u>
Jsenbach, Hrch. <u>194.</u>
Jklen (Davos) <u>145.</u>
Julsinus (Süs) <u>123.</u>
Juvalt, die hohe, Veste <u>18.</u> <u>48.</u> <u>50.</u>
v. „ Sicard <u>7.</u>
„ „ Ursula, <u>35.</u>
„ „ Eginolf u. Eglolf <u>48.</u> <u>105.</u>
<u>134.</u> <u>163.</u>
„ „ Friebr. <u>145.</u>
„ „ Alb. <u>48.</u>
„ „ Ulr. <u>105.</u>
Juvello, Berg <u>8.</u>

**K.**

Kalcam, Mabalina <u>23.</u>
Kapfenstain, Burg, <u>47</u> u. <u>n.</u>
Katzettin, Cath. <u>128.</u> <u>135</u>
Katzis, Klost. <u>61</u> n. <u>83.</u> <u>101.</u> <u>189</u>
v. Keler, Mart. <u>164.</u>
Kelu, von dem, Hs., <u>55.</u>
Khole, Eberh., <u>122.</u>
Kißling, Cuenzi <u>95.</u>
Klus (Vinstermünz) <u>31.</u>
Kobler, Claus <u>135.</u> <u>159.</u> <u>168.</u> <u>171.</u>
„ Margr. <u>168.</u> <u>171.</u>

Köberli, Joh. <u>137.</u>
„ Ammann Hs. 110—113.
<u>138.</u> <u>147.</u> <u>153.</u> <u>194.</u>
„ Margr. 110. <u>113.</u>
v. Königseck, Bercht. <u>52.</u>
Königsfelben <u>90.</u>
Königsgut (Trins) <u>155.</u>
Kotmann, Walt. <u>58.</u> <u>60.</u>
„ Ulr. <u>121.</u>
„ Pet. <u>58.</u>
Kramer, Dietr. der <u>115.</u>
„ Jak. 120. <u>121.</u>
Krapf, Rud. <u>27.</u> <u>33.</u>

**L.**

Lacabe i. e. la cabè, Gottshaus, <u>197.</u>
Lagazöl <u>13.</u>
bel Lagna, Pet. u. Francisc. Petro-
bomus <u>123.</u>
Lamphirt, Ant. <u>128.</u>
„ Margr. <u>128.</u>
v. Lanbau <u>19.</u>
v. Lanbenberg <u>146.</u>
„ und Greifensee, Be-
ringer <u>44.</u> <u>50.</u>
„ Hugo <u>44.</u>
„ Herm. <u>50.</u>
„ Pfaf Herm. <u>50.</u>
Landolfesmühle (Cur) <u>138.</u>
Lanquart <u>39.</u> <u>40.</u>
Lasala <u>13.</u>
Latsch <u>30.</u>
S. Laurenz (Solio) <u>57.</u>
Laurenzen, Rich. <u>102.</u>
Laur.... Küchenmeister <u>20.</u>
Lazaroni, Bettinus <u>74.</u>
„ Richerius <u>74.</u>
Lenz <u>39.</u>
Leo, Rotar, 6.
Leopold, Erzh. von Oestr. <u>122.</u> 130 bis
<u>132.</u> <u>148</u> n. <u>169</u> u. n. <u>176</u> n.
Leptis (Afrika) Bisth. <u>82.</u>
Lessiensis episc. (Leptis?) <u>82.</u>
v. Leuchtenberg, Lbgrf. Joh. <u>97.</u>
Liabus, Berth. 6.
Lichtenberg <u>149.</u> <u>187.</u>
v. „ <u>133.</u>
„ „ Nic. <u>104.</u>
„ „ Hiltpr. <u>149.</u> <u>187.</u>

v. Lichtenberg, Dan. 149. 187.
„ Bart. 149. 187.
v. Liegnitz, Herz. Ludw. u. Hrch. 119.
Lindau, Abtei und Stadt 26. 99. 156. 165.
Litscher, Johans, der 33.
Linden, Steph. dict. 58.
de Livo, Rampert 204.
S. Lorenzenkirche in Oberkastels 144. 193.
v. Lothringen, Herzog 83.
de Lovino, Otto 13.
Luchsinger, Wilh., Hs. u. Ant. 145.
S. Lucius 1.
„ Kloster 7. 12. 18. 25. 96. 109. 115. 125. 135. 138. 139. 145. 146. 154. 155. 157. 160. 186. 192.
Ludovicus, pleb. in Katz 196.
Ludwig der Baier, Kais. 70.
„ Kön. von Ungarn 89.
„ Markgraf von Brandenb. 28. 42 n. 67. 70 u. n. 89 u. n. 130. 131.
„ Herz. von Kärnten, Graf von Tirol 14.
„ Pfalzgraf bei Rhein u. Herz. in Baiern 37 u. n.
Lüns 117.
de Luguzolo Oliverio 167.
v. Lumbrins 19 u. n.
Lusella, Lehen 21.
Luftzobe, Jak. 21.
Luthomislen, Joh. 85.
Lutomuschel, Bisth. 156 u. n.
Lutz (Cernez) 134.
Luver 39. 40.
v. Luzin, Conrad 28.

M.
de Machelinshoven, Joh. dict. Senger 104.
de „ Heinr. 58. 60.
Maboch, Joh. 123.
Mabogg, Sim. u. Jak. 81.
Madris, Alp 167.
Masien, von Avers, 59.

Magdeburg, Bisth. 156 n.
Mainhard III., Graf v. Tirol 89 n.
Malabers 138.
Malairs (Cur) 110.
Malans 146 n.
Malenggerthal 188.
Malix 75. 76. 79. 98. 136. 138.
Mals 3. 141.
„ Sigfr. 8. 204.
„ Conrad 204.
„ Bonica 8.
„ Heinr. 204.
„ Mich. 8.
„ Minyg 176.
„ Egen 204.
de Malusco, Pet. 6.
de Mams, B. 13.
Manus, Ulr. (Menus. v. Castelmur?) 47 u. n.
„ Agnes, geb. Straif 47 u. n.
de Manzione, Heintzo 8.
„ Ubert 8.
March 89 u. n. 90.
Marenbana, Pet. u. Anna 140.
Margaretha (Maultasch) Gräfin von Tirol 37 n. 70 n. 89 n.
Margreth (von Sils) 150.
Marienberg 11. 133.
v. Marmels 74.
„ Andr. 13. 28. 47 u. n. 67. 163.
„ Joh. 28. Domherr 44. 163.
„ Sim. 28.
„ Anna (Straif) 47 u. n. 163.
„ Hs. 55.
„ Conrad 66. 163.
„ Conradin, dessen Bannart 66.
„ 118. 134.
„ Zanet 74.
„ Sim., gen. Clicher 74.
„ Nanno 134.
„ Gaub. 134.
„ Schwider 163.
„ Cath. 163.
„ Scayffus 163.

Marniga, 3.
Marschal 198.
Marschlins 44.
Marquard, Bisch. zu Augsburg 88. 94.
S. Martin zu Passeir 6.
S.  „   zu Cur 49. 84. 135. 173. 175.
Martin (de Jlanz) u. Agnes 18.
Martschinines s. Marschlins.
Martschinins' (Marsöl oder Marschlins?) 194.
Masans 138.
v. Matsch 8.
  „   Andr. (Amasia) 204.
  „   Vogt Egon 8. 20. 204.
  „   „  Ulr. 20. älter 86. 87. 104. 176—181.
  „   „   „  jgr. 86. 87. 133. 141.
Matscher Thal 20.
Matheus, Notar 6.
de Matzingen, Heinr. 12 u. n. s. auch Metzingen.
  „   Herm. 28. s. auch Metzingen.
de Mauer, Nic. 69.
S. Mauricius in Alvneu 55.
Mauricius pleb. u. s. Bruder Albertus 10.
May u. Mayer, Joh. (de Thurego) 64. 84. Can.
Mayer (v. Altstätten) Walter, der ältere 117.
  „   Gaub. 95.
Mayria marzscha (Jlanz) Hof 183.
S. Medarduskapelle bei Montani 30.
Melharb, Joh. 195.
Meli, Bart. 18.
  „   Fexia u. Agnes 18.
Menusta (?) 22.
Mensesta, Ulr. 22.
v. Menzingen, Herm. 64. 173.  } vielleicht
  „   Heinr. 142.        } Matzingen s. ob.
  „   Propst s. Jac. v. M.
Meran 8. 25. 89 n.
v. Meringen, Joh. präco 173. 195. 196. 198.

Metzger, Conrad 173.
Mezinen, Rud. 55.
de Mezo, Adalb. 5. 6.
  „   Arnold 5. auch Arn. Flamengo 6.
  „   s. auch Matsch.
Milentz, Hof 83.
Minden, Theodorich 85.
Minisch (von Sayes) 92.
  „   Bertha 92.
Minüsch, Ulr. 134.
Misox 68.
Molina 22.
v. Monsax, Graf J. P. 9.
v. Mont, Albr. 55.
  „   Ulr. 62.
de Montalbano, Schwicker und Uto 204.
Montani, Schloß 30.
v. Montfort, Ulr. 7. 148 n.
  „   Heinr. Bischof s. Hrch.
  „   Rud., Dompropst 15 u. n. 16. 84. 102. 114. 142 u. n.
  „   Agnes (v. Matsch) 142 u. n. 169 n.
  „   Margr. 42 n.
  „   Rud. 148 u. n.
  „   Hugo 42 u. n. 62. 89 u. n. 90. 106 n.
  „   Bercht. 148 n.
  „   -Feldk. Rud. VI. 19 u. n. 61—63. 67. 89. 90. 148 u. n. 152. 168. 169 u. n.
  „   -Feldk. Rud. VII. 169 n. 190. 191.
  „   Herm. Dompropst 43. 49.
Montlasina, Berg u. Hof 47 n. 161.
v. Moor, Bischof Joseph, s. Letztern.
  „   Dr. Christoph, Dompropst, 31 n. 37. n. 77. n.
  „   Anshelm 134.
St. Moritz 13.
Morter 30.
Müller, Haintz u. Hans 148.

Münster, Kloster S. Johann zu, 3. 20.
de Mütz, Jac. u. Anna 200.
Muldys, Hs. 176.
Mulin ba Brül (Cur) 138.
Mulina (Molinis) 21 u. n.
Mulinera, Hof, 9.
Muntafun 102.
v. Muntalt, Hrch. 166. 183.
    „    Adelheid (v. Belmont) 166. 183.
Murer, Jäcli 106. f. auch Bruder Conrad (v. Bendern).

**N.**

Naubers 31.
Naubersberg, Veste 31.
Nenzing 61 n.
v. Nenzingen, Herm. 75. 104.
    „    Hrch. Dombecan 158. 159.
    „    Jac. 125.
v. Neuburg, Jac. 7.
    „    Walt. 7.
Neuenburg (Küblis) 47 n.
Neu-Schellenberg 117.
S. Nicolaus, Kloster in Cur, 34. 65. 138. 147.
    „    Abt zu Marienberg 176.
    „    Propst zu S. Lucius 25. 29.
    „    Decan zu Mals 176.
    „    Priester (prest?) daselbst 176.
Niedertagstein 61 n.
v. Nyclai f. Canyclai.
Nygrols (Cur) 72. 110. 138.

**O.**

Obercastels 144. 193.
v. „ Munic 10.
    „    Joh. u. Berth. 10.
    „    Anna 118.
Oberengadin 134.
Oberhalbstein 134.
Obertagstein 61 n.
Obpontalt 134.
Obporta 134.
Oesterreich 130. 142 n. 155 n. 174 n. 178.

de Oliverio Janolo 167.
Olmütz, Bisth. 156 n.
Olontenn, Joh. 85.
Omelonus 6.
v. Oppeln, Herzog Bolto 119.
v. Ortenstein, Rud. 194.
Otto, Herz. von Kärnten und Graf zu Tirol 14.

**P.**

Panicus Fazius 57.
Panigad, Sim. 67. 134.
    „    Conr. 104.
    „    Wilh. 105.
Parabies, Haus in Cur, 135.
Parpan 4.
Paschal, Bisch. zu Cur 198.
Pascual N. N. 10.
Passair, Fluß, 8.
Passeir 5. 6.
Passera (Passeir?) Berth. 74.
Patt, Phil. u. Agatha 35.
Parus Guarba 57.
de Pepolis, Andr. u. Thadd. 197.
Peter (der Böhme) Bischof zu Cur 66—68 u. n. 70. 71. 73. 74. 76. 77. 81—83. 85. 86. 88. 91. 94. 99. 100. 103. 110—113. 119 u. n. 130—134. 140. 141. 156 u. n. 195. 199. 203.
Peter, Superior zu S. Nicolaus 65.
Peterman, Erzpriester, 176.
Pethan, Jac. 84.
Petulus, Dominic 21.
Pfävers, Abtei 43 n. 44. 46. 95. 116. 125. 146. 168.
v. Phiesel, Gottfr. 28. 35.
Pigneu 59 u. n.
de Piperello, Bonapars 167.
    „    Bassianus dictus Trippi 167.
Piscator f. Fischer.
de Placentia, Math. 5.
Plagnola 8.
de Planaterra, Jac. 68 n.
de Planecia, Jac. 68 n.
v. Planta 35. 134.
    „    Andr. 13. 48. 74. 115 u. n.

v. Planta, Ulr. 28. 67. 140.
" Thom. 74. 134. 170. 177—181.
" Ital 134.
" Joh. 74. 115.
" Jac. 134. 170.
" Naoy (?) 74.
" Heinr. 134. 170.
" Hs. 115. 170.
" Bertha 115.
" Conr. 140.
" Anna 140.
" Jos. 115 n.
" Conradin 170.
" Simon 170.
" Friedr. 170.
" Andreas, Priester 195. 196.
" Georg 140.
v. Plantair, Gaub. 25. 124. 194.
" Ursula 25. 96 n.
" (Straiff) 194.
" Andr. 25.
Plantairenmühle (Cur) 138.
Plassur 35.
v. Platzheim, Joh. Kanzl. 89 u. n.
Plurs 180.
de Pomeriis Sagremors 97.
Pontalt 3. 8. 31.
de Ponte, Carolo Gerard 6.
Ponteila (Cur) 138.
v. Port, Hs. 110.
de Porta, Ulr. 6.
Praben (bei Misteil) 12 n.
Prasserin (Cur) 110. 138.
v. Praunsberg, Phil. 20.
v. Prevost, Alb. 22.
" Ulr. 134.
" Doric 163.
" Andr. 163.
" Domin. Zambra 182.
" Rayner 182.
" Andr. Penna 182.
" Joh. 182.
Prest (Priester?) Nic. 176.
Pritzlaus, Bisch. zu Breslau 119.
Pugwisen (wahrsch. Puwigs) Mart. 73.
v. Punstrils, Nic. 44.

v. Punstrils, Joh. 69. 173. 194—196. 198.
v. Purckstall, Balkmar 20.
Puschlav 133.
v. Puwix, Hs. 62.
" Rub. 55.
R.
Rabius, Ortolf gen. 12.
v. Räzüns, Freih. Brun 152. 197.
" " Ulr. Brun 172. 183.
" " Elisab. (v. Werdenberg) 172.
Ramgier u. Rangier, Hs. 55. 120. 121.
Ramschwag, Conrad 6.
Ramus, Alp 138.
Rankwil 33. 148.
Ranütsch (Ramus?) Alp 9.
Raspe, Hrch., der, 20.
Ratgeb, Ulr. 176.
v. Rattenburg, Hainr. 20.
v. Rautens, Hs. 69.
v. Reichenberg 3. 133.
" Hrch. 20. 104. 176.
" Ulr. 104.
" Hs. 176.
" Laurenz 104. 176.
" Uriel (Ulr.?) 10.
" Schwicker 3. 8. 11. 20. 122. 176. 208.
" Joh. 3. 104.
" Hugo 6.
Reichenburg 143.
Reinerius, Bisch. von Cur 85 n.
Remüs, Veste 122.
v. " Schwicker 5. 6.
" " Friedr. 8.
" " Nanno 5. 8.
" " Joh. der Alte 20.
" " Leucarba 5.
" " Hans 10. 67.
" " Scher 74.
" " Joh. 74.
" " Conrad 104. 122.
Rhein 40.
v. Rheinfelden, Claus 138 u. n.
Richel, Hrch. 69. 96.

Richel, Anna 69.
" Mart. 96.
Rietberg, Schloß, 19 u. n. 50. 152.
v. " 49. 152.
" Bertha (v. Räzüns) 152.
Richenstain, Wilh. 58.
Rikershofen, Nic. u. Wilh. 133.
Ringg, Berth. 129. 194.
v. Ringgyns, Pet. 144.
v. Risemburg, Bursa, jgr. 119.
Rivayr (Vinstgau) Hof 176.
Rober, Hs. 192.
Roggenburg, Abtei 25.
Rorrupach, Andr. der 20.
Rosen, Margr. 43.
Rudolf, Herz. v. Oestr. 85. 122.
" IV. " 89 u. n. 90. 94.
" Herz. v. Sachsen 85. 94.
" Bischof zu Cur 6.
" Decan zu Cur 102.
" rector eccl. in Oetis 154.
Rubeus Bercht. 6.
Rübi (Rankwil) 43.
Rütneriana, Anna 117.
Runcal 10.
Runggalier 98.
Rupretus, pleb. in Slüberns 104.
Rutisch (Vicosupr.) 81.
Ryams, Hof 129.
Ryalt 83.
de Rysis, Joh. 25.

## S.

Sacelli, Hs. 173.
Sailer, Joh. u. Pet. 121.
de Sala Ranger 8.
Salas (Cur) 109. 138.
de Saleria, Gaub. 18.
Salez, Hof, 105.
v. Salis, Rud. (Mabogg) 170.
" Rud. 57. 74. (Sussus) 163. 167.
" Guidot 57. 163. 170.
" Gubert, Sussus, 57. 163. 167.
" Hans 134.
" Cath. 163.
" Plantina 163.
Salisch (Cur) 112.

S. Salvator (Cur) 168.
Samaden 48.
v. " Ulr. 8.
de Samabenz, Wolf Thom. 13 u. n.
Samnaun 14 n.
Sand (Cur) 29.
Sansch, Ober- u. Untersansch 47 n.
v. " Werner u. Margr. 36 u. n.
Sanzan, Hof 3.
Sargans, Kloster 36.
Sarn 151.
Sassellen 138.
Sattains, Hof, 148.
v. Sattains, Joh. Maier u. Guta 32.
" Heinz u. Margr. 72.
" gen. Gerster 126.
" Margr. 125.
" Vidal u. Hs. 148.
" Mauriz u. Barth. 148.
" Matheus 148.
" Uli 148.
v. Savoyen, Grafen 89.
v. Sar, Herm. 7.
Sarer, die, (v. Sar auf Hohensar) Ulrich Branthoch, Eberh. u. Joh. 26 u. n.
Sayes 9. 73. 138.
Scaletta (Cur) 49. 84. 199.
Schams 56. 59. 134.
Schan 63.
Schanfigg 15. 52. 107. 108. 146.
" , Thurm zu, 66 u. n.
v. " Helias, gen. Jouch, 4.
" Alb. 4.
" Heinr. gen. Riela 4.
" Joh. 108.
" Anna 108.
" Belline 108.
" Hs. 146.
Schanzach, Hof, 83.
v. Schauenstein, Joh., Domh. 17 u. n.
" Ulr. 17. 101. 129.
" Egloff 28. 129. 134. 189.
" Ruebl 28.
" -Tagstein, Albr. 61 u. n. 62. 65. 67. 84. 101. 110. 134.

v. Schauenstein, Guta II. Aebtissin
61 n.
„ Rub. 65. 67. 134.
154. 162. 189.
„ Conrad 194.
Schergenbach 40 n.
Schlanders 8.
v. Schlans, Walth. 7.
Schlins 117.
de Schluberns, Rüplin 104.
Pero 204.
v. Schlüs, Alcherius 204.
„ Henric. 204.
„ Conzo 204.
Schreber, Albr. 28.
Schuhmacher, Joh. u. Jützine 183.
Schuler, Jac. 134.
v. Schuls, Egon 8.
Schwaben 89. u. n. 100.
Schwarzwald 89 u. n. 90.
v. Schweibniz, Herz. Bollo 119.
Schwigli (von Flanz) 43.
Schwider, Propst zu Curw. 4.
Schwiz 41.
Scolaris (Schuler) Casparin u. Jacobin 22 u. n.
de Secano (wahrsch. Ortsname) Decan 6.
Seewis (Prättigau) 51.
Sellos, Ulr. 112.
„ Rubin 173.
v. Sengen, Joh. 28. 124. 194.
Septimer 40.
Sevelen 95.
Sibelmatten (Davos) 145.
v. Siegberg 146.
„ Leonz 28.
„ Hainz 146.
„ Werner 64.
Siegfried, Bischof zu Cur 15 u. n. 16.
Siengerbend, Joh. u. Margr. 35.
Silser See 13.
Silvaplana 13.
Simon (Puschlav) 74.
Slauns, Slaunis u. Sillaunes s. Schlans.
de Slus, Hrch. 11.
Smalznapf, N. 190.

de Soler, Ubalr. 21.
Solio 57.
Solothurn 89.
Spandinigo, Brücke 8.
Speiser, Leonh. 176.
Spengler, Joh. 173.
Spessa (Cur) 171.
Spichwart, Hannicus 173.
Sprunz, Geschlecht 146.
Stabyon, Ludw. 62.
Stalla 138.
v. Stampa, Hs. 134.
„ Gaub. 167.
„ Sim. 167.
Statts 13.
Stein, ob dem, 134.
Steinsberg 67. 70.
S. Stephan (Cur) 54.
S. Stephansweingarten (Cur) 154. 157.
Stetter, Ant. u. Joh. 123.
v. Stettin, Herzog Razmir 119.
Stöllin, Hainz, 186.
v. Straba, Egen 137.
Strahlegg 47 n.
Straffinus (Straiff?) Conrabin 74.
Straiff, Sim. 44. 51. 145. 146.
„ Elsb. 47 u. n. 51.
„ Joh. 35. 47 u. 51. 145. 195.
„ Albr. 47 u. n. 51. 145. 146. 161.
„ Ursula 194.
„ Anna 47 u. n. 51. 145.
„ Otto 47 u. n. 51. 145.
„ Agnes 47 u. n. 51.
Strasberg 39 u. n.
v. „ 39 n.
„ „ Berold 53. 75. 79.
„ „ Mecht. 53. 75. 79.
Striaira, Strela 138.
Stürvis, Gut, 47 n. 161.
Sturm, Ulr. 44.
Subvia s. Unterwegen.
Sus 123.
Sulbis, Hof 148.
Sulkätsch 20.
de Summavalle, Wibot 55.

v. Summerau, Conrad 53.
v. Sumo, Kunz 44.
v. Sumvig, Jac. 202.
Sunvix 10.
be Supercastello s. Obercastels.
Sunend 3.
Syfrid, Cantor zu S. Nic. 65.

### T.

v. Talanau 44.
„    Hrch. 44.
Talauabatsch, Gut 137.
Talv (Cur) 72.
Tanas (Cur) 194.
v. Tankastschwyler, Burkh. 62.
Tarant, Heinr. 6.
Tarasp 3.
be Tarres (Tartsch?) Alto 8.
Tartar 17. 151.
Tartsch 11.
Taualabatsch s. Talauabatsch.
Taufers 20. 176.
Taurist u. Trist (Cur) 69.
be Telvo, Jordan 6.
Tempus, Anbr. 182.
v. Tengen, Friebr., Dompr. 158. 159.
Terrana, Alp 202.
Terranotz (Conters i. Prättig.) 202.
Tersnaus 142. 193.
v. „ Florin 142 u. n. 164.
„ Sim., Christoph, Hrch., Fluri, Nic., Merthion, Margr. u. Heinrigett 164.
Theoborich, Bischof zu Minden 94.
Thietmar, Bisch. zu Cur 2.
Thomas, Bisch. zu Cur 115 n.
Thüring (v. Attingh.) Abt zu Disentis 41.
Thurgau 89 u. n. 90.
v. Tinzen, Joh. u. Marq. 64.
Tirol 3. 31. 37. 67. 89 n.
v. „ Grafen 31.
v. „ Graf Hrch., Ludw. u. Otto s. diese.
Titt (Cur) 138. 139.
v. Toggenburg, Grafen 98. 188.
„ Graf Friebr. 30. 47. 51. 52. 107. 108.
v. Toggenburg, Graf Friebr. 52. 63 n. jünger 91. 103.

v. Toggenburg, Kunigunbe (v. Baz) 47. 51. 52. 91. 103. 107. 108.
„ Georg 52.
„ Donat 52. 91. 103. 188.
„ Kraft 52. 91. 103.
„ Diethelm 52. 63 n. 91. 103. 188.
Tom, Joh. u. Ant. 123.
be Torgio, Offucius Brugiolus 74.
„ Romeriolus dict. Miolus 74.
Tosters 90.
Trasetsch 21.
v. Triebenstein, Friebr. 20.
Trient 5. 6. 11. 28. 70.
Trimmis 9. 73. 138.
Trins 155.
Trist (Cur) 125. 138.
Truzeta, Janes Rubeus 57.
Tschengels 3.
v. „ Bercht. der Freuwe (Freie) 20.
v. Tullein, Hrch. 44.
Tumba, Major 35.
Tumbe, Agnes 44 s. auch Tumme.
Tumben v. Neuburg 91. 103. s. auch Tumbe u. Tumme.
Tumlesch 134.
Tumme, Siegfr. ber. 28. 44. 62.
Tumpter, Rub. gen. Keller 143.
Turraschz (Cur) 138.
be Turre, J. 18.
v. Tzegelheim, Hrch. 119.

### U.

Uchter, Joh. 195.
Uebercastel s. Obercastels.
Ulbo s. Ulrich.
S. Ulrich (Sevelen) 95.
Ulrich, Graf v. Würtemb. 89.
„ I. Bisch. zu Cur 119.
„ V. (v. Lenzb.) Bisch. zu Cur. 19 u. n. 20 u. n. 22—24. 28 u. n. 30. 31. 37. 38. 40. 42 u. n. 48. 50. 56. 58. 60. 62. 141. 199. 203.

23

S. Ulrich, Propst zu Curw., 76 n. 171.
, Vitzthum 64.
Umblix s. Malix.
Ungarn 97.
v. Ungeheimb, Georin 20.
Unterengadin 134.
Unterporta 134.
Unterpuntalta 134.
Untervatz 44.
Unterwalden 41.
v. Unterwegen 108.
, Rud. 118. 136.
, Anna (v. Obercastel) 118.
, Heinz 66. 136.
, Hensli 66. 136. 146.
, Hrch. 136.
, Hs. 136. 162.
, Pet. 136. 162. 163. 194—196.
, Joh. 136. 162.
, Elzb. 136.
, Jac. 136.
, Margr. (Brögg) 136. 162.
Urban V. 127.
Uri 41.

**V.**

Vabuz, Herrsch. 63.
Valbens s. Felbis.
Valdinal, Ugelino 6.
v. Valenbas, Hrch. 193.
, Hartw. 193.
S. Valentinscapelle (Vinstgau) 104. 141.
Valgranba, Gut, (Tersnaus) 142.
Valzennas ob. Valtanna 137.
v. Vaz 39. n.
, Walt. 4.
, Donat 47.
Ventrett, Joh. 170.
de Veringen, Graf Manegold 12 u. n.
, Wolfrad 12.
Vicosuprano 40. 138. 188.
della Vibua, Ant. 123.
v. Viz, Joh. 193.
v. Villanders, Graf 20.

v. Villanders, Englmann 20.
Vilters 95.
Vinair (Cur) 96 n.
Vinstermünz 31. 40 n.
Vinstgau 8. 83.
Virtuensis, Comes Galeazzo 167.
Visconti, Gall. 174 n. 197.
, Barnab. 97.
S. Vittore (Misor) 68.
Vitzthumamt im Vinstgau 176.
Vobricius (Guarda) 123.
Volrer, Quidam, 58.
de Volta, Joh. 18.
Vulpent 92.

**W.**

Wälchli, Cunrad 198.
Waldo, Bisch. zu Cur 119 u. n.
Walser, Hs. u. Eberli 47 n. 161.
Walser 51.
Walther, Domkustos 54.
, Can. zu Cur 6.
v. Wandelberg, Jäclin u. Guta 43 u. n.
Wanden, Alp 16.
de Wangen, Bercht. 6.
, Abelh. 6.
, Berall 6.
Wangs 5.
Wanner, Joh. 58.
Welschen-Ramschwag 61 u. n. 89 u. n.
de Wenec, Conzo u. Roland 204.
s. auch Guenec.
v. Werdenberg 86.
, Graf Hugo 15. 63 n. 152. 198.
, , Albr. 44.
, -Sarg. Graf Rud. 45. 46. 52. 62. 63 n. 77. 95. 116.
, -Sarg., Ursula (v. Vaz) 45. 52. 63 n. 95. 107. 108. 116.
, -Sargans, Hartm. s. diesen.
, -Vabuz, Grf. Hrch. 63.
, , Kath. 63 u. n.
, , Hs. 63.

v. Werdenberg, Albr., ält. 86. 87. 90. 106. 155 u. n.
" Albr., jgr. 86. 87. 90 u. n. 155 u. n.
" Joh. 95. 107. 108. 116.
" Hrch. 175. 198.
" Offemia 198.
Wertsch, Sim. 141.
Wezelo (von Fideris) 202.
Wildenberg, Hof, (Zernez) 200. 201.
de Wiler, Dietr. 64.
v. Windegg, Meyer, Hartm. Ritter 36.
Winterthur 50.
Wolfolt, Joh. 173.
v. Wolfurt, Wernli 44.
Worms s. Bormio.
Wormser Joch 20.

## X.

Xalchus, Joh. u. Alb. 123.
Xavrer, Joh. u. Ant. 123.

## Z.

Zanders, Alp 14 u. n.
de Zarro, Georginus 74.
" Zanolus 74.
Zernedo s. Samaden.
Zernez 134.
Zingibelin, Heinr. 104.
Zizers 9. 23. 44. 91. 103. 138.
Zucg, Gaub. 49. 84. 96. 98. 128. 199.
" Andr. 199.
" Agnes 49.
Zürch 89. 185.
Zuz 74. 195. 196.

# Druckfehler.

Seite 34, Zeile 14 von unten statt Lumerius lies Lumerins.
„ 36, „ 8 „ oben ad voc. Creuzes, hier die Notenzahl 2.
„ „ „ 12 „ unten ad voc. Kraun, „ „ „ 3.
„ „ „ 6 „ „ ad voc. Peene, hier keine Notenzahl, da die Bedeutung des Wortes bekannt.
„ 49, „ 2 „ „ statt spetabilibus lies spectabilibus.
„ 56, „ 2 „ oben „ gebutt lies geburt.
„ 66, „ 3 „ unten „ zo lies ze.
„ 68, „ 7 „ „ schrimen lies schirmen.
„ 71, „ 5 „ oben „ publica lies publice.
„ 83, „ 2, 4 und 5 „ Fabins lies Fabius.
„ 86, „ 4 von oben „ er lies et.
„ 87, „ 17 von oben „ dius lies diu.
„ „ „ 11 von unten streiche et provenientium.
„ 91, „ 1 von oben statt arbitorum lies arbitrorum.
„ 92, „ 13 von oben „ geltel lies geltes.
„ 99, „ 10 von unten „ accescant lies acorescant.
„ 110, „ 6 von unten „ Caspare lies Caspane.
„ 111, „ 16 von unten „ projuvna lies pro una.
„ 110, „ 13 von unten „ wann lies bann.
„ 124, „ 3 von oben „ hunc lies nunc.
„ 142, „ 2 von oben „ Jenins lies Jgis.
„ 144, „ 8 von unten „ singuli lies singulis.
„ 151, „ 9 von oben „ mansuetudivis lies mansuetudinis.
„ „ „ 11 von unten „ magestata lies magestate.
„ 160, „ 11 von oben „ iu lies in.
„ 161, „ 2 von unten „ Liechenberg lies Liechtenberg.
„ 162, „ 14 von unten „ Capitalo lies Capitulo.
„ 179, letzte Zeile. Das letzte Wort heißt „mit".
„ 185, Zeile 16 von oben statt jure lies juri.
„ 195, „ 9 von oben „ haltend lies hattend.

Seite 216, Zeile 4 von unten statt pets lies peters.
„ 237, „ 12 von unten „ Byschof lies Bischof.
„ 240, „ 7 von oben „ Sengen lies Tengen.
„ 263, „ 4 von oben „ diete lies dicte.
„ 281, „ 5 von unten „ Joh. I. lies Joh. II.
„ 289, „ 11 von unten „ neo lies me.
„ 291, „ 13 von unten „ de lies die.
„ 298, „ 10 von unten „ Rella lies Bella.

www.ingramcontent.com/pod-product-compliance
Lightning Source LLC
Chambersburg PA
CBHW030746250426
43672CB00028B/797